Perfekte Tage
auf der Insel mit
den Traumstränden

Verlag Karl Baedeker – w

Inhalt

Kapiteleinteilung: siehe vordere Umschlaginnenseite

TOP 10

Was muss ich gesehen haben? Unsere TOP 10 helfen Ihnen, von der absoluten Nummer eins bis zur Nummer zehn die wichtigsten Reiseziele einzuplanen.

1 GOLFO DI OROSEI ➤ 90

Ein unvergessliches Naturschauspiel! Ein Bootsausflug zur spektakulären Steilküste am Golf von Orosei mit ihren Felsklippen, Grotten, Höhlen und Traumbuchten ist ein Muss (Abb. links).

2 QUARTIERE DI CASTELLO, CAGLIARI ➤ 50

Die Altstadt der Hauptstadt steht nicht nur für Kunst und Kultur, sondern auch für die Vielfalt der sardischen Küche. Höhepunkt ist das Castello-Viertel mit dem Dom und der »Citadella dei Musei«.

3 CAPO CÁCCIA & GROTTA DI NETTUNO ➤ 108

Ein majestätisch aus dem Meer ragendes Felskap, in dem sich die spektakuläre Tropfsteinhöhle Grotta di Nettuno verbirgt.

4 NURAGHE SU NURAXI ➤ 52

Die gewaltige steinzeitliche Festung ist eines der eindrucksvollsten steinernen Zeugnisse, die das rätselhafte Volk der Nuragher auf Sardinien hinterließ.

5 ARCIPÉLAGO DE LA MADDALENA ➤ 130

Unvergesslich ist ein Boootsausflug durch den marinen Nationalpark mit seinen zahlreichen Inselchen und Eilanden, auf denen wundervolle Strände zu finden sind.

6 VILLASIMÍUS ➤ 54

Das lebendige Städtchen ist umgeben von einem artenreichen marinen Naturpark und einer großartigen Küste mit bilderbuchschönen Traumstränden im Dutzend.

7 PENISOLA DEL SINIS ➤ 72

Die einsame, von fischreichen Lagunen umfasste Halbinsel lockt mit einzigartigen Reiskornstränden, der antiken Römerstadt Tharros und einer berühmten Fischküche.

8 ALGHERO ➤ 110

Die Hafenstadt ist ein architektonisches Kleinod, aber auch der Startpunkt für Ausflüge zum Capo Caccia und zur Grotta di Nettuno.

9 SÁSSARI ➤ 112

Eine authentische Universitätsstadt mit viel Kultur und malerisch verwinkelter Altstadt, in der man wunderbar flanieren, shoppen und mediterranes Leben genießen kann.

10 TISCALI VILLAGGIO NURAGICO ➤ 92

Der Weg hierher ist ein Erlebnis! Der Rückzugsort des Urvolks der Nuragher liegt im Supramonte-Gebirge von Oliena in einer Höhle.

DAS SARDINIEN

Erleben, was Sardinien ausmacht, das einzigartige Flair spüren. So, wie die Sarden selbst.

PASSEGGIATA AUF DER BASTIONE SAN REMY

Wenn die Hitze des Tages weicht und die untergehende Sonne den Golfo degli Ángeli, den »Golf der Engel«, erglühen lässt, streben die Einwohner der Hauptstadt und ihre Besucher hinauf zum »Balkon« Cagliaris, zur Bastione San Remy. Auf dem weiten Platz geht man spazieren, spielt mit den Enkeln, flirtet auf den Mauern oder genießt die erfrischende Abendbrise bei einem *aperitivo* in einer Bar.

FEST FÜR DIE SINNE

»Il profumo di pastori«, »das Parfüm der Hirten«, nennen die Sarden jenen Duft aromatischer Kräuter, den der warme Wind dem Besucher schon bei der Einfahrt in den Hafen von Ólbia in die Nase weht. Ob an der Küste oder in den Bergen – der Duft ist überall. Das gilt auch für den »Klang Sardiniens«, das zarte Bimmeln der Glöckchen von Schaf- und Ziegenherden. Machen Sie es wie die Sarden: Legen Sie sich bei einem wundervollen Picknick einfach mitten hinein.

FEENGROTTEN & GIGANTENGRÄBER

Sardinien ist eine archaische Insel. Nirgendwo anders in Europa gibt es so viele prähistorische Stätten. Sichtbar sind vor allem die zahllosen Nuraghen, jene nach ihren Erbauern, dem rätselhaften Volk der Nuragher, benannten Türme. In der stillen Natur entdeckt man viele unerschlossene Gigantengräber, Feengrotten, Brunnenheiligtümer, Tempel und Kultstätten. Niemand kann sich der Magie und der mystischen Aura entziehen, die diese Orte umwehen.

STRANDLEBEN AM LA CINTA

Ein Strandparadies vor spektakulärer Kulisse. Der kilometerlange La-Cinta-Strand ist ein Strandparadies zwischen kristallklarem Meer und einem von Flamingos rosa getupften Strandsee. Davor ragt majestätisch die gewaltige Tavolara wie ein Ungeheuer aus den Fluten. Hier trifft man sich, schwimmt und surft oder versucht sich als Paraglider. Zu eisgekühlten Cocktails laden die coolen Strandbars ein.

GEFÜHL

Planschen und schwimmen in kristallklarem Wasser am La-Cinta-Strand

FEIERN UNTER FREIEM HIMMEL

Ob es die Schafschur, die Ernte oder der Dorfheilige ist, einen Grund zu feiern finden die Sarden immer. Die traditionellen Feste bieten wunderbare Gelegenheiten, die Seele der Sarden, ihre Gastfreundschaft und ihre Küche und Bräuche kennenzulernen. Besuchen Sie einfach eines der Feste, die jede Dorfgemeinschaft gemeinsam begeht. Gäste sind dabei herzlich willkommen!

DURCH DIE WILDROMANTISCHE BERGWELT DER BARBAGIA

Die Barbagia von ihrer wildesten und allerschönsten Seite! Wer es liebt, Entspannung bei einer Wanderung zu finden, dem bieten die Foresta di Montes bei Orgosolo tolle Gelegenheiten. Eine schmale Straße führt auf den Pratobello und endet am Eingang in die wildromantische Bergwelt an einer Forststation. Nur gut eine halbe Stunde dauert es bis zum 1316 m hohen Gipfel des Monte Novo. Die Rundumsicht von oben ist sensationell.

Sardinien bietet Genuss für Augen und Gaumen – z. B. beim Schwertfischcarpaccio

PANE, PECORINO & PORCHEDDU

Auf Sardinien muss man den Gürtel weiter schnallen, denn die Insel ist ein Mekka für Freunde guten Essens und guten Weins. Jede Region, jedes Dorf hat seine eigenen Köstlichkeiten und Weine. So wird die Fahrt über die Insel zu einer gastronomischen Entdeckungstour. An der Küste findet man exzellente Meeresküche, in den Bergen die traditionelle Küche der Hirten und Bauern. Ob im Garten des legendären Landhotels »Su Gologone« bei Oliena, auf der Meeresterrasse des berühmten »La Gritta« in Palau oder im für seine Bergküche bekannten »Sa Muvara« in Aritzo – es wird ein lukullisch unvergesslicher Abend werden.

LA DOLCE FAR NIENTE AUF DER PIAZZA

Mediterranes Leben braucht nur wenige Zutaten: eine Piazza und eine laue Sommernacht. Ein Ort wie aus dem Bilderbuch ist die Piazza Centrale im Herzen der pittoresken Altstadt von Orosei. Früher oder später lässt sich jeder auf einem Mäuerchen oder in einer Bar nieder und gibt sich dem »dolce far niente«, dem süßen Müßiggang, hin.

Das Magazin

Ein kleiner Kontinent im Mittelmeer

Sardinien, die nach Sizilien zweitgrößte Insel des Mittelmeers, wirkt durch die Vielfalt seiner Landschaft fast wie ein eigenständiger kleiner Kontinent und seine fast 2000 km lange, zerklüftete Küste mit den hoch aufragenden Klippen zählt zu den schönsten Italiens.

Sardiniens Seele

Im Landesinneren erwartet Sie traditionelles Hirtenland mit unwegsamen, von Schluchten durchzogenen, von Höhlen durchlöcherten und mit struppiger Macchia bedeckten Bergen – hier ist schnell vergessen, dass Sardinien eine Insel und das Meer stets nahe ist.

Sardinien ist anders als andere Inseln. Das Meer ist seinen Bewohnern fremd. Es galt und gilt als Synonym für alles Übel und Unheil. »*Furat chi beit dae su mare*« (»Wer übers Meer kommt, stiehlt«), lautet ein altes Sprichwort. Gekommen sind Phönizier, Römer, Araber, Katalanen, Genuesen, Venezianer und andere mehr. Die Sarden zogen sich von der fremd-

Cannonau-Weinberge bei Jerzu

DIE SARDISCHE SPRACHE

Sardisch ist eine romanische Sprache, die viele lateinische, jedoch auch spanische, katalanische, korsische, genuesische und arabische Einflüsse aufweist. Auch die Sprache der steinzeitlichen Nuraghen-Kultur hinterließ ihre Spuren. Über 80 % der Bewohner sprechen neben der Amtssprache Italienisch auch Sardisch. Wegen der isolierten Lage der Bergdörfer existieren sehr unterschiedliche Dialekte. Hauptdialekte sind Logudoresisch (Nord- und Zentral-Sardinien), Nuoresisch (Zentral-Ost-Sardinien) und Campidanesisch (Süd-Sardinien). Seit 1999 ist das Sardische als Minderheitensprache anerkannt.

beherrschten Küste in die unwegsame Bergwelt im Inselinneren zurück, wo sie nie unterworfen wurden und so ihre uralten Traditionen bewahrten. Darin liegt der Schlüssel zum Verständnis von Sardiniens Seele. Sarden sind Hirten und Bauern, keine Fischer und Seefahrer. Sie fürchten das Meer und selbst Italiener gelten ihnen als jene »dal Continente«.

Freiheit durch Unabhängigkeit

Ob Sprache, Küche, Musik, Poesie oder Tanz – auf keiner Insel in Europa pflegt man alte Bräuche mit solcher Hingabe wie auf Sardinien. Dank ihres uralten Wissens konnten sich die Sarden ihre Identität und Unabhängigkeit bewahren. Kein Dorf ohne Trachten, Chor, Kunsthandwerk und eigene Spezialitäten. Bis heute hängt die Insel nicht am Tourismustropf, sondern erwirtschaftet den Großteil seiner Existenzgrundlage mit der Landwirtschaft. Exportiert wird in alle Welt – z. B. der begehrte Pecorino.

Das wahre Sardinien findet man nicht am Strand

Die Sarden: Ihr Charakter ist geprägt vom Hirtendasein. Ihre Liebe gilt der Erde, dem Wein, Tanz und Gesang, ihr Glaube spiegelt sich in den sakralen Festen und Prozessionen. Ihre Leidenschaft gehört den Pferden.

Wer das wahre Sardinien erleben will, z. B. den alten gravitätischen Rundtanz »Ballu Tundu« zu den schrillen Tönen der Hirtenflöte »Launedda«, der muss weg von der Badeküste und hinauf in die Berge der Barbagia. Nur wer das erlebt, wird sich der Kraft und Magie dieser Kultur bewusst werden und der Anziehungskraft Sardiniens als Reiseziel erliegen.

NURAGHEN

Gigantengräber & Feenhäuser

7000 steinerne Rundtürme mit bis zu 20 m Höhe erheben sich über die Landschaft Sardiniens und nicht weniger faszinierend als ihr Anblick ist das Alter dieser Bauwerke: Sie reichen zurück bis ins 4. Jahrtausend v. Chr.

Monumente steinzeitlichen Ingenieurwesens

Die Wände und Gewölbe der Türme werden von riesigen Steinblöcken gebildet, die man über drei Etagen, sich nach oben hin verjüngend, ohne Mörtel oder andere Bindemittel zusammenfügte. Innerhalb der etwa 2 m dicken Wände winden sich ausgefeilte Treppen nach oben. Wie die prähistorischen Baumeister diese Konstruktionen technisch realisierten, ist bis heute ein Rätsel.

Nicht minder mysteriös ist ihre einstige Funktion – weder Feuerstellen noch archäologische Funde deuten darauf hin, dass sie bewohnt waren. Viele lagen in einer Siedlung, deren Rundhäuser (wo man Haushaltsgeräte fand) mit Holz oder Reet statt der für Nuraghen charakteristischen *Tholos*-Kragkuppeln gedeckt waren.

BAUPRINZIPIEN DER NURAGHEN

Als vor rund 3500 Jahren die Nuraghen entstanden, war die echte Kuppel mit Schlussstein noch nicht erfunden, weshalb man sich der Technik des Kraggewölbes *(Tholos)* bediente: Die Steine der jeweils nächstoberen Ebene ließ man ins Innere vorkragen, bis sie schließlich im Zenit der Rundung zusammentrafen.

Zum Aufstocken verlegte man für den Boden des oberen Geschosses einen flachen Deckstein und füllte schließlich die Ecken aus.

Möglicherweise besaßen diese Türme eine Schutzfunktion für die Behausungen, dienten der Überwachung und Verteidigung und schreckten potenzielle Angreifer ab.

Was auch immer ihr Zweck gewesen sein mag, die über die ganze Insel verstreuten *nuraghi* zählen zu den interessantesten und bemerkenswertesten baulichen Zeugnissen archaischer Kulturen weltweit.

»Feenhäuser« und Brunnenheiligtümer

Noch früher als die Nuraghen entstanden sardische Felsengräber, und es ist eigentlich kein Wunder, dass man sie später als übernatürlich verklärte. Während einige wie Grabstätten wie für Riesen gemacht wirken (*Tombe dei giganti*, »Gigantengräber«), scheinen die kleinsten der in den Fels gehauenen Kammern nur für Winzlinge zu passen (*domus de janas*, »Feenhäuser«). Mehr als tausend solcher Gräber, die in Gruppen regelrechte Totenstädte bilden konnten, finden sich auf Sardinien. Die Grabbeigaben aus Bronze, Stein und Ton ergaben allerdings kaum Hinweise auf ihre einstigen Erbauer. Daneben existieren auf der Insel zahlreiche, oft unterirdisch angelegte Brunnenheiligtümer *(pozzi sacri)*, natürliche Quellen, um die Kult- und Zeremonienstätten angelegt wurden.

> Wie prähistorische Baumeister das alles realisierten, ist bis heute rätselhaft

Sardinien ist überreich an prähistorischen Stätten, die ein facettenreiches Bild von den früheren Inselbewohnern vermitteln. Wo die Wissenschaft an die Grenzen ihrer Erklärungen und Deutungsversuche stößt, kann man sich aber auch als Mensch des 21. Jhs. einfach mal der Zwiesprache mit den Geistern ferner Zeiten hingeben.

Die Nuraghen Losa (linke Seite), Su Nuraxi (links unten) und Santu Antíne (rechts)

STRANDPARADIESE

Sardinien hat eine der schönsten Küsten Italiens, vielleicht sogar der Welt: endlose Sandstrände mit türkisblauem Wasser, verschwiegene Buchten und malerische Hafenstädtchen.

Sardinien ist berühmt für seine Costa Smeralda (➤ 134), die »Smaragdküste« im Nordwesten. Als der sagenhaft reiche Prinz Karim Aga Khan IV. in den 1950er-Jahren mit seiner Jacht hier landete, war er begeistert von den klaren, smaragdgrünen Fluten und den romantischen Buchten. Wenig später machte er sich mit Geschäftsfreunden daran, die Gegend als Urlaubsgebiet zu erschließen, und zwar unter Bewahrung ihrer natürlichen Schönheit. Das war die Geburtsstunde der Costa Smeralda, wie man sie heute kennt. Trotz überwältigender Farbenspiele – saphir- bis türkisblaue Wellen an blendend weißen Sandstränden – macht sie jedoch nur einen winzigen Teil der Küstenparadiese aus, die Sardinien zu bieten hat.

Versteckte Buchten

Auf Sardinien gibt es lange, einsame Küstenstreifen, gesäumt von Pinien, Kriechwacholder und Feigenkakteen. Mal erstrecken sich Sandstrände, mal pittoreske Granitfelsen ins Meer. Traumstrände findet man rings um die Insel, manche nur erreichbar zu Fuß über schmale Pfade durch Haine von Pinien, Oleander und Eukalyptus, andere nur per Boot.

Türkisblaues Meer und weißer Sand: der Traumstrand La Cinta bei San Teodoro

Großartige Strände

An der Westküste erheben sich riesige Dünen und Surfer durchreiten das Wasser, während an der Nordwestspitze bei der Ísola Asinara weißer Sandstrand sanft ins türkisfarbene Meer abfällt. Die viel besuchten Ferienorte Palau, Santa Teresa di Gallura, Báia Sardinia und Cannigione im Nordosten lassen vielleicht den exklusiven Glamour der Costa Smeralda vermissen, doch die geruhsame Atmosphäre dort ist viel wert. Wunderbare Strände besitzen sie in großer Zahl, darunter das legendäre Valle della Luna. An der mittleren Ostküste am zum Nationalpark erhobenen Golfo di Orosei, wo das gewaltige Kalkmassiv des Supramonte fast senkrecht ins Meer abstürzt, findet man die höchste und großartigste Steilküste des gesamten Mittelmeerraums. Diese paradiesischen Badebuchten sind nur mit dem Boot zu erreichen.

Die »Perlen des Südens« sind die von hohen Dünen und skurril geformtem Wacholder gesäumten Bilderbuchstrände der Baia Chia.

Betriebsam oder abgeschieden?

Auf Sardinien gibt es keine privaten, sondern ausschließlich öffentliche Strände – und die werden selbst im Sommer, wenn fast ganz Italien vom Festland auf die Insel zu strömen scheint, nicht überall brechend voll. Sogar im August, der Hochsaison, sind nur die ortsnahen Strände überfüllt. Während unsere italienischen Freunde mediterranes Getümmel am Strand und auf der Flaniermeile lieben, zieht es so manchen Urlauber eher zu den ruhigeren Stränden, wie man sie in einiger Entfernung vom Strandparkplatz auch findet.

KARNEVAL & ANDERE FESTE

Begeistert stürzt man sich in die Feste, begleitet von Musik und dem Duft nach Süßigkeiten, Brot, Kräutern und Käse. Geben Sie sich ruhig dem Trubel hin: Dass es auch mal rustikal zugeht, ist gute alte sardische Art.

Auf Sardinien feiert man zahllose religiöse Feste, doch auch Weltliches wird feierlich begangen: die Ernte, der Wechsel der Jahreszeiten oder historische Ereignisse. Im Februar geht es beim *Carnevale* (wörtlich »Fleisch, leb wohl«) hoch her, etwa in Mamoiada (➤ 97) in der Barbagia beim wilden Treiben der mit Holzmasken und Tierfellen kostümierten, zottligen *mamuthones*. Im malerischen Bosa (➤ 120) haben die Karnevalsfestivitäten einen gleichfalls deftigen, jedoch eher erotisch lasziven Anstrich. Bedeutendstes sardisches Fest ist die *Sagra di Sant'Efisio* zu Ehren des hl. Ephysius, Schutzpatron der Hauptstadt Cagliari: Von dort aus wird am 1. Mai sein Bild auf einem geschmückten Ochsenkarren im Rahmen der größten Trachtenprozession der Insel nach Nora gebracht. Das ist jener Ort, an dem er von den Römern hingerichtet wurde. Am 4. Mai kehrt es bei *Launedda*-Klängen zurück. Das auf Festen allgegenwärtige, traditionelle Blasinstrument (mit Einfachrohrblatt und drei Pfeifen, von denen zwei Grifflöcher besitzen) wird durch Zirkularatmung, einem Dudelsack ähnelnd, anhaltend zum Klingen gebracht.

Sássari: Cavalcata und Candelieri

In der zweitgrößten Stadt, Sássari (➤112), gibt es zwei große Festlichkeiten: Am vorletzten Mai-Sonntag findet die *Cavalcata Sarda* (➤44) statt zum Gedenken an den Sieg über die Sarazenen (1000 n. Chr.) mit Trachtenumzug, Pferderennen und Tanz. Am 14. August, dem Vorabend von Mariä Himmel-

Von links nach rechts: Junge Frau mit farbenfroher Tracht; Sant'Efisio-Prozession durch Cagliari; Reiter bei der Cavalcata Sarda; auch die Kleinen werden traditionell gekleidet

fahrt, werden zu Ehren der Jungfrau Maria neun riesige, bis zu 300 kg schwere *candelieri* (»Kerzenständer«) in einem großen Festzug von den *gremi* (»Stadtgilden«) durch die Stadt getragen. Ursprung der Feierlichkeiten ist ein Gelübde der Einwohner, als im 16. Jh. die Pest in Sássari wütete.

Núoro und Cábras

Ende August feiert man in Núoro (➤94), im bergigen Landesinneren, die *Sagra del Redentore* (Erlöserfest; ➤44, 96): Das mehrtägige Ereignis mit Musik, Tanz und Feuerwerk gipfelt in einer prächtigen Prozession hinauf zur Statue Il Redentore auf dem Monte Ortobene. Bei der *Festa di San Salvatore* im September veranstalten junge Männer der Region einen Wettlauf – barfuß von Cábras zum Heiligtum San Salvatore (➤78).

Zu Ehren kulinarischer Genüsse

Auch die verschiedenen regionalen Delikatessen werden gefeiert: Im Januar gibt es z. B. das Seeigelfest von Alghero (➤110), im Oktober die *Sagra dell'Agrume* (Zitronenfest) in Muravera nördlich Villasimíus oder die *Sagra delle Castagna* mit Kastanienspezialitäten in Aritzo im Gennargentu.

NEBEN-INSELN

Sardiniens geografische Position in fast identischem Abstand zu zwei Kontinenten veranlasste den englischen Schriftsteller D. H. Lawrence einst zu der Bemerkung, es liege »verloren zwischen Europa und Afrika und nirgendwo hingehörig«. Dies gilt folgerichtig aber nicht nur für Sardinien selbst, sondern auch für die kleineren Eilande ringsum.

Sardinien, mit einer Länge von 270 km und einer Breite von 145 km die nach Sizilien zweitgrößte Insel des Mittelmeers, ist von einer ganzen Reihe kleiner Nachbarinseln umgeben, die alle ihre besondere Eigenart und Geschichte aufweisen.

Die Ísola di Sant'Antíoco (► 60) im Südwesten ist nach Sizilien, Sardinien und Elba die viertgrößte Insel Italiens. Im 8. Jh. v. Chr. wurde hier die phönizische Stadt Sulci gegründet, die die Römer später mittels eines Damms mit der Mutterinsel verbanden. Sind hier vor allem die vorgeschichtlichen und frühchristlichen Stätten interessant, so gewinnt die kleinere Ísola di San Pietro (► 60) ihre Besonderheit mehr aus späterer Zeit: Während Sardinien kaum Fischfangtradition besitzt, ließen sich im Jahr 1738 »Tabarchini«, genuesische Fischer, die auf der tunesischen Insel Tabarca siedelten, auf San Pietro nieder. Noch heute spricht man hier genuesischen Dialekt und lebt vom Fischfang. Thunfisch ist die Spezialität der Insel. Ihren Namen verdankt sie Petrus, der hier der Legende nach auf dem Weg nach Cagliari während eines Sturms Schutz suchte.

Sonnenuntergang bei Palau an der Costa Smeralda

Inseln der Esel und Ziegen

Andere Nachbarinseln Sardiniens tragen Tiernamen, wie die im Nordwesten gegenüber dem Kap Falcone gelegene Ísola Asinara (»Eselsinsel«, ➤116). Deren wichtigste Bewohner sind rund 250 kleine weiße Esel (Abb. unten) und als Teil eines Nationalparks ist sie nur im Rahmen einer offiziellen Bootstour zugänglich. Falls man dabei die Esel verpassen sollte: Man sichtet bestimmt Falken, Schweine, Mufflons und Ziegen.

Die nach den Ziegen benannte Ísola Caprera gehört zum Maddalena-Archipel vor der Nordküste (➤130), das aus sieben Haupt- und über 40 kleineren Inseln besteht. Auf Caprera mit seinen Pinienwäldern und wilden Orchideen sind auch Turmfalken heimisch. Zudem war es Alterssitz Giuseppe Garibaldis – das Domizil des legendären Begründers der nationalen Einigung Italiens ist heute Museum und Pilgerstätte. Von der Hauptinsel La Maddalena aus kann man Bootsausflüge zu atemberaubend schönen Stränden unternehmen.

Inselkönigreich Tavolara

Sogar eine Art Inselkönigreich gibt es vor Sardiniens Küste. Nordöstlich von Ólbia ragen die steilen Klippen der Isola Tavolara (➤133) 564 m aus dem Meer. Gegründet wurde die Monarchie 1836, als König Carlo Alberto bei einem Besuch den Fels seinem einzigen Bewohner, dem »König von Tavolara«, dem Fischer Giuseppe Bertoleoni, schenkte. Dessen Nachfahren halten noch heute im Restaurant »Da Tonino« Hof. Tavolara hat etwa ein Dutzend Bewohner, alle aus der Familie Bertoleoni. Die Nordseite der Tavolara ist militärisches Sperrgebiet, in dem die Amerikaner Atom-U-Boote verstecken.

Im **Wilden** Westen

Die Sarden sind absolute Pferdenarren. Sie zählen zu den besten Reitern Italiens und beweisen bei Veranstaltungen, oft auf dem Rücken arabischer Vollblüter, auf spektakuläre Weise ihr Können. Bei gemächlicheren Ausritten kann man selbst das Glück auf dem Pferderücken erleben.

Sa Sartiglia

Eines der lebendigsten Reiterfeste ist die seit dem Jahr 1200 am letzten Sonntag und Montag der Karnevalszeit in Oristano (➤ 74) stattfindende Sa Sartiglia: Zwei Tage lang überlässt sich das Städtchen dem Rausch bunter Trachten und donnernder Hufe. Das Fest geht zurück auf mittelalterliche Turniere, wo Ritter im Galopp mit der Lanze einen aufgehängten Reifen durchstoßen mussten – heute sind es maskierte, kostümierte Reiter, die möglichst viele sechszackige Sterne mit dem Degen aufzuspießen versuchen. Darauf folgen waghalsige Reitkunststücke.

Sa Sartiglia in Oristano: kostümierter Reiter beim Sternestechen

L'Ardia

Alljährlich am 6. und 7. Juli finden sich kühne Reiter im Dorf Sedilo zum ungestümen Treiben der L'Ardia (▶ 44) zusammen. Drei Reiter bekommen einen gelben, einen roten und einen weißen *pandela* (Wimpel), der sie zu Repräsentanten der Christenheit macht. Der erste *pandela* galoppiert ohne Vorwarnung los, der zweite und der dritte *pandela* müssen verhindern, dass der Anführer von den anderen teilnehmenden Reitern, die das Heidentum darstellen, überholt wird. Dabei werden sie von der begeisterten Menge lautstark angefeuert, begleitet von Salven mit Platzpatronen. Sechsmal umrunden die Reiter die Kirche. Das Rennen endet schließlich am Fuß eines Abhangs beim Triumphbogen des Kaisers Konstantin, der als Krieger und Schutzherr verehrt wird. Scheuende Pferde, ohrenbetäubender Lärm – dies alles ist Teil des Spektakels, das den Palio auf dem Festland fast wie Kinderspiel aussehen lässt. Sedilo liegt wenige Kilometer von Abbasanta entfernt an der SS131 Abbasanta–Núoro.

Ausflüge auf dem Pferderücken

Interessenten finden in Oristano etliche Gelegenheiten zu Ausritten und Kursen, ebenso in Ala Birdi bei Arboréa, wo für sämtliche Schwierigkeitsgrade und Altersgruppen (Tel. 0783 80500; www.horsecountry.it) gesorgt ist.

Auch anderswo auf der Insel, z. B. auf *Agriturismo*-Höfen und in größeren Resorts, steht Reiten für Haus- und andere Gäste auf dem Programm. In Ággius im Inneren der Gallura hält Il Muto di Gallura (Tel. 079 620559; www.mutodigallura.com) Araber zum Ausritt bereit, und auf der zum Arcipélago de la Maddalena gehörigen Ísola Caprera bietet das Cavallo Marsalla Centro Ippico (Tel. 347 2359064; www.lamaddalena.it/ba rabo.htm) ganzjährig Reittouren ins Gelände an.

Die Maneggio Cabus de Figus bei Fluminimaggiore veranstaltet das ganze Jahr neben Reiterferien und -kursen auch Reitausflüge – etwa zum Römertempel »Témpio di Antas«, zur Höhle »Grotta Su Mannau« und durch die »Sahara Sardiniens«, die unter Naturschutz stehende Dünenwelt der Costa Verde (Tel. 0781 54943, www.cavalloweb.de).

Oben: Maskierte Teilnehmer der Sartiglia

L'Ardia in Sedilo – wilde Jagd um die Wallfahrtskirche

INSEL mit Geschichte

Selbst wer rein gar nichts über die Geschichte der Insel weiß, hat vielleicht schon von den mysteriösen Nuraghen gehört, die Besucher seit Jahrhunderten in ihren Bann ziehen. Aber das ist nur ein Teil von Sardiniens turbulenter Vergangenheit. Jahrtausendealte Spuren sardischer Geschichte warten auf neugierige Entdecker!

Die Geschichte der Insel ist lang. Das merkt man schnell, wenn man Sardiniens großartige Museen besucht. Dort gibt es z. B. über 10000 Jahre alte Artefakte aus Stein zu bestaunen.

Aus prähistorischer Zeit stammen auch die *domus de janas* (Feenhäuser, ➤ 13) – in den Fels geschlagene Gräber – sowie die steinernen Kammern der »Gigantengräber« (➤ 13). Man findet sie rund um Arzachena (➤ 137, Costa Smeralda), in Sant'Andrea Priu (➤ 120), im Valle dei Nuraghi (südlich von Sássari), in der Nekropole von Anghelu Ruju (nördlich von Alghero) und anderswo auf der Insel.

Wahrscheinlich zieht es Sie erst einmal zur beliebtesten Sehenswürdigkeit hier: nämlich zu den riesigen Nuraghen-Türmen (➤ 12), die zwischen 1800 und 500 v. Chr. entstanden sind. Die besterhaltenen sind die Nuraghe Su Nuraxi (➤ 52), die Nuraghe Losa (➤ 76) und die Nuraghe Santu Antine (➤ 117).

Die Geografie Sardiniens lädt nicht gerade dazu ein, die Sehenswürdigkeiten in chronologischer Reihenfolge zu besuchen. Aber mit etwas Basiswissen findet man sich trotzdem zurecht.

Gigantengräber, Li Lolghi; links: Basilica della Santíssima Trinità di Saccargia, Sássari

Frühe Besucher

Die ersten »Invasoren« Sardiniens waren eigentlich gar keine: Sie hatten friedliche Absichten und waren bei den *Nuraghi* auch durchaus willkommen. Die Phönizier kamen als Händler und gründeten Städte am Meer, rund um so sichere Häfen wie Nora (➤ 56), Tharros (➤ 73) und Sulki. Dort bekommt man noch immer einen Eindruck von dieser Kultur und ihren fesselnden *tophets* – Grabstätten von Kindern, die mit gemeißelten Steinen markiert sind. Eine bedeutende Gruppe davon gibt es bei Sant'Antíoco zu sehen, wo man außerdem faszinierende Grabkammern aus früherer Zeit vorfindet.

Kriegerische Karthager

Die Zeit des friedlichen Kultur- und Warenaustauschs nahm mit der von Karthago ausgehenden punischen Invasion ein jähes Ende. Die Sarden versuchten sich zwar zu verteidigen, aber gegen die kriegerischen Karthager waren sie chancenlos. Im 6. Jh. v. Chr. hatten die Punier die Kontrolle über weite Teile der Insel erlangt. Die Sarden wandten sich ins Inselinnere und suchten Sicherheit in den Bergen. Von nun an waren sie sich sicher: »*Furat chi beit dae su mare*« (»Wer übers Meer kommt, stiehlt«). Diese Erkenntnis ließ die Siedlungen fernab der Küste weiter anwachsen.

Die Karthager konnten ihre Machtstellung dem Römischen Reich gegenüber jedoch nicht auf Dauer behaupten und Sardinien kam 238 v. Chr. unter römische Herrschaft. Die Einheimischen flüchteten sich immer tiefer in die Barbagia-Berge hinein, um den fremden Herren der Insel zu entgehen.

GARIBALDIS HEIM

Sardiniens Rolle in Italiens Risorgimento – der Mitte des 19. Jhs. erfolgten Vereinigung mehrerer kleiner Königreiche zur italienischen Nation – war vor allen Dingen geprägt vom tatkräftigen Giuseppe Garibaldi, der als Landesvater gilt. Er wählte die kleine Insel Caprera zur Heimat. Heutzutage besuchen Italiener seine bescheidene Villa und verehren sein Sterbezimmer und sein Grab.

Rührige Römer

Die Römer wussten die phönizischen Städte wie Tharros und Nora zu nutzen: Sie erweiterten und veränderten die Siedlungen nach ihren Vorstellungen. Sie bauten auch die erste Straße zwischen Cagliari und Sássari – der heutige Straßenverlauf folgt dieser Route noch immer. Zudem errichteten sie Villen und Bäder, die man bei den Thermalquellen von Fordongiánus (► 80) besichtigen kann. Sie vergrößerten die Minen, die schon die Phönizier angelegt hatten, und zwangen versklavte Christen, dort zu arbeiten. Damit hielt das Christentum Einzug auf der Insel. Im 4. und 5. Jh. gab es auf Sardinien auch Märtyrer. Einige Gräber finden sich bei Sássari und Cagliari, Katakomben hingegen gab es auf der Ísola di Sant'Antíoco (► 60).

»Wer übers Meer kommt, stiehlt«, lautet ein sardisches Sprichwort

Als sich das Zentrum des Römischen Reichs nach Konstantinopel verschob, begann in Sardinien eine ganz eigene byzantinische Ära, die vom 5. bis zum 10. Jh. dauerte. In dieser Zeit konnte sich das Christentum weiter ausbreiten, die ersten Bischöfe wurden benannt. Überbleibsel dieser Periode gibt es – von einer Kirche in Cábras und San Saturno in Cagliari abgesehen – kaum.

Auf der Insel entstanden in dieser Zeit auch die vier sardischen Judikate (Giudicale; rechtliche Verwaltungseinheiten).

Sardinien im Mittelalter

Zu Beginn des 11. Jhs. wurden Truppen aus Pisa und Genua entsandt, um die Inseln von den Arabern zu befreien, deren Angriffe die Insulaner erneut zur Flucht in die Berge getrieben hatten. Während des frühen Mittelalters erlebte die Romanik eine Blütezeit und es entstanden viele Kirchen und Klöster. Unter den Sakralbauten war alles vertreten: von maßvollen kleinen Kirchen bis hin zur herausragenden SS Trinità di Saccargia (► 114).

Torre di Longosardo, Santa Teresa di Gallura

Spanier und Savoyen

Die italienische Vorherrschaft endete im Jahr 1297, als Papst Bonifatius VIII. die komplette Insel Jakob II. von Aragón übergab. Es folgten vier Jahrhunderte unter den Katalanen. Jakob II. vergab Lehen an katalanische Familien, von denen sich viele rund um Alghero (► 110) niederließen. Dort ist der spanische Einfluss noch immer in Architektur und Sprache spürbar. Spanische Wachtürme, errichtet, um Piraten rechtzeitig sichten zu können, überblicken noch heute die sardische Küste.

Im frühen 18. Jh. kam die Insel an die Piemonter Savoyen-Dynastie, die Ingenieure und Architekten sandte, um die Befestigungsanlagen auszubauen und die Städte zu modernisieren. Sardinien wurde wieder italienischer, was man bis dato in Cagliari sehen kann.

Das 20. Jahrhundert

Der Zweite Weltkrieg hatte auch auf Sardinien schlimme Auswirkungen: zum einen wegen der vielen Gefallenen, zum anderen wegen der verheerenden Bombardierung von Cagliari. Betonbunker an der Küste zeugen noch heute von den Schrecken des Kriegs. Noch herausragender ist vielleicht Carbonia, die »Kohlstadt«, die Mussolini aus dem Boden stampfen ließ, um seinen Plan, Italien autark zu machen, zu verwirklichen.

Einflüsse des späteren 20. Jhs. haben sich vor allem an der Costa Smeralda (► 134) niedergeschlagen. In den Sechzigern erwarben Aga Kahn und sein Konsortium dort Land, um ein Millionärsparadies zu schaffen und sich ein Stück *dolce vita* zu sichern. Die Küste wurde bald Liebling des Jetsets.

Sardiniens Küche

Die sardische Küche sei schlicht und geradlinig: die Kost von Bauern und Hirten. Doch in vieler Hinsicht zeichne sie sich zugleich durch schmackhafte, abwechslungsreiche und originelle Zubereitung aus.

So heißt es in Raffaele Balzanos 1996 erschienenem Kochbuch *Sardegna a Tavola*. Man könnte noch hinzufügen, dass fast alle heimischen Produkte das Prädikat »bio« verdienen und sich viele der köstlichen Aromen den Wildkräutern auf den saftigen Weiden verdanken.

Regional erzeugte Lebensmittel – das ist auf Sardinien kein Modetrend, sondern Selbstverständlichkeit. Eigentlich kein Wunder, wenn man bedenkt, wie wichtig den Bewohnern dieser Insel, die kaum Waren einführt, von jeher ihr Grund und Boden und ihre Eigenständigkeit war.

Entsprechend fehlt es an internationalen Spezialitätenrestaurants – die öffnen nur während der Saison. Ansonsten wollen die Sarden heimische Küche genießen: zwar gern behutsam aufgepeppt und attraktiv serviert, doch stets authentisch und mit traditionellen Zutaten. Eine neue Generation von Küchenchefs sorgt für stilvolle Innovationen bei der Zubereitung alter Rezepte – so gewinnt man etwa bei Dr Ampex (➤ 64) in Cagliari oder im Restaurant der Villa Las Tronas (➤ 121) in Alghero der sardischen

Weintrauben für erlesenen sardischen Wein; leckerer Käse en masse; »Schweinereien« im berühmten Su Gologone

Küche neue Aspekte ab, indem man sie ohne Substanzverlust modernisiert. Dies gilt auch für die Tenuta Pilastru (► 140) in den Bergen über der Costa Smeralda.

Traditionelle Gerichte

Den Grundpfeiler der traditionellen sardischen Küche *(cucina tipica Sarda)* bildet Fleisch: Lamm, Rind, Zicklein und Wildschwein, mit aromatischen Kräutern am Spieß gegrillt. Ein Nationalgericht ist Spanferkel *(porceddu)*, das man wegen der aufwendigen Zubereitung in Restaurants oft vorbestellen muss: Am Vortag mit Kräutern, Olivenöl und Meersalz mariniert, wird es über dem offenen Feuer langsam gegart und auf einem Bett würziger Myrtenblätter serviert. Nicht jedermanns Sache sind Speisen wie *sa cordula* – zu Würstchen verarbeitete Innereien, *sa tratalia* – mit Speck gefüllte Ziegen- oder Lammdärme oder *piedini e testini d'agnello* – gekochte Lammköpfe und -füße. Gerne gegessen wird auch Pferde- und Eselfleisch. Nur in der Region des Monte Ferru bekommt man *bue rosso*, das Fleisch einer alten Rinderrasse.

Sardisches »Knäckebrot«

Pane carasau heißt die traditionelle Brotspezialität Sardiniens aus Hartweizenmehl, die schon 1000 v. Chr. gebacken wurde. Besonders lecker schmeckt *pane guttiau* – mit Salz, Olivenöl und Rosmarin.

Pasta alla Sardegna

Auch von Pasta gibt es hier ganz eigene Varianten, wie die Couscous-artigen gerösteten Hartweizengrießkügelchen *fregola*, in Suppen oder *con arselle* (mit Venusmuscheln) serviert. *Malloreddus* gleichen gefurchten Gnocchi und kommen mit Tomatensauce (und zuweilen Wurststückchen) auf den Tisch. Eine Art Ravioli sind *culurgiones* mit einer Füllung aus Kar-

toffeln, Käse und Kräutern. Eine Delikatesse ist *spaghetti alla bottarga* mit Olivenöl und getrocknetem Meeräschen-Rogen – eine teure Zutat, die als »sardischer Kaviar« gilt.

Meeresfrüchte

Sarden sind zwar eher Hirten als Fischer *(»pastori, non pescatori«)*, trotzdem sind Fisch und Meeresfrüchte beliebt: Hummer *(aragosta)*, Tintenfisch *(calamari)*, Oktopus *(polpo)* oder Seeigel *(ricci di mare)*.

GLÜCKLICHES LANGES LEBEN

Der sardische Gruß *A Kent'Annos* (»Mögest Du 100 Jahre alt werden«) ist wirklich kein Scherz: Die Insel hat weltweit den höchsten Anteil an über Hundertjährigen: 135 auf 1 Mio. (im Gegensatz zu durchschnittlich 75 in der westlichen Welt). Die Sarden selbst machen ihre gesunde Kost und den guten Rotwein dafür verantwortlich.

Spitzenreiter Pecorino

Käseherstellung ist auf Sardinien quasi eine Kunstform und der hiesige Schafsmilch-Pecorino macht drei Viertel der gesamten Pecorino-Romano-Produktion Italiens aus. Pecorino gibt es inselweit in zahlreichen Varianten: als Frischkäse *dolce sardo*, jung als halbfesten Hartkäse *medio* oder als *staggionato*, ein parmesanähnlicher Pecorino, der mindestens 12 Monate alt ist. Sardische Pecorino-Spezialitäten sind z. B. der würzig pikante *fiore sardo*, der nur auf der Insel hergestellt werden darf, oder der berüchtigte *casu marzu*, bei dem lebende Fliegenmaden (sie werden mitgegessen) den Käse in eine streichzarte Masse verwandeln. Eine unwiderstehliche Versuchung sind *sebadas*: mit Ricotta gefüllte, frittierte Teigtaschen, die mit dem bitteren sardischen Honig übergossen werden.

Edle Weine

Sardische Weine sind bei uns kaum in den Regalen zu finden. Leider, denn ihre Qualität ist exzellent und braucht den Vergleich mit den Toscana-Weinen nicht zu scheuen.

»Den Grundpfeiler der traditionellen Küche bildet Fleisch«

Doch die Produzenten sind fast ausnahmslos klein und die Mengen zu gering, um in den Export zu gelangen. Die bekanntesten Rotweine basieren auf der Cannonau-Traube oder der Monica-Traube. Die führenden Weißweine hingegen werden vor allem aus der Vermentino- und der Vernaccia-Traube hergestellt. Cannonau zählt zu den ältesten Rebsorten der Welt, ihr Anbau in Europa ist ab 1200 v. Chr. nachweisbar. Der daraus gekelterte schwere Rotwein ist der sardische Rotwein schlechthin.

Die exklusivsten Weine der Insel, die inzwischen auch international Kultstatus erreicht haben, sind die überwiegend aus der Carignano-Traube gekelterten Rotweine »Turriga« aus dem Hause Argiolas in Serdiana und »Terre Brune« der Cantina di Santadi sowie der weiße »Capichera«, ein erlesener Vermentino der Tenuta Capichera bei Arzachena. Bekannte Dessertweine sind der »Moscato« oder der vielfach prämierte »Vernaccia« von Oristano und Bosa.

Sardiniens beliebtester Likör wird als *mirto rosso* aus den Beeren der Myrthe hergestellt, die etwas leichtere Variante *mirto bianco* aus den Blättern und Blüten des Strauches. Als feinster gilt der *bresca dorada* (»Goldene Wabe«), bei dem nicht Zucker, sondern Honig verwendet wird.

Branntwein

Ganze 40 Prozent hat der Grappa-ähnliche sardische Tresterschnaps *su fil'e ferru* (»Eisendraht«) aufzubieten. Seinen Namen verdankt er dem Brauch der Schwarzbrenner, ihre geheimen Erddepots mit einem Eisendraht zu markieren. Das Getränk hat es wirklich in sich.

Hauchdünn und knusprig – das berühmte *pane carasau*; belebte Bar auf der Via Roma in Cagliari

Ein Natur-PARADIES

Im Schatten von Wacholderbüschen schauen Hirten, auf ihre Stäbe gestützt, ihren Herden beim Abweiden duftender Macchia zu. Adler nisten auf schroffen, wellenumtosten Klippen aus Granit, Wildschweine durchstreifen Kork- und Steineichenwälder und an goldenen Dünen spreizen Teppiche aus Mittagsblumen (Mesembryanthemum) ihre violetten Blütenblätter der Sonne entgegen.

Überall begleiten Schafe und Ziegen mit dem Bimmeln ihrer Glocken die Besucher. In der sardischen Tierwelt finden sich jedoch auch seltene Spezies wie das Mufflon – ein Wildschaf mit langen, gebogenen Hörnern, das auf dem italienischen Festland so gut wie ausgestorben ist. Auf der Hochebene Giara di Gesturi nahe Su Nuraxi leben *cavallini*, kleinwüchsige Wildpferde, und auf der Insel Asinara (➤ 116) die berühmten weißen Esel. Mit etwas Glück erspäht man im Gennargentu-Massiv (➤ 98, 152) einen sardischen Hirsch *(cervo sardo)*. Zu seinem Schutz hat der WWF 1987 im Sulcis-Gebirge im Südwesten das »Riserva Monte Arcosu« eingerichtet.

Vogelwelt

Auf der Insel sind über 200 verschiedene Vogelarten heimisch (ein Drittel des gesamten europäischen Artenbestands), was nicht zuletzt an den großen Lagunen und deren Krabbenreichtum liegt. Dieser zieht auch Zugvögel an und lässt inzwischen ganze Kolonien von rosa Flamingos auf Sardinien brüten. Zu den selteneren Vogelarten, denen man hier noch begegnet, gehören Goldadler und Eleonoren-Falken und an der Küste zwischen Alghero und Bosa liegt Italiens größte Kolonie von Gänsegeiern. Wer

WELTEN UNTER WASSER

Einen Höhepunkt der submarinen Flora und Fauna bilden die roten Korallenriffe vor der Küste Algheros (➤ 110). Die fischreiche Nordküste zwischen dem Golf von Arzachena und Asinara gilt außerdem als Taucherparadies. Bei Alghero und im Arcipélago de La Maddalena (➤ 130) lassen sich immer wieder Delfine blicken.

Flamingos; Wildpferd; Macchia am Capo Cáccia

diese Giganten der Lüfte mit einer Flügelspannweite von bis zu 3 m erleben möchte, legt einen Stopp auf dem Parkplatz am Capo Marargiu ein, in dessen unzugänglichen Klippen rund 100 Exemplare nisten.

Duftende Pflanzenpracht

Besonders in Frühjahr und Herbst erstrahlt die Insel in wahrer Blütenpracht: Zwischen Rosen und ganzen Teppichen aus farbenprächtigen Mittagsblumen sprießen Orchideen, Hibiskus, Oleander und üppig rankende Bougainvilleas. Fast überall auf Sardinien gedeiht das oft undurchdringliche Strauchwerk der mediterranen Macchia – eine dichte, duftende Fülle von Lavendel, Rosmarin, wildem Fenchel, Wacholder und Myrte.

Unberührte Wildnis

Unablässige Winderosion schuf in der Felslandschaft des Nordostens bizarre, außerirdisch wirkende Formationen – vor allem am Capo Testa und im Valle della Luna (Tal des Mondes, ➤ 138) bei Aggius. Im Parco Nazionale de Golfo di Orosei (➤ 90) an der herrlichen Südostküste findet sich die höchste Steilküste der Insel sowie die 2,5 km lange Schlucht Gola Su Gorruppu (➤ 98) – mit 426 m eine der tiefsten Europas. Die Kalkgebirge sind durchzogen von Höhlen, etwa der atemberaubenden Grotta di Nettuno (➤ 108) oder der Grotta Su Marmuri bei Ulassai.

Kunst-
HANDWERK

Ob Haute Couture aus Kork, ganze Orte als Open-Air-Galerien oder ein Bergdorf, wo seit Generationen »Sa Resolza«, das sardische Hirtenmesser, von Hand gefertigt wird: traditionelles Kunsthandwerk findet man auf Sardinien noch fast überall.

Kunst und Kunsthandwerk haben auf der Insel seit der Nuraghen-Kultur der Bronzezeit Tradition. So wie die sardischen Küchenchefs althergebrachte Rezepte neu interpretieren, verwenden auch die lokalen Künstler Material, Techniken und ästhetische Vorbilder ihrer Ahnen und verleihen ihnen einen modernen Ausdruck.

Inspirationen dafür finden sie genug – so bezeugen allein die meisterhaften Bronze- und Goldpreziosen im Museo Archeológico Nazionale (➤ 51) in Cagliari das hohe Niveau kunsthandwerklicher Metallverarbeitung. Legendär sind auch die Messer der Schmiede von Santu Lussúrgiu (➤ 79) nördlich von Oristano mit ihren Griffen aus Horn oder Olivenholz. Während sich die Messerschmiede an alten Vorgaben orientieren, dienen sie anderen Künstlern als Ausgangspunkt zur Verwirklichung eigener Ideen. Dabei hält man gern an Materialien fest, die hier schon immer bevorzugt wurden – die grobe Wolle sardischer Schafe, das Holz aus den Kastanienwäldern, Kork und Pflanzen zum Korbflechten.

Die Tradition sardischen Kunsthandwerks wird getragen von Produkten, die mit Orten verbunden sind – so begibt man sich auf der Suche nach hochwertigen Wollteppichen ins kleine Bergdorf Ággius (➤ 138) nahe der Costa Smeralda. Wie seit Jahrhunderten werden hier Teppiche von Hand gewebt. Sie erhalten ihr unverwechselbares Aussehen außer durch die Farben durch eine Webtechnik, die glatt erscheint oder Struktur aus einem Reliefeffekt gewinnt. Die Motive reichen von traditionellen bis hin zu avantgardistischen Entwürfen – eine alte Technik, die im 21. Jh. angekommen ist.

Bronzefiguren (ganz links); Wandgemälde in Orgosolo (links);
verschiedenes Kunsthandwerk (rechts); Wandgemälde in Orgosolo (ganz rechts)

EINKAUFSTIPPS FÜR KUNSTHANDWERK
Sardisches Kunsthandwerk entwickelt sich ständig weiter, was Stil und Technik anbelangt, und gerade dies macht den Erwerb so spannend. Das gesamte Spektrum – von traditionell bis avantgardistisch – präsentieren die ISOLA-Läden (➤ 43) in Cagliari (➤ 66), Núoro (➤ 102) oder Oristano (➤ 84).

Bei anderen textilen Handwerksformen baut man ebenfalls auf althergebrachte Materialien und Motive und lässt sich davon inspirieren. So entwickelte die im Korkstädtchen Témpio Pausánia (➤ 138) ansässige Künstlerin Anna Grindi aus Kork einen in seiner Feinheit und Leichtigkeit wie Seide wirkenden Stoff – seit der Einführung im Jahr 2000 sind die Kreationen ihres Labels Suberis sehr begehrt.

Nicht immer ist sardische Kunst so haptisch. In den 1960er-Jahren etwa begann der Künstler Pinuccio Sciola, die Mauern von San Sperate bei Cagliari mit Bildern zu verschönern. Andere Künstler aus dem In- und Ausland folgten, und so säumen heute in unterschiedlichem Stil bemalte Fassaden die Straßen. Durch politisch-satirische *murales* bekannt wurde Orgosolo (➤ 97), ein entlegenes Hirtendorf in den Bergen des Supramonte: Was einst als Aufbegehren gegen die bittere Armut und die Besetzung der für das Hirtendorf existenziellen Weidehochfläche »Pratobello« durch das Militär begann, ist heute eine weltweit bekannte Freiluftgalerie, in der sämtliche Stilrichtungen und Themen vertreten sind.

Zeitlose Motive

Schon vor etwa hundert Jahren beschrieb der englische Romancier D. H. Lawrence wollene sardische Satteltaschen mit farbenfrohen Mustern – seit Jahrhunderten haben sie sich kaum verändert. In ihrer modernen Interpretation sind sie von unveränderter Farbbrillanz und roter Mohn bleibt das beliebteste Motiv. Tierdarstellungen, besonders von Hirsch oder Mufflon, wie sie auch in Form traditioneller Masken auf Festen der Bergbewohner verwendet werden, finden außerdem Ausdruck in modernen Metallplastiken.

Muravera: Teppichweberei mit traditionellen Mustern

Erster Überblick

Ankunft

Anreise mit dem Flugzeug

Wenn Sie mit dem Flugzeug nach Sardinien reisen, bieten sich Ihnen drei Optionen: Der internationale Flughafen von Cagliari bedient die Hauptstadt der Insel und liegt ideal für Reisen an die Südküste. Er befindet sich 8 km nordwestlich vom Stadtzentrum. Der Airport von Alghero liegt 10 km nördlich der Stadt und wird von nationalen Fluggesellschaften angeflogen, die das italienische Festland, vorrangig Mailand und Rom, mit der Insel verbinden. Seit Ryanair seine Flüge nach Alghero eingestellt hat, hat der Flughafen stark an Bedeutung verloren. Der Flughafen von Ólbia ist das Ziel internationaler Linien- und Charterflüge: Maschinen aus Mailand, Rom und Verona sowie Easyjet, TUIfly und andere fliegen hierher.

Flughafen Ólbia

- Der Flughafen Ólbia mit dem verheißungsvollen Namen Aeroporto Ólbia Costa Smeralda ist der wichtigste touristische Flughafen der Insel (Tel. 0789 56 34 44; www.geasar.it).
- Das Schild »Terminal Autonoleggi« weist den kurzen Weg zu den **Schaltern zahlreicher Autovermietungen** in der Nähe der Ankunftshalle.
- Zum **Zentrum von Ólbia** nimmt man ab dem Kreisverkehr vor der Flughafenzufahrt die vierspurige SS125 Richtung Küste, die in die SS131 mündet. Strecke ca. 4 km, Fahrtzeit ca 7 Min.
- Die Haltestelle für die **Stadtbusse** liegt unmittelbar rechts vom Ausgang der Ankunftshalle. Nach Ólbia Zentrum (Bahnhof) verkehren die Stadtbuslinien 2 und 10. Fahrtdauer ca. 10 Min. Tickets löst man am Automaten (1 €) oder im Bus (1 €, Tages-Ticket 2,50 €). Kostenloses Info-Telefon: 800 9 18 47, Fahrplan/Linien unter www.aspo.it)
- Der **Taxistand** befindet sich vor dem Ankunftsterminal. Für eine Fahrt nach Ólbia sollte man etwa 20 Euro einkalkulieren.
- **Bikesharing-Stationen** von Olbiabike findet man am Flughafen und beim Rathaus am Corso Umberto (www.bicincittà.com).

Flughafen Cagliari

- Der Flughafen von Cagliari heißt **Élmas** (www.sogaer.it); eine Tourist-Info findet man in der Ankunftshalle.
- **Autovermietungen** und Parkmöglichkeiten findet man gleich neben dem Terminal. Verlassen Sie die Ankunftshalle linker Hand und folgen Sie dann einfach dem Autonoleggio-/Rent-a-Car-Zeichen.
- Ins **Zentrum von Cagliari** folgen Sie der großen vierspurigen Viale Elmas, die Sie – wie die praktisch parallel zu ihr verlaufende E27 – direkt zur Via Roma führt. Wer Richtung Südwesten/Iglesias weiterreist, nimmt die Viale Elmas in Richtung Decimomannu.
- Der Bahnhof »Elmas Aeroporto« verbindet den Flughafen mit dem Zentrum. Er ist über die Abflughalle und mehrere Rolltreppen zu erreichen. Die Züge fahren in 5 bis 7 Minuten zum Hauptbahnhof an der Piazza Matteotti. Tickets kosten 1,30 Euro. Daneben halten alle Züge von und nach Cagliari am Flughafen. Man hat also direkten Anschluss an die Regionalexpresszüge nach Oristano, Macomer, Ólbia und Sássari. Die Busverbindungen nach Cagliari wurden eingestellt.
- An den Ausgängen im Erdgeschoss und in der ersten Etage warten **Taxis**. Eine Fahrt in die Innenstadt kostet mit dem Taxi etwa 15–20 Euro (Tel. 0704 00 01 01).

Flughafen Alghero

- Algheros Flughafen nennt sich **Fertilia** (Tel. 079 93 52 82; www.aeroportodialghero.it). In der Ankunftshalle gibt es eine Touristeninformation (Tel. 079 97 71 28, tägl. geöffnet).
- Die Schalter der **Autovermietungen** findet man rechts vom Ausgang der Ankunftshalle, die Mietwagen stehen gegenüber dem Schalter.
- Um nach **Alghero** zu gelangen, nimmt man erst die SP44 Richtung Süden, dann die SS127, die kurz vor der Stadt in die SP42 mündet, die wiederum direkt zu den Parkplätzen am Hafen vor der Altstadt führt. Strecke 12 km, Dauer ca. 20 Min.
- Die Haltestelle für den **Bus** nach Alghero liegt etwa 150 m rechts vom Ausgang der Ankunftshalle. Die Flughafenbusse von ARST (Linie Al.F.A.) fahren zwischen 5.20 und 23 Uhr im Stundentakt bis Porta Terra, unmittelbar bei Altstadt und Marina. Die Fahrtdauer beträgt ca. 30 Min. Tickets am Automaten oder im Bus (1 €)
- Vor dem Ausgang der Ankunftshalle stehen **Taxis**, die für die Fahrt in die Innenstadt rund 15–20 Euro verlangen. Die Zentrale ist rund um die Uhr besetzt (Tel. 079 97 53 96 oder 079 9 89 20 28).

Anreise mit dem Schiff

- Vom **italienischen Festland** aus fahren zahlreiche Auto- und Passagierfähren (auch Expressfähren) nach Sardinien. Die wichtigsten Verbindungen sind die Strecken ab Genua und Livorno nach Ólbia bzw. Golfo Aranci. Die kürzeste Überfahrt ist die von Civitavecchia (nahe Rom) nach Ólbia/Golfo Aranci. Außerhalb der Saison ist der Fahrplan ausgedünnt, manche Strecken werden dann nicht mehr bedient. Für die Hochsaison (Juli/Aug.) empfiehlt sich eine rechtzeitige Buchung. Wer Zeit hat, kann eine billigere Tagespassage buchen, wer ausgeschlafen ankommen will, eine Nachtpassage mit Kabine.
  Eine schöne Variante ist die Anreise über die Insel **Korsika**. Die kürzeste Fährverbindung zwischen Korsika und Sardinien führt von Bonifacio nach Santa Teresa di Gallura (Fahrzeit ca. 50 Min). **Information/Buchung** aller Fähren: direkt bei den Fährgesellschaften oder bei den Sardinienspezialisten www.turisarda.de, www.ferien-in-sardinien.com, www.vs-sardinienreisen.de.

Touristeninformationen

- **Sardinien**: Assessorato del turismo, Viale Trieste 105, 09123 Cagliari, Tel. 070 6 06 70 05, www.sardegnaturismo.it, sardegnaturismo@regione.sardegna.it
- **Cagliari**: Assessorato Turismo, Via Cadello 9/b, 09121 Cagliari, Tel. 070 4 09 29 64, Info-Tel. 800 20 35 41, turismo.provincia.cagliari.it
- **Carbonia-Iglesias**: Via Mazzini 39, 09013 Carbonia, Tel. 0781 6 72 61, www.sulcisiglesiente.eu
- **Medio Campidano**: Via Carlo Felice 267, 09025 Sanluri, Tel. 070 9 35 67 00, www.provincia.mediocampidano.it
- **Ólbia-Tempio**: Via Nanni 39, 07026 Ólbia, Tel. 0789 55 76 00, www.olbiatempioturismo.it
- **Oristano**: Piazza Eleonora 18, 09170 Oristano, Tel. 0783 3 68 32 10, www.provincia.or.it; www.gooristano.com
- **Sássari**: Palazzo di Città - Via Sebastiano Satta, 13, 07100 Sássari, Tel. 079 2 00 80 72, www.provincia.sassari.it, www.turismosassari.it
- **Núoro**: Piazza Italia 7, 08100 Núoro, Tel. 0784 23 88 78, www.provincia.nuoro.gov.it

Unterwegs auf Sardinien

Zur Erkundung der Insel eignet sich das Auto am besten, doch auch mit dem Bus oder Zug kann man die meisten Sehenswürdigkeiten gut erreichen – das kann allerdings etwas dauern. Ein Leihwagen ist an allen drei Flughäfen (P36) oder in größeren Städten zu bekommen. Denken Sie daran, dass viele Küstenorte an Sommerabenden nur für Fußgänger zugänglich sind.

Mit dem Auto

- Sie benötigen einen **gültigen Führerschein** und, falls Ihr Heimatland kein EU-Mitglied ist, einen internationalen Führerschein.
- **Informieren Sie sich bei der Versichung** über deren Konditionen, sodass Sie ausreichenden Versicherungsschutz genießen.
- Wenn man mit einem **im Ausland gemeldeten Auto** einreist, muss man den Fahrzeugschein mitführen. Die Grüne Versicherungskarte ist nicht Pflicht, aber praktisch, weil sie bei Unfällen die Abwicklung erleichtert.
- Wer auf der Insel **ein Auto mieten** möchte, muss mindestens 21 Jahre alt sein und eine mindestens seit einem Jahr gültige Fahrerlaubnis besitzen. Es muss eine Kaution hinterlegt werden. Ohne Kreditkarte ist es sehr schwierig, einen Mietwagen zu bekommen. Pauschaltouristen sollten versuchen, ein Auto als Teil eines »Fly & Drive«-Angebots direkt mit dem Urlaub zu buchen. Ebenfalls zu empfehlen: Mieten Sie vor der Abreise einen Leihwagen über eine gängige Autovermietung oder bei Internetvermittlungsportalen wie www.billiger-mietwagen.de, www.holidayautos.de oder www.autoeurope.com, das ist oft deutlich günstiger.

Grundlegende Regeln im Straßenverkehr

- In Italien ist außerhalb von Orten **Abblendlicht** Pflicht – auch am Tag.
- Mit der **Lichthupe** zeigt Ihnen ein Fahrer an, dass er sich die Vorfahrt nimmt, und nicht, dass er Sie Ihnen lässt!
- Es gibt keine Maut; auf Schnellstraßen/Landstraßen herrscht eine **Geschwindigkeitsbegrenzung** von 90 km/h, in Orten von 50 km/h.
- Die vierspurige **Hauptschnellstraße** der Insel, die SS131 Carlo Felice, durchquert die Insel von Cagliari nach Sássari und nach Porto Tórres. Von der SS131 zweigt die SS131bis ab, die via Núoro nach Ólbia führt.
- Weitere Schnellstraßen ***(superstrade, SS)***: die SS130 in westlicher Richtung von der Carlo Felice bei Cagliari nach Iglésias; die neue zweispurige Schnellstraße von Sássari nach Alghero (bis zur Hälfte ausgebaut). Neue Schnellstraßen gibt es an der Südküste zwischen Villasimius und Cagliari sowie an der Ostküste von Arbatax bis zur Costa Rei/Villasimius.
- Die meisten Landstraßen auf Sardinien führen durch **wunderschöne Landschaft**, sind aber überaus kurvenreich. Die *strade bianche* (weiße Straßen) sind unbefestigte Schotterpisten und eher für Jeeps geeignet. Bedenken Sie, dass Sie beschädigte Reifen ersetzen müssen.
- **Benzin** heißt *benzina*, bleifreies Benzin *senza piombo*, Diesel *gasolio*. An den Schnellstraßen (SS) liegen in regelmäßigen Abständen Tankstellen. Tankstellen haben meist über Mittag und nach 19.30 Uhr geschlossen. Die Mehrzahl verfügt über Tankautomaten, die Kreditkarten oder Geldscheine (nicht allzu zerknittert!) annehmen.
- In größeren Städten kann **Parken** zu einem Geduldsspiel werden. Blau markierte Parkplätze sind kostenpflichtig, weiß markierte kostenlos, gelb markierte reserviert für Bus und Taxi. Schwarzgelb gestreifte Bordsteine signalisieren Parkverbot! In Städten gibt es Parkuhren oder einen

Parkwächter, der Parkscheine für etwa 50 Cent pro Stunde aushändigt.

- **Halten Sie die Verkehrsregeln ein!** Dass diese in Italien nur Empfehlungscharakter hätten, ist ein weit verbreiteter Irrtum! In Italien sind die Bußgelder viel höher als in Deutschland (Parkverstöße kosten ab 40 €, Handy am Steuer 160 €). Bußgelder über 70 Euro werden von deutschen Behörden eingetrieben!
- Wenn Ihr **Auto liegen bleibt**, dürfen Sie es nur mit angelegter Warnweste verlassen! Das Mitführen einer Warnweste im Fahrgastraum ist verpflichtend. Schalten Sie das Warnblinklicht ein und stellen Sie ca. 50 m hinter dem Auto ein Warndreieck auf. Den Pannendienst erreichen Sie unter Tel. 116. Im Falle eines **Unfalls** stellen Sie ebenfalls das Warndreieck auf und benachrichtigen Sie die Polizei (Tel. 112/113) oder den Notarzt (Tel. 118). Am Unfallort sollten Sie keine Schuldeingeständnisse machen. Bitten Sie Zeugen, vor Ort zu bleiben. Tauschen Sie mit den Unfallbeteiligten Namen, Adresse und Versicherungsdetails aus.

Mit dem Bus

- Das **dichte Busnetz** auf Sardinien bringt Sie nicht nur in Städte und Dörfer, sondern im Sommer auch an die Strände.
- Die **blauen Busse von ARST** (Azienda Regionale Sarda Trasporti) sind das Rückgrat der öffentlichen Verkehrsmittel auf der Insel. Mit ARST ist praktisch jeder Ort auf der Insel zu erreichen (www.arst.sardegna.it, kostenfreies Info-Tel. 800 86 50 42). Außerdem gibt es zahlreiche weitere Buslinien, die regionale Strecken oder auch inselweite Expressbus-Strecken anbieten. Achtung: Privatbuslinien verkehren nicht von den zentralen ARST-Busbahnhöfen aus, sondern haben eigene Haltestellen (Expressbusse: www.gruppoturmotravel.com).

Mit der Fähre

- Zwischen Palau und La Maddalena pendeln ganzjährig rund um die Uhr die Fähren von Maddalena Lines (www.maddalenalines.it, Tel. 0789 73 91 65) und Delcomar (www.delcomar.it, Tel. 0781 85 71 23). Fahrtzeit ca. 15 Min.
- Von Portovesme verkehren zwischen ca. 5 und 22 Uhr Fähren von Delcomar (Tel. 0781 85 71 23) nach Carloforte auf der Insel San Pietro. Im Sommer verkehren die Fähren von Delcomar rund um die Uhr, Fahrtzeit 35 Min. Zwischen den Inseln San Pietro und Sant'Antíoco (Carloforte–Calasetta, Fahrzeit ca. 20 Min.) verkehren die Fähren von Delcomar zwischen Ende April und Dezember.
- Die Verbindung zwischen Korsika/Bonifacio und Sardinien/Santa Teresa di Gallura bedient ganzjährig Blu Navy (www.blunavytraghetti.com, Tel. 0565 26 97 10), von Ende April bis Dez. auch Moby Lines (www.mobylines.de, Deutschland Tel. 0611 1 40 20), Fahrtzeit ca. 50 Min.

Mit dem Zug

- Das Netz der **Bahn** ist dünn. Es gibt nur eine von der staatlichen FS (Ferrovie dello Stato) betriebene Strecke von Golfo Aranci/Ólbia nach Cagliari mit Abzweigen nach Sássari, Iglesias und Carbonia (www.trenitalia.com, Tel. 199 89 20 21, aus dem Ausland Tel. 0039 06 68 47 54 75).
- Daneben existieren noch einige Abschnitte des Schmalspurbahnnetzes. Der Touristenzug **Trenino Verde** verkehrt in der Saison auf verschiedenen Strecken (Trenino Verde, Tel. 070 2 65 71, www.treninoverde.com). Wie lange die Schmalspurbahnen noch fahren, ist ungewiss.

Übernachten

Sardinien besitzt eine große Zahl an Unterkünften, besonders an der Küste – wobei der Norden und Osten durchschnittlich teurer sind als der Süden und Westen. Auch in den Bergen gibt es immer mehr Hotels und B & Bs findet man in jedem Dorf. Auch Agriturismi sind zahlreich. Viele Unterkünfte sind nur von Ostern bis Ende September geöffnet. Außerhalb der Saison sollte man sich also rechtzeitig nach einer Bleibe umsehen.

Hotels

- **Hotels** werden mit **1 bis 5 Sternen** bewertet. Es geht dabei aber weniger um den Standard der Ausstattung als um deren breites Spektrum.
- Am teuersten ist es in der **Hauptsaison** im Juli und August und am allerteuersten in der »altissima stagione«, der »Höchstsaison«, zwei Wochen um Ferragosto, den 15. August, herum. In dieser Zeit werden Zimmer oft erst ab einer Aufenthaltsdauer von drei Tagen oder mit Vollpension vermietet.
- Die **Klassifikation** eines einfachen Hotels als *pensione* gibt es nicht mehr, jedoch bezeichnen sich Hotels mit einem Stern oft noch so. Dort muss man sich gewöhnlich ein Bad teilen, während Zwei-Sterne-Hotels Zimmer mit Bad und Drei-Sterne-Häuser TV und Telefon bieten. Vier-Sterne-Unterkünfte haben mehr Annehmlichkeiten und in Luxusherbergen mit fünf Sternen wird sämtlicher Komfort geboten. Vor allem an der Costa Smeralda, den benachbarten Resorts oder an der Küste um Cagliari sind solche Hotels zu finden.

Weitere Unterkünfte

- **B & Bs** bieten oft ein gutes Preis-Leistungs-Verhältnis und erfreuen sich zunehmender Beliebtheit. Der Standard ist sehr unterschiedlich und reicht vom schlicht möblierten Zimmer ohne Bad/WC bis hin zum zauberhaften Apartment mit Terrasse. Hinsehen und nachfragen lohnt sich also! Auskunft erteilen die Touristeninformationen oder Internetportale wie www.sardegnabb.eu oder www.bed-breakfast-sardegna.com.
- ***Agriturismo*** bezeichnet die Unterbringung in Bauernhöfen oder Landhäusern, die auch Reiten, Trekking oder Radfahren anbieten. Essen steht jedoch im Vordergrund, denn hier kocht die Bauern- oder Hirtenfamilie für ihre Gäste meist aus eigenen Produkten und fast immer sehr opulent. Für Nichthausgäste ist Voranmeldung zwingend! Infos findet man z. B. unter www.agriturismo.it, www.agriturismi.it/it/sardegna oder www.terranostra.it.

Interessante Websites

- Mit Bedacht ausgewählte und durchweg sehr gute B & Bs, *agriturismi* und andere charmante Unterkünfte wie kleine Landhotels, Ferienhäuser usw. vermittelt der Anbieter www.ferien-in-sardinien.com.
- Weitere Firmen, die Ferienhäuser und -wohnungen vermitteln: Reiseagentur Fröhlich: www.frohlich.nl; Karrer-Tours: www.sardinien.org; www.ferienhaus-auf-sardinien.com, www.sardinienferienhaeuser.de.

Preise
für ein Doppelzimmer pro Nacht:

€ unter 90 Euro	**€€** 90–155 Euro	**€€€** 155–250 Euro
€€€€ über 250 Euro		

Essen und Trinken

Auf Sardinien können Sie überdurchschnittlich gut und oft auch preiswert essen. Egal ob Sie sich für Zutaten vom Land (la terra) oder aus dem Meer (il mare) entscheiden – mit authentischer Küche kommen auch anspruchsvolle Genießer auf ihre Kosten.

Restauranttypen

- Ähnlich wie auf dem italienischen Festland verschwimmen die Grenzen zwischen den **Restauranttypen** zunehmend. So war ein *ristorante* einst ein exklusives Lokal, eine *trattoria* hingegen eher einfach und günstig. Mittlerweile sind diese Bezeichnungen fast schon austauschbar.
- ***Enoteca*** nennt man ein Weinlokal mit großer Auswahl an offenen Weinen, wo es zudem Salami, Käse und Snacks gibt. Vielleicht stoßen Sie auch auf eine *birreria*, wo Bier, Wein und kleine Mahlzeiten angeboten werden.
- Die ***gelateria*** (Eisdiele) kommt nie aus der Mode. Wie überall in Italien wird auch hier hingebungsvoll fantastisches Eis gemacht.

Essenszeiten

- Gegen 7 Uhr öffnen die Bars fürs **Frühstück** *(prima colazione)*, das bei den Sarden aus einem Caffè (Espresso) oder Cappuccino und einem *cornetto* (Croissant) besteht. Gefrühstückt wird im Übrigen fast nie am Tisch, sondern im Stehen an der Bar – gesellen Sie sich einfach dazu.
- Gegen 13.30 Uhr machen es sich viele am **Mittagstisch** gemütlich – und das kann dauern. Zur Siesta bleibt das Leben förmlich stehen. Büros und Geschäfte schließen bis zu vier Stunden am Nachmittag.
- Das **Abendessen** (*cena*) ist die Hauptmahlzeit, zu der sich die ganze Großfamilie versammelt. Geht man ins *ristorante* (frühestens ab 20 Uhr, meist aber 21 bis 22 Uhr), macht man sich schick. Legere Kleidung ist unangebracht. Hunde sind in den Restaurants nicht erwünscht.

Das Menü

- Vorab: Es ist ein Irrtum, dass man ein ganzes Menü nehmen muss. Auch die Einheimischen nehmen häufig nur einzelne Gänge. Ein komplettes Menü besteht aus Antipasti, *primo piatto, secondo piatto* und Dessert.
- Als **Antipasti** – wörtlich übersetzt »vor der Mahlzeit« – werden entweder *di terra* mit Wurst und Fleisch gereicht oder *di mare* mit Meeresfrüchten. Typisch sardische Antipasti sind *di terra* und bestehen aus Salsiccia, Wurst, Schinken, Lardo, Pecorino, Oliven und *pane carasau*.
- Als **primo** kann man meist zwischen einer *zuppa*, einer Suppe, und diversen Pasta-Gerichten wählen.
- Als **secondo**, als Hauptgericht, wählt man zwischen Fisch und Fleisch. Die sardische Spezialität ist Porcheddu, die sardische Variante des Spanferkels, oder Milchlamm oder Wildschwein.
- Zum **Dessert** gibt's *dolci* – und die findet man auf Sardinien in großer Zahl. Besonders beliebt sind *seadas*, Teigtaschen mit Frischkäse und Honig.
- Nach dem Essen ist es Zeit für **Kaffee oder Alkoholisches**. Authentisch ist nur Espresso (nie Cappuccino nach dem Essen!), Grappa oder *mirto*.

Für Vegetarier

- Sarden sind Fleischesser – und Rohkostfans. In der traditionellen sardischen Küche finden Vegetarier immer etwas, sei es rohes Gemüse wie Tomate, Gurke, Fenchel oder Spargel, Salat, Suppen oder Pasta. Immer

mehr Restaurants an der Küste haben sich zwischenzeitlich auch auf Vegetarier eingestellt.
- Gerichte mit Hühnchen *(pollo)*, Schinken *(prosciutto)* und Fisch gehen auf Sardinien oft als vegetarisch durch – also nach den Zutaten fragen.

Sardische Spezialitäten

- Wer nicht mindestens einmal im Leben *pane carasau*, das traditionelle **Brot** Sardiniens, gebacken hat, ist eigentlich kein echter Sarde. Das köstlich leichte, knusprige und dünne Brot wird auch »Notenblatt« genannt, da es angeblich genauso dünn wie ein *foglio da musica* ist.
- Einzigartig sardisch ist auch ***bottarga* von der Meeräsche** – der »sardische Kaviar« besteht aus dem bernsteinfarbenen Rogen des Fischs.
- Das naturbelassene, nach Kräutern duftende Weideland ist ideal für Schafe, aus deren Milch der aromatische ***pecorino sardo*** gemacht wird.

Getränke

- Fast überall werden gute sardische **Weine** angeboten, die meist preisgünstig zu haben sind – vor allem wenn man statt einer Flasche eine Karaffe *sfuso*, offenen Wein, ordert. Sardinien ist bekannt für süße Dessertweine wie Vernaccia, Moscato und Malvasia sowie den schweren Rotwein Cannonau, der aus einer alten Rebsorte gekeltert wird.
- Was **Branntweine** angeht, steht der sardische Aquavit *fil'e ferru* mit mindestens 40%, an erster Stelle. *Mirto* ist der sardische Likör. Er wird aus Alkohol, Myrtenbeeren und Zucker angesetzt.
- **Bier** *(birra)* ist in Italien gleichbedeutend mit Lager und wird gewöhnlich als *píccola* (klein, 33 cl) oder *grande* (groß, 66 cl) ausgeschenkt. Wer ein *birra nazionale* bestellt, bekommt ein italienisches Peroni oder ein sardisches Ichnusa – sie sind billiger und wenigstens so gut wie Importbiere.

Cafés und Bars

- **An der Bar** bezahlt man weniger als am Tisch. Bezahlen Sie an der separaten Kasse *(cassa)* und gehen Sie mit Ihrem Bon zur Bar, wo Sie Ihre Bestellung wiederholen.
- Sobald Sie **an einem Tisch Platz nehmen**, nimmt ein Kellner die Bestellung auf. Auf keinen Fall an der Bar zahlen und sich dann trotzdem hinsetzen.

Bezahlung und Trinkgeld

- Wenn es ans Bezahlen geht, fragen Sie nach *il conto* – der **Rechnung**.
- Fast überall werden **Gedeckkosten** *(pane e coperto)* verlangt, meist um die 2 Euro pro Person. Manchmal wird die Bedienung extra berechnet – dann entfällt das Trinkgeld, ansonsten sind 10 % des Rechnungsbetrags üblich.
- Jeder Wirt ist gesetzlich verpflichtet, eine **Quittung** auszustellen *(una ricevuta fiscale)*, die man beim Verlassen des Lokals dabei haben muss.

Dresscode

- Wenn Italiener essen gehen, machen sie sich schick. An der Küste geht es entspannter zu, in eleganten Lokalen in Cagliari und Sássari legt man jedoch Wert auf Stil.

Preise
für ein Menü (ohne Getränke):
€ unter 26 Euro **€€** 26–55 Euro **€€€** über 55 Euro

Einkaufen

Überall auf der Insel können Sie traditionelles Kunsthandwerk, Töpferware, Stickereien und sardische Delikatessen erstehen. In größeren Städten gibt es zudem Boutiquen und Kaufhäuser.

Kunsthandwerk

Das sardische Kunsthandwerk blickt auf eine lange Tradition zurück. Ehe Sie sich mit Ramsch eindecken, sollten Sie einen Blick auf die authentischen Artikel der ISOLA-Läden werfen. Niederlassungen des Istituto Sardo Organizzazione Lavoro Artigiano (kurz ISOLA), das sich um die Pflege und den Erhalt des sardischen Kunsthandwerks kümmert, sind in Cagliari, Núoro, Porto Cervo, Oristano, Alghero und Sássari vertreten, wo im padiglione per l'artigianato Eugenio Tavolara in den giardini pubblici derzeit ein Kunsthandwerksmuseum mit Verkaufsausstellung entsteht. Alle bieten eine breite Auswahl an Kunstgegenständen mit Echtheitszertifikat.

Handwerk

- **Keramik** von traditionell bis experimentell gibt es inselweit. Besonders schöne, schlichte traditionelle Gebrauchskeramik findet man wegen der dort vorkommenden Tonerden in der Campidano-Ebene.
- Für Arbeiten aus **Kork** besucht man das Korkeichenzentrum Sardiniens: die Bergstadt Tempio Pausania und ihre Umgebung.
- Filigraner **Gold- und Silberschmuck** wird auf der ganzen Insel hergestellt. Besonders berühmt dafür sind Cagliari, Sássari, Dorgali und Bosa.
- Besonders schön sind **Teppiche** und Webarbeiten aus *orbace*, unbehandelter Schafwolle. Bekannt dafür sind Ággius, Mogoro und Samugheo.
- Bosa ist berühmt für *fileti di Bosa*, zarte **Spitzen** und Stickereien.
- Ein ganz besonderes Souvenir sind handgefertigte sardische Hirtenmesser. Die besten Messerschmieden findet man in Pattada, dem »Toledo Sardiniens«, im Bergdorf Santu Lussúrgiu (➤ 79) und in Guspini.
- Eines der schönsten Andenken sind die nach alten Vorlagen aus Holz, Ton und Leder handgefertigen **Karnevalsmasken** aus der Barbagia. Nur noch wenige Meister wie Signore Mameli in Mamoiada stellen sie her.

Kulinarisches

Gourmets macht man mit Cannonau (man sagt, er beschere ein langes Leben), Olivenöl, Pecorino, *miele di corbezzolo,* dem berühmten bitteren sardischen Honig, oder *torrone* (Honignougat) glücklich.

Ausgehen

Das Unterhaltungsangebot auf Sardinien ist im Sommer breit gefächert: von Open-Air-Konzerten und Festivals über Oper, eine innovative Theaterlandschaft und Tanzvorstellungen bis hin zu Prozessionen und Festen, die eine regionale Spezialität oder einen Heiligen feiern. In den Touristenzentren und Universitätsstädten Sássari und Cagliari pulsiert das Nachtleben.

Information

- Die Touristeninformationen geben über alle regionalen Events Auskunft und wissen, in welchen Clubs und Bars das Nachtleben tobt.

Feste

Die Sarden feiern die Feste, wie sie fallen (➤ 16) – und für fast jede Gelegenheit gibt es eines. Manche nehmen Jahreszeiten zum Anlass, viele sind religiöser Natur und antiken Ursprungs, wieder andere zelebrieren Reitkunst auf höchstem Niveau. Doch alle sind ein Spektakel für sich und bieten die Gelegenheit, zu tanzen, zu tafeln und sich von sardischer Lebensfreude anstecken zu lassen. Einen guten Überblick über den bunten topf an großen und kleinen Festen und Veranstaltungen bietet www.sardegnaeventi24.it. Hier einige Appetitanreger:

- ***Carnevale*** (Karneval, Feb./März) wird auf der ganzen Insel gefeiert, jedoch auf unterschiedlichste Art. Während die Bräuche und Umzüge in Tempio Pausania oder Bosa heiter, lustig und frivol sind, hat der auf vorchristliche Wurzeln zurückgehende *Carnevale* in den Barbagia-Dörfern mit seinen archaischen, gruseligen Maskenwesen wie Mamuthones, Merdules oder Maimones einen düsteren Charakter.
- ***Sa Die de Sa Sardigna*** (Tag des sardischen Volkes, 28. April) erinnert an den Aufstand gegen die Fremdherrscher aus Piemont im Jahr 1794, auch bekannt als *vespri sardi* (»Sardische Abende«). Damals wurden alle Anhänger Piemonts aus Sardinien vertrieben. Die Gefangennahme der Führer wird in der Festung San Remy, Cagliari, nachgestellt und es wird bis spät in die Nacht mit viel Musik gefeiert.
- An ***Sant'Efisio*** (1.–4. Mai) wird in Cagliari zu Ehren des Schutzheiligen (➤ 16, 66) eines der spektakulärsten Feste der Insel begangen.
- Zur ***Cavalcata Sarda*** in Sássari (vorletzter Sonntag im Mai) findet ein Trachtenzug statt, gefolgt von Reitern, die durch die Straßen galoppieren. Gefeiert wird der Sieg über die Sarazenen im Jahr 1000.
- Die ***L'Ardia*** von Sedilo (6.–8. Juli) ist Sardiniens berühmtestes, weil spektakulärstes Pferderennen (➤ 21).
- An ***I Candelieri*** in Sássari (14. Aug.) werden riesige »Kerzen« aus Holz durch die Straßen der Stadt getragen (➤ 17, 112).
- Zur ***Sagra del Redentore*** Ende August zieht eine Trachtenprozession durch Núoro und auf den Monte Ortobene zur Statue des Erlösers.
- Bei der ***Sagra di San Salvatore*** tragen am ersten Septembersamstag 500 weiß gekleidete Männer barfuß die Statue des hl. Salvatore von der Erlöserkirche Santa Maria in Cabras zur 7 km entfernten Kapelle San Salvatore auf der Halbinsel Sinis und am Sonntag wieder zurück.

Sport

- An der gesamten Küste kann man wunderbar baden und **schwimmen**.
- **Windsurfen oder Kitesurfen** ist überall möglich, an der Nordküste ist der Wind jedoch oft besonder günstig. Surfermekka ist Porto Pollo nahe Palau am Kanal zwischen Sardinien und Korsika, der wie eine Düse wirkt.
- **Segeln** ist ein wahrlich königliches Vergnügen, vor allem an der Costa Smeralda, wo Sie eine Jacht mieten können.
- Schnorchler und **Taucher** finden unter Wasser ein Paradies vor. Es gibt viele Tauchschulen und PADI-Tauchbasen.
- **Golfliebhaber** bekommen auf Sardinien zwei der schönsten 18-Loch-Golfplätze Europas geboten – den Pevero Golf Club am Cala di Volpe an der Costa Smeralda und am Is Molas Golf Hotel bei Santa Margherita di Pula.
- Es locken tolle, meist jedoch nicht markierte Trekkingrouten, insbesondere im Gennargentu und dem Supramonte-Gebirge.
- In der Gegend um Cala Gonone gibt es viele beliebte **Felskletterrouten**.
- **Reiten** ist ein beliebter Zeitvertreib in der Barbagia und viele Urlaubsresorts an der Küste bieten Reitausflüge am Strand an.

Cagliari und der Süden

Kleine Erlebnisse

Der Balkon von Cagliari

Von der **Bastione San Remy** aus den Blick über die Altstadt und auf den Golfo degli Angeli genießen (➤ 48).

Spaziergang durch die Düfte der Insel

Auf schmalem Pfad durch die betörend duftende mediterrane Natur zum wildromantischen **Capo Ferrato** spazieren (➤ 55).

Besuch bei der »Maestra del Bisso«

Besuchen Sie in Calasetta (Sant'Antíoco) das Museo del Bisso und die Werkstatt der letzten **Muschelseidenspinnerin** (➤ 60).

Erste Orientierung

Sardiniens Hauptstadt Cagliari, die bei Weitem größte Stadt der Insel, ist eine quirlige Hafenstadt und präsentiert sich als spannende Mischung aus Alt und Modern. Für Phönizier und Römer war der südliche Teil der Insel besonders interessant und die Kulturen haben dort ein reichhaltiges Erbe hinterlassen. Doch es war auch die Heimat der Nuragher – wie man noch heute an der imposanten Festung Su Nuraxi sehen kann. Und dann gibt es da noch die Strände – sie gehören zu den schönsten der Insel und sind alle nur einen Katzensprung von der Stadt entfernt.

TOP 10

- 2 Quartiere di Castello, Cagliari ➤ 50
- 4 Nuraghe Su Nuraxi ➤ 52
- 6 Villasimíus ➤ 54

Nicht verpassen!

- 11 Sárrabus ➤ 55
- 12 Nora ➤ 56

Nach Lust und Laune!

- 13 Orto Botánico ➤ 57
- 14 Villanova ➤ 57
- 15 Castello di San Michele ➤ 57
- 16 Poetto & Marina Píccola ➤ 58
- 17 Ísola dei Cávoli ➤ 58
- 18 Ísola Serpentara ➤ 59
- 19 Costa Verde ➤ 59
- 20 Ísola di San Pietro ➤ 60
- 21 Ísola di Sant'Antíoco ➤ 60
- 22 Costa del Sud ➤ 61

Cagliari, auf Sardisch *casteddu* (Festung), thront auf einem Hügel und bietet einen weitläufigen Blick über den schönen Golfo degli Angeli. Die sandgelben Stadtmauern mit ihren Wehrtürmen und die ockerfarbenen Häuser brachten schon 1819 den Dichter D. H. Lawrence in seinem Buch »Das Meer und Sardinien« ins Schwärmen.

Im Castello-Viertel, dem historischen Zentrum, liegt das faszinierende Museo Archeológico Nazionale. Im Hafenviertel Marina kann man im dichten Gassengewirr hinter der Via Roma bummeln oder etwas essen gehen. Im Westen und Osten wird die Stadt von riesigen *stagni*, flachen Lagunenseen, und Salinen umschlossen, in denen zahlreiche Vogelarten nisten.

Etwas im Landesinneren liegt die Marmilla, eine Landschaft aus erloschenen Vulkanen und *giare*, Tafelbergen, auf denen noch Wildpferde leben. Zu Füßen der Giara di Gesturi ragt die monumentale Nuragher-Festung Su Nuraxi aus der Ebene. Unvergleichlich schön ist die unberührte Costa Verde im Westen. Traumstrände gleich im Dutzend findet man an der Costa del Sud und rings um Villasimíus und das Capo Carbonara im Osten.

In vier Tagen

Die folgende Route ist eine Möglichkeit, wie Sie einige der interessantesten Sehenswürdigkeiten in Cagliari und dem Süden der Insel innerhalb von vier Tagen besuchen können. Die einzelnen Highlights werden im Folgenden (➤ 50ff) genauer beschrieben.

Erster Tag

Vormittags
Auf nach Cagliari – wenn Sie nicht schon hier übernachtet haben. Zuerst steht ein Bummel durch ★2 **Il Castello** (➤ 50) an. Nach einer Pause im Caffè delle Arti in der Via del Fossario, nur wenige Schritte von der Kathedrale entfernt, geht es zum Museo Archeológico Nazionale (➤ 51).

Mittags
Genießen Sie ein Picknick auf der **Bastione San Remy** – oder ein Mittagessen auf der Terrasse von De Candia (Via Marco de Candia 3, direkt an der Bastione).

Nachmittags
Machen Sie es wie die Cagliaritaner: Ein Ausflug zu Cagliaris 10 km langem Superstrand mit seinen Strandbars gehört bei jedem Wetter zum Pflichtprogramm (➤ 58).

Spätnachmittags und abends
Erkunden Sie nach der Siesta Cagliaris vielfältige Shoppingmöglichkeiten in der Fußgängerzone Via Manno. Sonntags geöffnet ist das traditionsreiche Kaufhaus Rinascente in der Via Roma, unter deren Arkaden man einen Aperitivo nimmt, bevor man im Marinaviertel ins Dal Corsaro oder Da Serafino (➤ 64) zum Abendessen geht.

Zweiter Tag

Vormittags
Fahren Sie auf der SS131 nach Norden Richtung Sanluri, dann auf der SS197 nordöstlich in Richtung Barúmini. Kurz davor liegt die ★4 **Nuraghe Su Nuraxi** (➤ 52). In der Bar kann man vor der Führung noch einen Kaffee trinken.

Mittags
Das Sa Lolla Albergo Ristorante (➤ 65) in Barúmini ist besonders zu empfehlen.

Nachmittags
Fahren Sie auf die Giara di Gesturi (Auffahrten bei Gesturi und Tuili; ➤ 53) und erleben Sie bei einem Spaziergang wildromantische Natur und Wildpferde.

Dritter Tag

Vormittags
Entlang der **22 Costa del Sud** (Abb. links; ➤ 61) verläuft die SS195 nach Chia. Gönnen Sie sich dort eine Badepause am grandiosen Traumstrand.

Mittags
In Portoscuso legen die Fähren nach Carloforte auf der **20 Ísola di San Pietro** (➤ 60) ab, die für ihre Thunfischgerichte berühmt ist. Zu empfehlen ist das Da Nicolo des italienweit berühmten Luigi Pomata (➤ 65).

Nachmittags
Machen Sie einen Stopp in Pula und besuchen Sie **12 Nora** (➤ 56).

Vierter Tag

Vormittags
Nehmen Sie die schöne, kurvenreiche Küstenstraße nach **6 Villasimíus** (➤ 54), bummeln Sie durchs Städtchen und baden Sie am bilderbuchschönen Strand von Porto Giunco.

Mittags
Der Mittag gehört ganz einer entspannten Bootstour durch das Meeresschutzgebiet um die **17 Ísola dei Cávoli** und **18 Ísola Serpentara** (➤ 58/59).

Abends
Nehmen Sie einen Aperitivo im Gio an der Piazza Gramsci von Villasimíus, bevor Sie im Carbonara (➤ 64) speisen.

2 Quartiere di Castello, Cagliari

Die *città d'acqua e di luce* – Stadt aus Wasser und Licht –, wie man die sardische Hauptstadt auch nennt, sprüht vor Leben. Die ersten Siedler lebten hier Ende des 3. Jahrtausends v. Chr. und die Bauten der Stadt zeugen von der Geschichte der Insel – von den Anfängen in der Antike bis heute. Der phönizische Name Kàralis, »steiniger Ort«, erscheint beim Blick von der Festungsmauer über die Kalkhügel sehr passend.

Der historische Stadtkern innerhalb der Befestigungsmauern ist als Castello oder »Casteddu«, wie die Einheimischen auch die ganze Stadt nennen, bekannt. Eng und steil angelegt, lässt sie sich doch leicht zu Fuß erschließen. Die Pisaner befestigten die Stadt, die sie 1217 von den Byzantinern erobert hatten. Die Stadtmauer geht jedoch auf katalanische und piemontesische Erweiterungen zurück. Westlich der Bastione San Remy, neben der Universität, steht der weiße **Torre dell'Elefante** aus dem 14. Jahrundert. Er ist einer der beiden letzten Türme der Befestigungsanlagen, dessen Fassade eine kleine Elefantenskulptur schmückt, die als heimliches Wahrzeichen der Stadt gilt. Der Aufstieg wird mit fantastischer Aussicht belohnt.

Im Castello liegt die **Cattedrale di Santa Maria** aus dem 13. Jahrhundert. Von ihrer gotischen Pracht ist nach einem Umbau im 17. Jh. und einer Sanierung zur Millenniums-

Cagliaris Castello lädt zu einem Erkundungsspaziergang ein

Oben rechts: Ein Fassadendetail der Kathedrale Santa Maria

Quartiere di Castello, Cagliari

feier nur wenig übrig geblieben. D.H. Lawrence schrieb: »Der Fleischwolf der Geschichte hat allen barocken Protz aus ihr herausgepresst.« Ihr Inneres birgt zahlreiche kulturhistorische Schätze, etwa die Steinkanzeln zu beiden Seiten des Hauptportals, die einst aus einem Stück waren und 1162 für den Dom zu Pisa gefertigt wurden. Im Jahr 1312 kamen sie als Geschenk nach Cagliari.

Cittadella dei Musei – Museo Archeológico Nazionale

Hier befindet sich die bedeutendste Sammlung von Fundstücken aus **prähistorischer bis römischer Zeit**. Das erste Stockwerk zeigt Artefakte aus dem ersten vor-nuraghischen Jahrtausend: Werkzeuge aus Obsidian und kleine runde Fruchtbarkeitsgöttinnen aus Stein, die oft als Teil des Kults um die Große Muttergöttin in den »Feenhäusern« gefunden wurden, Bronzestatuetten, die als Votivgaben fungierten, und Schmuck wie Ketten aus Fuchszähnen *(canini di volpe)* oder erlesene filigrane Ketten und Ohrringe aus Gold aus dem 4. Jh. v.Chr.

Die Largo Carlo Felice

Im Spätfrühling und im Herbst stehen auf der **Hauptstraße Cagliaris** die Palisanderbäume in voller Blüte. Am südlichen Ende liegt die Via Roma mit vielen Cafés, Bars und schicken Geschäften – es ist also der ideale Ort für die abendliche *passeggiata*.

KLEINE PAUSE

Im **Caffè degli Spiriti** (www.facebook.com/caffedeglispiriti) auf der Bastione San Remy können Sie bei einem Snack oder Drink den schönen Ausblick genießen.

---

178 C2

Torre dell'Elefante
Via Università · Mai–Sept. tägl. 10–19 Uhr, Okt.–April 9–17 Uhr · 3 Euro

Cattedrale di Santa Maria
Piazza Palazzo · 0706 6 38 37 · Juni–Sept. tägl. 8–20 Uhr, Okt.–Mai 8–12 u. 16–20 Uhr · frei

Museo Archeológico Nazionale
Piazza Arsenale 1 · 0706 5 59 11 · Di–So 9–20 Uhr
5 Euro, mit Ausstellung »Giganten vom Monte Prama« 7 €

BAEDEKER TIPP

Im Zweifelsfall besteigt man lieber die **Torre dell'Elefante** als die Torre San Pancrazio, denn dort kann man ganz nach oben steigen.

4 Nuraghe Su Nuraxi

***Su nuraxi* ist Sardisch und bedeutet schlicht »die Nuraghe«. Die berühmteste und am besten erhaltene Nuraghen-Festung der Insel gehört zum UNESCO-Weltkulturerbe. In ihrer Anordnung gleicht sie einem gigantischen Bienenstock – mit den Relikten zahlreicher Rundhütten als Waben.**

Bei der Nuraghe von Barúmini handelt es sich um den interessantesten und intaktesten Bau dieser prähistorischen Architekturform. Su Nuraxi wurde in der ersten Hälfte des 1. Jts. v. Chr. von Karthagern erweitert und befestigt. Der weithin sichtbare Hauptturm ragt auf einer kleinen Ebene gen Himmel und bildet mit den ihn umgebenden Türmen ein **sternförmiges Muster**. Jahrhundertelang lagen diese begraben, bis 1949 der sardische Archäologe Giovanni Lilliu mit Ausgrabungen begann, denn er war überzeugt, dass der Hügel Schätze aus der Zeit der Nuragher barg. In sechs Jahren wurde der heute freigelegte Komplex ans Tageslicht gebracht – und die Ausgrabungen dauern an.

Blick ins Innere des Hauptturms

Erkundung des Geländes

An der Kasse starten stündlich Führungen (Dauer ca. 1 Std), die von mehrsprachigen Guides geleitet werden. Da das Gelände nicht ganz ungefährlich ist, darf man es **nicht auf eigene Faust** erkunden. Der Boden ist uneben und an engen Stellen muss geklettert werden.

Zum ältesten Teil gehört der dreigeschossige **Hauptturm**, der einst fast 18 m hoch war, heute aber nur noch 13,7 m misst. Schätzungen zufolge wurde er 1500 v. Chr. gebaut und bei der Invasion der Römer von den Sarden zugeschüttet. Die Überreste sind jedoch in einem erstaunlich guten Zustand.

Der **Mittelturm** wurde aus dunklen Basaltblöcken errichtet, vulkanischem Gestein, das aus rund 10 km Entfernung herbeigeschafft worden sein soll. Das Ausmaß nuraghischer Bauten war sehr unterschiedlich und orientierte sich an ihrer Funktion und Bedeutung. In diesem Fall umgab den Burgturm eine Bastion mit vier mächtigen Türmen an den Ecken.

BAEDEKER TIPP

- Sehr sehenswert ist das **Museum Casa Zapata**, unter der man man einen Nuraghenkomplex entdeckte, über dem man auf Brücken und gläsernen Böden wandeln kann. (10–17 Uhr, Mai–Aug. 10–20 Uhr).
- Hinter Su Nuraxi ragt die **Giara di Gesturi** auf, ein Tafelberg, auf dem Wildpferde leben. Eine Wanderung in die romantische Natur (Autos verboten!) ist unvergesslich. Auffahrten bei Gesturi und Tuili (Centro Servizi Jara, Via G. B. Tuveri 16, Tuili, Tel. 0709 36 42 77, www.parcodellagiara.it).
- Am Fuß des Vulkankegels Las Plassas liegt der **Parco Sardegna in miniatura**. In dem Freizeitpark mit vielen Attraktionen kann man einen ganzen Tag verbringen. An der Straße von Tuili nach Las Plassas (Tel. 0709 36 10 04, www.sardegnainminiatura.it; April–Okt. tägl. 9–19 Uhr, Eintritt Miniaturpark 10 Euro, alles 18 Euro).

Parco Sardegna in miniatura

Lange Korridore führten von den Türmen der Bastion in den Innenhof. Am Korridorende befand sich eine »Tholos«-Kammer: Indem Steine so aufeinander geschichtet wurden, dass jeder Mauerring den vorigen innen ein Stück überragte, entstand ein »falsches Gewölbe« (Kragkuppel). Der Weg zu den Türmen führt durch spärlich beleuchtete Gänge und über in den Fels gehauene Stufen. Von deren Spitze haben Sie dann aber einen **unglaublichen Blick** über die gesamte Anlage mit den 200 Rundhütten (ohne Dach), die zum umliegenden nuraghischen Dorf gehören. Einige wurden im Lauf der Jahre wieder aufgebaut.

KLEINE PAUSE

Die **Bar** gegenüber dem Eingang zu Su Nuraxi bietet sich für einen Snack oder einen Kaffee an.

---

176 A5 Su Nuraxi, Barúmini 070 9 36 81 28 tägl. 9 Uhr bis Sonnenuntergang. Eintritt nur mit Führung, stündl. zur halben Stunde 10 Euro mit Casa Zapata

6 Villasimíus

Am südöstlichen Zipfel der Insel schmiegt sich das einstige Fischerdorf Villasimíus in eine Landschaft aus Macchia und Pinien. Das beliebte Urlaubsgebiet ist mit vielen schönen Stränden gesegnet.

Die Hauptstraße von Villasimíus, die Via Umberto I, verbindet die beiden großen Plätze Piazza Gramsci und Piazza Incani. Das **Ufficio Turistico** finden Sie an der Piazza Giovanni XXIII (Tel. 070 7 93 02 71, www.villasimiusweb.com). In der Via Frau nahe der Via Umberto I stellt das **Museo Archeológico** regionale Fundstücke aus römischen und phönizischen Siedlungen sowie die aus einem Schiffswrack des 16. Jhs. geborgenen Gegenstände aus.

Den nächstgelegenen Strand, die Spiaggia Simius, erreicht man nach 1,5 km auf der Via del Mare. Von hier führt die hochgelegene, wunderschöne Küstenstraße nach Norden zur **Costa Rei**, vorbei an den herrlichsten Stränden. Der feine, helle Sandstrand wird von blaugrünem Meer gesäumt und man hat eine fantastische Sicht auf die vorgelagerten Inseln **Cávoli und Serpentara**. In Richtung Süden geht der Strand in die Spiaggia Porto Giunco-Notteri über. Sie trennt das Meer vom Strandsee Notteri, den rosafarbene Flamingos bevölkern. Der Sand der Spiaggia del Riso im Westen erinnert an weiße Reiskörner (*del riso* bedeutet »aus Reis«), tatsächlich besteht er aus winzigen durchsichtigen Quarzkörnchen.

Die Landzunge **Capo Carbonara** mit Festung und Hafen stellt die südöstlichste Spitze Sardiniens dar. Eine Bootsfahrt in diesem Gebiet macht der ganzen Familie Spaß.

KLEINE PAUSE

Das **Café del Porto** (➤ 64) im Hafen ist eine gute Option.

177 D1

Museo Archeológico

Via Frau 070 7 93 02 90 15.6.–15.9 Di–So 10–13 u. 21–24 Uhr, sonst Di–Do 10–13 Uhr, Fr–So 10–13 und 17–19 Uhr 3 €

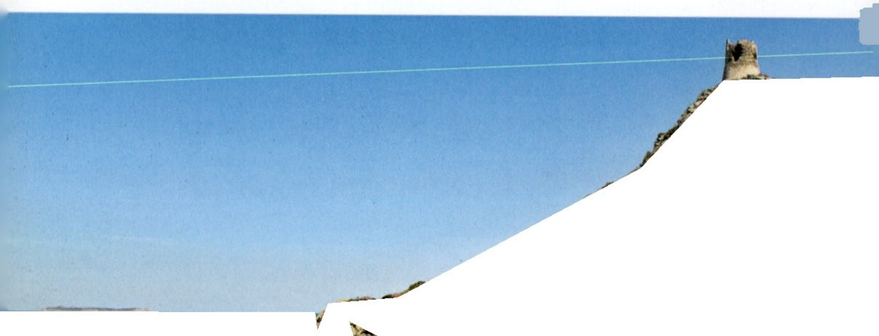

Bei Villasimíus gibt es schöne Strände

11 Sárrabus

Wenige Kilometer nördlich von Villasimíus erhebt sich, mit Macchia und dichten Wäldern bedeckt, das menschenleere Sárrabus-Gebirge mit dem Naturschutzgebiet Parco di Sette Fratelli.

Felsformationen des Monte dei Sette Fratelli

1023 m in die Höhe ragen die Gipfel des **Monte dei Sette Fratelli** (»Sieben Brüder«) – reiche Bestände von Macchia, Kork- und Steineichen prägen ein gut mit Wanderwegen und Picknickplätzen erschlossenes Refugium, in dem noch der *cervo sardo*, der seltene Sardische Hirsch lebt. Bei Wanderungen also gemeinsam nach dem Hirsch Ausschau halten!

Die kurvenreiche Panoramastraße SS125 östlich von Cagliari führt Richtung Norden in diese Gebirgsregion. 29 km hinter der Hauptstadt geht es an einer Gabelung links nach **Burcei** (herrliche Kirschbaumblüte im Mai!). Kurz vor der Abzweigung weist ein Schild zum Eingang des Parks, an dem man in der Caserma Forestale einen Plan mit den markierten Wanderwegen erhält. Mit dem Auto über eine gut 5 km lange, unbefestigte Forststraße zu erreichen ist der Giardino botánico Maidopis (Eintritt frei). Hier wohnen in einem Gehege Sardische Hirsche. Exkursionen in die unerschlossenen Regionen des Sarrabus-Gebirges und Führungen durch den Naturpark bietet die Cooperativa Monte dei Sette Fratelli in Castiadas (www.montesettefratelli.com).
Im 19. Jh. war der Ort eine Strafkolonie, seine Gebäude wurden inzwischen renoviert. Den Küstenstreifen des Sárrabus bilden der berühmte 10 km lange Bilderbuchstrand der **Costa Rei** (zwischen Punta di Santa Giusta und **Capo Ferrato**) und die weniger bekannte, bildschöne Cala Sinzias.

KLEINE PAUSE

Eine wunderbare Gelegenheit zum Entspannen und Genießen bietet das direkt am Strand von San Giovanni gelegene Ristorante **Marina Giò** (► 64), das im Sommer auch mit einer Strandbar aufwarten kann.

176 C/D2

12 Nora

Auf drei Seiten vom Meer umgeben, zeugt Nora wie eine Zeitkapsel von den frühen Eroberern der Insel: Phönizier, Karthager und Römer lebten hier, trieben Handel und hinterließen etliche Spuren.

Nora war vermutlich die erste Siedlung, die von den Phöniziern im 8. Jh. v. Chr. auf Sardinien gegründet wurde. Durch ihre strategisch günstige Lage auf der Landzunge des Capo di Pula konnte immer einer ihrer drei Naturhäfen angefahren werden – egal wie der Wind stand. Unter den Römern stieg Nora zur wichtigsten Stadt der Insel auf, erlebte aber im 5. Jh. n. Chr. einen Niedergang, als unablässige Angriffe durch Araber den Rückzug der Einwohner in die Hügel bei Cagliari erzwangen. Obwohl heute ein Teil des Ortes unter Meereshöhe liegt, erscheint die These, Nora sei einst aufgrund des steigenden Meeresspiegels verlassen worden, der Wissenschaft wenig wahrscheinlich.

Ruinen des römischen Amphitheaters

Die Ruinen, an einem schönen Strand gelegen und gesäumt von Schirmpinien, lassen vor allem die Römerzeit, aus der die Mehrzahl der Bauten stammt, wieder lebendig werden. Zu ihren Highlights gehört ein Amphitheater – es war das einzige der Insel, wo keine Gladiatorenkämpfe, sondern Schauspiele stattfanden. Heute sind es Open-Air-Konzerte! Außerdem gab es vier **Thermen** – für verschiedene Gesellschaftsschichten. Neben Zeugnissen der phönizischen Epoche sind als älteste geschichtliche Spur auch Stufen eines **nuraghischen Brunnens** zu sehen.

Am Ende der langen Bucht mit den Ausgrabungsstätten steht die zauberhafte kleine, 1089 im byzantinischen Stil errichtete Kirche **Sant'Efisio**. Hier wurde der Märtyrer 303 von den Römern enthauptet, woran an jedem 1. Mai eine Prozession aus Cagliari erinnert (► 44, 66).

KLEINE PAUSE

Eine nette **Restaurant-Bar** gibt es neben der Kirche Sant'Efisio.

Nora

175 F1 Zona Archeológica tägl. 10 Uhr bis Sonnenuntergang

7,50 Euro

Nach Lust und Laune!

13 Orto Botánico

Die Bronzebüste des Gründers des Botanischen Gartens, Patrizio Gennari (1820–97), begrüßt die Besucher unter dem schattigen Ficus gegenüber einem Seelilienteich. Der berühmte Garten beherbergt über 500 Arten tropischer und mediterraner Pflanzen. Zwischen Exoten und Zitronenbäumen finden sich Ruinen römischer Zisternen. Außerdem werden Heilpflanzen ausgestellt. Super für einen entspannten Spaziergang!

176 B2 Viale Sant'Ignazio da Láconi, www.ccb-sardegna.it April–Okt. Di–So 9–18 Uhr, Nov.–März 9–14 Uhr 4 Euro

14 Villanova

Den Osten Cagliaris bildet das Geschäftsviertel Villanova mit Shops, Läden und Geschäften. Sein Herz schlägt in der Via S. Giovanni. Eine tolle Shoppingtour führt von der Piazza Costituzione auf der Via Garibaldi quer durchs Viertel und weiter auf der Via Paoli über die Piazza San Benedetto und die Via Dante Alighieri bis zum Parco della Musica.

Das Kloster San Domenico wurde 1254 erbaut. Nach der massiven Zerstörung im Bombenhagel 1943 wurde es 1954 wieder aufgebaut. Vom Vorgängerbau haben einige interessante Reste überlebt, z. B. die Rosenkranzkapelle von 1580 und der *chiostro* (Kreuzgang), von dem noch drei Arkaden sowie die Gruft erhalten sind. Letztere weist spätgotische Elemente auf.

Die frühchristliche Basilica di San Saturnino an der Piazza San Cosimo ist der älteste Kirchenbau Sardiniens. Sie wurde im 5. Jh. zu Ehren des christlichen Märtyrers Saturnius errichtet, der im Jahr 304 unter der Herrschaft Diokletians an dieser Stelle sein Leben ließ. Im Jahr 1089 wurde die Kirche zur Basilika im romanisch-provenzalischen Stil umgebaut. Bei Ausgrabungen stellte

Balkonfenster in Villanova

sich heraus, dass es sich ursprünglich um eine (vor-)christliche Begräbnisstätte handelte. Das Innere der Kirche ist kahl und schmucklos, doch kann man hinter Glasscheiben zu beiden Seiten des Hauptschiffs Ausgrabungen der Nekropole sehen.

176 B2

San Domenico
Piazza San Domenico 070 66 28 37
Nach Anmeldung 8–11 u. 17.30–20 Uhr

Basilica di San Saturnino
Piazza San Cosimo (an der Ecke Via Dante)
070 65 98 69 Di–Sa 9–13 Uhr frei

15 Castello di San Michele

Die spanische Festung thront, eingebettet in einen weitläufigen Park, stolz auf einem Hügel der nordwestlichen Vorstadt Cagliaris. Ursprünglich als byzantinischer Turm im 10. Jh. erbaut, wurde dieser im 11. Jh. um eine romanische Kirche ergänzt. Im 13. Jh. fügten die Pisaner Wälle hinzu, zwei weitere Türme entstanden unter den Spaniern

(14. Jh.). Zu seiner bunten Vergangenheit kann das Gebäude auch ein Gastspiel als Palast der Familie Carroz im 15. Jh. zählen: Um die Mauern der Festung auszubessern, »erwarb« sie Schmuck- und Marmorsteine der Basilica di San Saturnino. Als 1652 die Pest ausbrach, war das Kastell ein Hospital. Heute wird die Anlage für Veranstaltungen genutzt. Der Blick vom Castellohügel reicht über die ganze Stadt bis zum Poettostrand und zur Lagune von Santa Gilla.

176 A2 Via Sirai 070 50 06 56, www.camuweb.it Juni–Sept. 10–13 u. 16–19 Uhr, Okt.–Mai 10–13 u. 15–18 Uhr
Stadtbus 5 3 Euro

16 Poetto & Marina Piccola

Sonne, Strand und Entspannung: Diese Zauberworte ziehen jedermann an den Poetto. Der fast 10 km lange Sandstrand liegt am klaren, türkisblauen Meer und wird von den Bergen des Sárrabus und des Capo Carbonara wunderschön eingerahmt. Der Strandsee Molentargius, Brutgebiet von Flamingos und anderen Wasservögeln, liegt direkt dahinter. Am südlichen Ende ragt ein Felssporn mit dem Namen Sella del Diávolo (Teufelssattel) auf. Der Legende nach warf der Erzengel Gabriel an dieser Stelle den Teufel bei einem Streit aus dem Sattel und jagte ihn mit seiner Engelsschar davon, was dem Golfo di Cagliari den Namen Golfo degli Ángeli (Engelsgolf) verschaffte. Liegen und Sonnenschirme stehen zum Verleih, und die Auswahl an Bars und Cafés ist mehr als üppig. Des Weiteren gibt es ein breites Wassersportangebot: Sie können surfen sowie Tretboot oder Kanu fahren.

Am westlichen Ende liegt die Marina Piccola – der trubeligste Abschnitt des Strands. Der malerische Jachthafen im Schutz des Sella del Diávolo ist angesagter Treffpunkt und Segelzentrum zugleich. Im Hochsommer gibt es auch Open-Air-Kino und -Konzerte.

176 B1 Bus PF, PQ von der Via Roma/ Molo Sanita

17 Ísola dei Cávoli

Südlich von Villasimíus liegt der südöstlichste Punkt Sardiniens. Rund um die Landzunge, vom Capo Boi bis zur Punta Is Cappuccinus, wurde die reiche Meeresflora und -fauna in der Area Marina Protetta di Capo Carbonara unter Naturschutz gestellt. Zum Meerespark gehören auch die Inseln Cávoli und Serpentara. Der nüchterne Name

Grellbunte Strandhütten am Poetto

Das Naturschutzgebiet der Costa Verde lockt mit einsamen Stränden

der Ísola dei Cávoli (»Kohlinsel«) kommt vom wilden *cávoli* (Kohl), der hier in der mediterranen Macchia gedeiht. Von den Felsen der Insel hat man einen wunderbaren Blick auf die weißen Strände bis hin zum Golf von Cagliari. Auch die rauen, zerklüfteten Klippen, ebenfalls aus Granitgestein, öffnen sich immer wieder zu winzigen Stränden. Vor der Küste der Ísola dei Cávoli wurde eine Madonnenstatue in den Fluten versenkt. Sie ist allen schiffbrüchigen Seeleuten gewidmet und ihr zu Ehren wird die Festa della Madonna del Naufrago gefeiert. Immer am zweiten Julisonntag fährt eine Bootsprozession hinaus und ein Priester mit Tauchgerät spricht in 10 m Tiefe ein Gebet.

177 D1 Ausflüge auf dem historischen Segelschoner *Matilda* 340 0 67 60 54/ 330 63 82 34, www.matildacharter.com Mai–Sept. bei gutem Wetter, Ablegeplatz Hafen; tägl. 10.30–16.30 Uhr; zwei Badestopps 50 Euro inkl. Mittagsmenü & Getränke

18 Ísola Serpentara

Die Insel verdankt ihren Namen (von *serpente*: ital. Schlange) ihrer lang gezogenen Form, mit der sie sich buchstäblich ins Meer »schlängelt«. Wie Cávoli besteht sie aus Granitgestein, ist dicht mit Macchia bewachsen und besitzt einen spanischen Turm.

Die Insel Cávoli gehört zur Zone B des Meeresparks, daher ist Tauchen, Fischen und Schifffahrt ohne Genehmigung nicht erlaubt. Das Schwimmen oder Fahren mit Booten geringer Geschwindigkeiten ist gestattet. Die Meerpassage zwischen Serpentara und Sardinien wurde zur Zone A erklärt, somit steht das Gebiet unter strengstem Schutz. Hier darf kein privates Boot aufs Wasser. Um auf die Inseln zu gelangen, können Sie sich einer offiziellen Bootstour anschließen.

177 D1 Genehmigungen: Area marina protetta Capo Carbonara, Via Roma 60, Villasimíus 070 79 02 34, www.ampcapocarbonara.it

19 Costa Verde

Die unberührte Costa Verde im Südwesten der Insel ist eines der wichtigsten Naturschutzgebiete Italiens und eines der abgelegensten Strandparadiese Sardiniens. Sie wird wegen ihrer grandiosen Dünen auch »Sahara Sardiniens« genannt. Einziges Gebäude ist die an der Mündung des Riu Piscina mitten im Sand gelegene ehemalige Verladestation einer Bergbaugesellschaft, das heutige Hotel Le Dune.

Die Zufahrt führt über die verlassene Bergbausiedlung Ingurtosu durch eine gespenstische Kulisse verfallener Minenanlagen und Halden.

Verpassen Sie nicht die **Spiaggia San Nicolò** gleich nördlich von Buggerru – sogar in der Hochsaison ist es hier nie zu voll.

174 B5

Museo del Coltello Sardo

Via Roma 15, Árbus

070 9 75 92 20; www.museodelcoltello.it

Mo–Fr 9–12.30, 15.30–19 Uhr, Sa/So auf Anfrage frei

20 Ísola di San Pietro

Von Portovesme bringt Sie die Fähre in einer gut halbstündigen Fahrt in das malerische Hafenstädtchen Carloforte auf der Ísola di San Pietro. Hier spricht man einen genuesischen Dialekt und hier gibt es auch ligurische Straßenschilder. Es waren nämlich ligurische Fischer, die 1798 wegen der ständigen Piratenüberfälle von der tunesischen Insel Tabarca hierher übersiedelten. Carloforte ist italienweit berühmt für seinen Thunfisch, der in vielen Restaurants auf den Tisch kommt.

Überaus eindrucksvoll sind die zerklüftete Steilküste aus vulkanischem Trachyt rings um das spektakuläre Capo Sandalo sowie die imposanten Felsnadeln an der Punta delle Colonne.

174 A2 Fähren ab Portovesme (► 64)

Auto ca. 10–12 Euro, Passagier 2,50–3 Euro

21 Ísola di Sant'Antíoco

Die durch einen Damm mit dem Festland verbundene Insel präsentiert sich als Mikrokosmos einstiger Eroberer mit steinzeitlichen, phönizischen, römischen und byzantinischen Stätten und Funden – lokalisierbar auf der interaktiven Karte des ausgezeichneten Parco Archeológico, der auch Fundstücke des angrenzenden *Tophet* zeigt: ein Urnenfriedhof (8. Jh. v. Chr.), wo Phönizier und Karthager die sterblichen Überreste ihrer Kinder beisetzten.

Führer des kleinen Ethnografischen Museums geleiten Sie zu den bemerkenswerten punischen Gräbern, die in den Fels unter der Festung geschlagen und später teils zu Behausungen wurden. Einige Grabstätten bilden einen Katakombenkomplex, zu besichtigen in der unterhalb der Burg gelegenen Basilica di Sant'Antíoco Martire.

174 B2

Parco Archeológico

Archeotur, Via Ugo Foscolo 4, Sant'Antíoco

0781 80 05 96; www.archeotur.it

Museo Archeológico und Tophet: ganzjährig tägl. 9–19 Uhr, Museo Etnografico, Villaggio Ipogeo, Forte Sabaudo: April–Sept. tägl. 9–20 Uhr, 1.–15. Okt. 9–13, 15.30–20 Uhr, 16. Okt.–März 9.30–13, 15–18 Uhr

Mußestunden auf der Piazza Repubblica in Carloforte auf der Ísola di San Pietro

Die Torre di Chia wacht über die Báia Chia (Costa del Sud)

13 Euro für alle Einrichtungen (Museo Archeológico, Tophet, Museo Etnografico, Villaggio Ipogeo und Forte Sabaudo) 4–6 Euro für einzelne Einrichtungen

22 Costa del Sud

Eine der schönsten Panoramastrecken der Insel ist die Küstenstraße an der Costa del Sud südwestlich von Cagliari. Sie schwingt sich in zahllosen Kurven hinauf und eröffnet einmalige Aussichten auf die Steilküste und das tief unten liegende, blau glitzernde Meer. Dann geht es hinab zu den Stränden, die sich in den Taleinschnitten zwischen die Felsen einschmiegen. Herz und Hotspot der Costa del Sud sind die fantastischen Strände an der Báia Chia mit ihren wacholderbewachsenen Dünen und Strandseen. Eine herrliche Aussicht auf die schimmernden Badeparadiese genießt man vom Torre di Chia, einem Wehrturm aus dem 16. Jahrhundert. Der Turm war einst Teil eines Warnsystems vor Sarazenen-Piraten. Die ganze Schönheit und Vielfalt der Küste erlebt man auch bei einem Ausflug hinaus auf das weit ins Meer vorspringende, von einem ehemaligen Leuchtturm (heute wohl Sardiniens ungewöhnlichstes Hotel) überragte Capo Spartivento.

Zwischen Pula und Chia erstreckt sich der Strand von Santa Margherita, hinter dem sich im Pinienwald zahlreiche Hotels und Resorts verstecken.

Von Teulada sind es nur wenige Kilometer zur »Grotta Is Zuddas«, einer interessanten Tropfsteinhöhle.

175 D1

Ufficio Turistico, Via Cagliari, Teulada

070 9 27 12 30, www.comune.teulada.ca.it

Grotta Is Zuddas

Loc. Is Zuddas/SP 70 Richtung Santadi

0781 95 57 41, www.grotteiszuddas.com

Tägl. Führungen April–Juni. 11, 12.15, 15, 16.15, 17.30 Uhr, Juli–Sept. 10–12.15, 14.30–18 Uhr, März/Okt. 12–16 Uhr, 10 Euro

Die Basilica di Sant'Antíoco Martire auf der Insel Sant'Antíoco

Wohin zum ... Übernachten?

Preise
für ein Doppelzimmer pro Nacht:
€ unter 90 Euro **€€** 90–155 Euro **€€€** 155–250 Euro **€€€€** über 250 Euro

CAGLIARI

Hotel A & R Bundes Jack Vittoria €–€€

Im dritten Stock eines historischen Gebäudes (mit Lift) mitten in der Stadt befindet sich dieses Zwei-Sterne-Hotel. Der Familienbetrieb wurde 1938 eröffnet. Mit den hohen Decken, dem Muranoglas, alten Schmuckfliesen, Balkonen und klimatisierten, tadellosen Zimmern hat es deutlich mehr als einfach nur den eleganten Charme vergangener Zeiten zu bieten. Die beste Aussicht genießen Sie von den Räumen mit Balkon aus, die zum Meer hinausgehen (Aufpreis). Die Familie führt auch das Bed & Breakfast Vittoria nebenan.

178 C3 Via Roma 75
070 65 79 70; www.hotelbjvittoria.it

Miramare Boutique Hotel €€–€€€

Hier gibt es Charme, Romantik und Stil erster Güte. Die 18 sehr geschmackvoll und individuell gestalteten Zimmer und vier Suiten liegen an der zentralen Via Roma in der ersten und zweiten Etage des wunderschönen Palazzo Devoto aus dem 18. Jh., einem der imposantesten Palazzi der Stadt. Jedes Zimmer ist einem »Giudice«, einem der Fürsten aus der Goldenen Zeit von Sardiniens Unabhängigkeit, gewidmet und entsprechend möbliert. Im Hotel zeigt ein kleines Orchideengewächshaus endemische Orchideen aus Sardinien. Zum abwechslungsreichen Frühstück genießt man den schönen Blick über den Hafen.

178 B3 Via Roma 59
070 66 40 21; www.hotelmiramarecagliari.it

T Hotel €€€–€€€€

Dieser 15-stöckige Rundturm aus Glas und Stahl ist Cagliaris erstes Designerhotel. Der berühmte Mailänder Architekt Marco Piva ließ sich bei seinem Entwurf von den Farben des Südens inspirieren: Die 207 sehr stilvollen Zimmer sind nach vier verschiedenen Farbkonzepten gestaltet: lebhaftes Orange, feuriges Rot, entspannendes Grün und ruhiges Blau. Alle verfügen über geräumige, luftige Bäder mit glänzenden Mosaikfliesen und riesigen Spiegeln. Das T Bistrot verbindet italienisches Design mit gutem Essen – eine Kombination, die jede Menge Gäste anzieht, besonders zum Sonntagsbrunch. Zum Hotel gehört außerdem ein Beauty- & Wellness-Center mit Pool. Das Hotel liegt an der Piazza Giovanni XXIII. im Herzen Cagliaris, gleich beim neuen Parco della Musica, in den auch das Teatro Lirico eingebettet ist.

178 bei C1 Via dei Giudicati 66
070 4 74 00; www.thotel.it

VILLASIMÍUS

Hotel Mariposas €€–€€€

Das Mariposas ist eine kleine, sehr charmant angelegte Hotelanlage im neosardischen Stil mit 24 Zimmern und zwei Juniorsuiten in idealer Lage zwischen Villasimíus und dem Strand. Alle Zimmer haben einen Balkon oder eine Terrasse. Es gibt

einen kleinen Pool im gepflegten Garten. Seine Wohlfühl-Atmosphäre verdankt das Hotel auch den überaus freundlichen und hilfsbereiten Besitzern – es sind Vater und Sohn.
177 D1 Via Mar Nero 1
070 79 00 84; www.hotelmariposas.it

Stella Maris Hotel €€€–€€€€
Das Stella Maris schmiegt sich wunderschön in die Bucht von Campulongu. Vom Hotel aus hat man einen guten Blick aufs Capo Carbonara am Südostzipfel Sardiniens. Hübsch angelegte Gärten gehen hier in weißen Sandstrand über. Zur Entspannung lockt auch eine tolle Poollandschaft. Die Zimmer sind traditionell eingerichtet und die besten bieten Meerblick (Aufpreis). Das Hotel liegt 3 km vom Zentrum Villasimíus' entfernt.
177 D1 Località Campulongu, Via dei Cedri 3 070 79 71 00; www.stella-maris.com

BARÚMINI

Hotel Su Nuraxi €
Nur einen Katzensprung von Su Nuraxi entfernt, bietet das einfache Hotel schöne Aussichten auf die Giara-Ebene und auf die Nuraghe. Mit Blick auf die wogenden Weizenfelder lässt es sich hier gut auf der *lolla* räkeln – der sardischen Form der Veranda. Im Restaurant gibt es Traditionelles wie *lumache alla diavola* (Schnecken in scharfer Sauce), *troffiette speck funghi e noci* (Pasta mit Rohschinken, Pilzen und Nüssen) und Steak vom Rind oder Pferd.
176 A5 An der Straße von Barúmini nach Tuili ca. 1 km nach Su Nuraxi
070 9 36 83 05; www.hotelsunuraxi.it

ÍSOLA DI SAN PIETRO

Hotel Riviera €–€€
Das terrakottafarbene Gebäude prägt die Hafenansicht und beherbergt das eleganteste Hotel der Insel. Hier regieren Stil und Komfort. Alle 44 Zimmer haben eine persönliche Note und bieten viel Platz sowie luxuriöse Marmorbäder. Die Dachterrasse mit Blick auf Hafen und Meer ist der absolute Hit.
174 B2 Corso Battellieri 26, Carloforte
0781 85 32 34; www.hotelriviera-carloforte.com

ÍSOLA DI SANT'ANTÍOCO

B & B Gaulos Sant'Antíoco €
Kleine Pension mit komfortablen Zimmern und eigenen Bädern. Sie befindet sich in der Nähe der wichtigsten Sehenswürdigkeiten der Insel – darunter der phönizische Tophet, ein Museum, eine Burg, eine Nekropole und Katakomben. Zu deren Erkundung stellen die Gastgeber Fahrräder bereit und geben allerhand interessante Tipps zu einsamen Stränden und anderen wunderschönen Ausflugszielen.
174 B2 Via Goceano 45, Sant'Antíoco
347 0 49 24 87; www.gaulosbb.com

CHIA (DOMUS DE MARIA)

Hotel Spartivento €€€–€€€€
Eine Oase der Beschaulichkeit und Entspannung bildet diese bildschöne, in einen mediterranen Garten eingebettete Anlage in Hanglage mit herrlichem Blick auf die nahen Strände von Chia. 27 großzügige, sehr schön ausgestattete Zimmer, alle mit Terrasse und direktem Gartenzugang. Es lohnt sich unbedingt, ein Zimmer mit Meerblick zu buchen. Entspannung pur bietet die zauberhafte Poollandschaft. Auf der überdachten Panoramaterrasse des Hausrestaurants werden Köstlichkeiten der sardischen und italienischen Küche serviert. Zum Strand sind es zehn Minuten zu Fuß. Tennisplätze, ein MTB-Verleih sowie ein nur wenige Schritte entfernter 18-Loch-Golfplatz geben Gelegenheit für sportive Aktivitäten.
175 E1 Località Chia, Via Belvedere, Domus de Maria 070 9 23 10; www.hotelspartivento.it April–Okt.

Wohin zum ...
Essen und Trinken?

Preise
für ein Menü (ohne Getränke):
€ unter 26 Euro | €€ 26–55 Euro | €€€ über 55 Euro

CAGLIARI

Dal Corsaro €€–€€€
Kulinarische Freuden in stilvoller Umgebung. In der Restaurantlandschaft Cagliaris ist dieses familiengeführte Lokal eine Institution – ein Ort für Gourmets und Szenegänger. Exzellenter Service, lange Weinkarte.
178 D3 Viale Regina Margherita 28
070 66 43 18; www.dalcorsaro.com
So geschl.

Dr Ampex €
Dies ist ein auch bei Einheimischen beliebtes Lokal ohne Speisekarte – für einen Preis von 30 Euro entfaltet sich hier jedoch eine Menüfolge mit allerbesten Zutaten, inklusive Dessert, Wein und *mirto*. Köstlich ist etwa das Carpaccio vom roten Ochsen *(bue rosso)* mit Artischocken und Pilzen oder die Pasta mit nach Meer duftenden Seeigeln. Tolles Preis-Leistungs-Verhältnis.
178 D2 Via San Giacomo 35, Villanova
070 65 81 99 Di–So 20–23.30 Uhr, nur mit Reservierung

Ristorante Dal Corsaro al Mare €€€
Das Lokal im ersten Stock mit Balkon bietet einen schönen Blick auf den Golfo degli Ángeli. Zu den Spezialitäten gehören Meeresfrüchte – wie das Schwesterlokal Dal Corsaro (► 64) spielt es in der Oberliga der Restaurants. Im Erdgeschoss befindet sich die **Spinnaker**, eine gute und günstige Pizzeria.
176 B1 Località Marina Píccola
070370295; www.dalcorsaroalmare.it
tägl. 9.30–23.30 Uhr

Trattoria Da Serafino €–€€
Alteingesessene, schnörkellose Trattoria: Hier kann man zum günstigen Preis traditionelle sardische Küche kennenlernen, etwa die *zuppa di cozze con arselle* oder das sardische Nationalgericht *porceddu*, knuspriges Spanferkel. Bei Serafino herrscht authentische Trattoria-Atmosphäre. Stets gut besucht, daher hoher Geräuschpegel.
178 C3 Via Lepanto 6
070 65 17 95
tägl. geöffnet

VILLASIMÍUS

Café del Porto €
In dem Café an der Marina kann man mit Aussicht auf die Boote leckere Gerichte schlemmen, außerdem WLAN nutzen. Ab 22.30 Uhr ist in der Saison die Discobar geöffnet.
177 D1 Porto di Villasimíus
070 7 97 80 36 tägl. 7–2 Uhr

Le Pavoncelle €€
Sehr einladendes Ristorante/Pizzeria mit schönem Ambiente.
177 D1 Via Parigi 109
070 79 12 73; www.lepavoncellevillasimius.it

Ristorante Carbonara €€
Riesige Portionen und leckerer Fisch machen das farblose Interieur des traditionellen Lokals wett. Empfehlenswert sind hausgemachten Ravioli oder die Spaghetti ai ricci di mare, Spaghetti mit Seeigel.
177 D1 Via Umberto I 60
070 79 12 70; www.ristorantecarbonaravillasimius.com Mi Ruhetag

Stella Maris Hotel €€

Hier erwarten Sie gleich zwei elegante Restaurants am Meer, eines innen, das andere draußen. Auf der Terrasse des Letzteren sitzt man sehr schön, im Hintergrund rauschen die Wellen und der Pinienhain. Der Fisch ist wunderbar und die Weinkarte umfangreich.

177 D1 Via dei Cedri 3
070 79 71 00; www.stella-maris.com
tägl. Mittag- und Abendessen; geöffnet 15. April–30. Okt.

MURAVERA

Marina Giò €–€€

Etwa 2 km nördlich von Muravera direkt am Strand gelegen, offeriert dieses Restaurant Speisen jenseits des üblichen sardischen Repertoires. Die Zutaten für die Holzofen-Pizza und alle anderen Gerichte stammen, gemäß insularer Tradition, aus der Umgebung (➤ 26). Will man den Meerblick von der Terrasse aus genießen, empfiehlt sich im Sommer auf jeden Fall eine Reservierung.

177 D1
Marina di San Giovanni, Muravera
333 9 86 02 00; www.marinagio.it
Di–So 12–15, 19–24 Uhr

BARÚMINI

Sa Lolla Albergo Ristorante €€

Ein Landhaus beherbergt dieses Restaurant und einige Zimmer. In angenehm rustikaler Umgebung können Sie hier die Küche der Marmilla kennenlernen – aus frischen saisonalen Zutaten zubereitet.

176 A5 Via Cavour 49
070 9 36 84 19; www.barumini.net/sa-lolla
tägl. Mittag- und Abendessen

ÍSOLA DI SAN PIETRO

Da Nicolò €€–€€€

Eine Institution! Erstklassiges Lokal des bekannten Luigi Pomata. Genießen Sie seine *cucina carlofortina,* eine fantasievolle Küche mit Einflüssen aus der ligurischen und nordafrikanischen Küche, in deren Mittelpunkt Fisch steht.

174 B2 Im Sommer auf der Hafenpromenade von Carloforte (Corso Cavour 32), in der Vor-/Nachsaison im historischen Gewölbe (Via Dante 32)
0781 85 40 48; www.danicolo.net
geöffnet Mai–Sept.

ÍSOLA DI SANT'ANTÍOCO

Ristorante Renzo e Rita €–€€

Sardische Spezialitäten verbinden sich auf der Speisekarte des alteingesessenen Familienbetriebs mit anderen mediterranen Köstlichkeiten. Die Weinkarte beschränkt sich patriotisch auf Tropfen von der Insel. Über 40 Belagvarianten hat die angeschlossene Pizzeria zu bieten: die Qual der Wahl!

174 B2 Via Nazionale 42, Sant'Antíoco
0781 80 04 48; www.renzoerita.com
18–24 Uhr, Mi Ruhetag

BUGGERRU

Pizzeria San Nicolò €–€€

Der Ausblick von diesem Restaurant sucht seinesgleichen: Man überblickt den Strand und das Capo Pecora. Auf der Karte stehen köstlicher Fisch und andere feine Meeresfrüchte.

174 B4
Località San Nicolò
078 15 43 59; www.ristorantesannicolo.it
tägl. 12.30–15 u. 19.30–22.30 Uhr

PULA

Su Furriadroxu €€

Das einladende Lokal ist im lauschigen Innenhof eines alten Campidano-Gehöfts nahe der Piazza zu finden. Hier gibt's authentische Campidano-Küche. Ein Erlebnis ist auch »Sa Piketada«, ein Abend mit sardischer Musik und Gesang.

175 F2
Via XXIV Maggio 11
070 9 24 61 48; www.sufurriadroxu.it
Do–Mo 20–22.30 Uhr

Wohin zum... Einkaufen?

SHOPPING

Egal, nach was Sie suchen, auf einer Shopping-Tour durch Cagliari finden Sie alles und davon reichlich. Vor dem Start holt man sich das nötige Kleingeld bei einer Bank in der Carlo Largo Felice. Sie beginnt an der **Piazza Yenne** und führt durch die Fußgängerzone **Via Manno** und quer durch die Altstadt. Dann geht's weiter auf der **Via Garibaldi** und durch das Villanova-Viertel. Über die **Piazza Garibaldi** schlendert man durch die breite **Via Pola**, über die **Piazza San Benedetto** und die **Via Dante Alighieri** bis zum **Parco della Musica**, wo man sich bei Wasserspielen erholen kann. An der Via Roma liegt das traditionsreiche Kaufhaus **Rinascente** (Mo–Fr 9–20.30 Uhr, Sa 9–21 Uhr, So 10–21 Uhr). Sardische Spezialitäten bieten die Geschäfte im Marina-Viertel, z. B. **Sapori di Sardegna** (Vico dei Mille 1, www.saporidisardegna.com). Die Geschäfte sind Mo–Sa 9–13 u. 17–20 Uhr geöffnet.

KUNSTHANDWERK & KREMPEL

Echtes sardisches Kunsthandwerk kauft man am besten bei **ISOLA** in der Via Bacaredda 176, (Tel. 070 49 27 56). Ein Erlebnis ist der Besuch des **Mercatino**, des kunterbunten Flohmarkts zwischen der Viale Trieste und der Viale Trento (So 8–14 Uhr). Weitere Antiquitäten- und Flohmärke gibt es auf der Piazza del Carmine und der Piazza Giovanni XXIII (im Wechsel jew. So 8–14 Uhr).

Ein Vergnügen ist auch der Besuch des Zentralmarktes **Mercato San Benedetto** (Via Cocco Ortu 50, Buslinien 1, 3, 6 und 7, Mo–Sa 7–14 Uhr).

Wohin zum... Ausgehen?

THEATER & MUSIK

Die bedeutendsten Theaterbühnen in Cagliari: das **Teatro Lirico** (Via Sant'Alenixedda, Tel. 070 4 08 22 30; www.teatroliricodicagliari.it) mit Oper, Ballett und Klassik; im **Teatro Massimo** (Via De Magistris 12, Tel. 070 2 79 66 20, www.teatrostabiledellasardegna.it) gibt's klassisches Theater und im **Exma** (Via San Lucifero 71, Tel. 070 66 63 99) Konzerte und Ausstellungen. Das **Anfiteatro Romano** (Karten beim Teatro Lirico) veranstaltet Open-Air-Konzerte und Tanzaufführungen. Auf dem Messegelände **Fiera Campionaria** (Viale Diaz 221) treten Rockbands auf. Bei der Touristeninformation gibt es einen Gratis-Veranstaltungsführer.

NACHTLEBEN

Angesagte Treffs in der Altstadt sind das **Libarium Nostrum** (Via Santa Croce 33), das **Caffè degli Spiriti** (www.facebook.com/caffedeglispiriti) und das **San Remy** (Piazza Costituzione 7). Beliebte Locations sind der **Disco-Pub Movida** (Viale Trieste 86), das **Donegal** mit Livemusik und Disco (Via Caprera 7) sowie der Jazzclub Zalu's Club (Piazza Dettori 7). Cagliaris Gayszene trifft sich in der Loungebar Chiringuito am Poetto-Strand, im kleinen Caffè Dell'Elfo (Salita Santa Chiara 4/6) und in der Disco Go Fish (Via Giovanni Battista Venturi 12).

FESTE

Vier Tage Anfang Mai dauert die **Sagra di Sant'Efisio**, das größte religiöse Fest Sardiniens. Dabei wird die Statue des Schutzheiligen nach Nora getragen (► 16).

Oristano und der Westen

Kleine Erlebnisse

Im Thermalbad zur Ruhe kommen

Das 43 °C heiße Wasser der **Thermen von Fordongíanus** verheißt Erholung: tief durchatmen und alles um sich herum vergessen (➤ 80).

Badeglück im Paradies

Wie im Paradies fühlt man sich am rauschenden Wasserfall **Cascata Sos Molinos** bei Santu Lussúrgiu mit Naturdusche (➤ 79).

Zu Gast beim Fischer

In einer kleinen Bretterbude am Strand von Marina di Torre Grande speist man bei **Il Pescatore** köstlich und preiswert (➤ 78).

Erste Orientierung

Die vom Cedrino durchflossene, fruchtbare Tiefebene von Oristano ist mit der Arborea das landwirtschaftliche Zentrum Sardiniens. Ein ganz anderes Bild bieten die kargen Hochebenen im Westen. Dichte Wälder erwarten Sie im wasserreichen Monte Ferru und in den kleinen Bergdörfern um den erloschenen Vulkan gibt es authentisches sardisches Brauchtum. Ein wunderbares Wandergebiet sind die Wälder um den Monte Arci. Mächtige Nuraghen und spektakuläre Brunnenheiligtümer findet man hier ebenso wie eindrucksvolle Spuren fremder Eroberer. Das lebendige Städtchen Oristano und die Küste sind vom Tourismus noch so gut wie unberührt.

Sardiniens »Wilder Westen« ist bestens dazu geeignet, das wahre Sardinien kennenzulernen, ob bei traditionellen Festen und spektakulären Pferderennen oder bei den vielfältigen Spezialitäten seiner Küche. Sardiniens bestes Olivenöl kommt von hier und ebenso das schmackhafte *bue rosso*. Das Fischerstädtchen Cabras ist bekannt für seine Meeresküche und die Delikatesse *bottarga*, den »sardischen Kaviar« aus dem Rogen der Meeräsche. In den Dörfern ist das traditionelle Handwerk noch lebendig. Eindrucksvolle Überbleibsel der Kulturen wie das großartige nuraghische Brunnenheiligtum Santa Cristina oder die Nuraghe Losa, die römischen Thermen in Fordongíanus oder die imposante Römerstadt Tharros auf der Halbinsel Sinis machen den Westen der Insel so interessant. Außerdem locken meist nur von Einheimischen besuchte Strände – etwa die außergewöhnlichen »Reiskorn«-Strände auf Sinis.

Santa Maria della Neve, Cuglieri

TOP 10

★ 7 Penisola del Sinis ➤ 72

Nicht verpassen!

23 Oristano ➤ 74
24 Nuraghe Losa ➤ 76

Nach Lust und Laune!

25 Marina di Torre Grande ➤ 78
26 San Salvatore ➤ 78
27 Monte Ferru ➤ 79
28 Cuglieri & Santa Maria della Neve ➤ 80
29 San Leonardo de Siete Fuéntes ➤ 80
30 Fordongiánus & Terme Romane ➤ 80

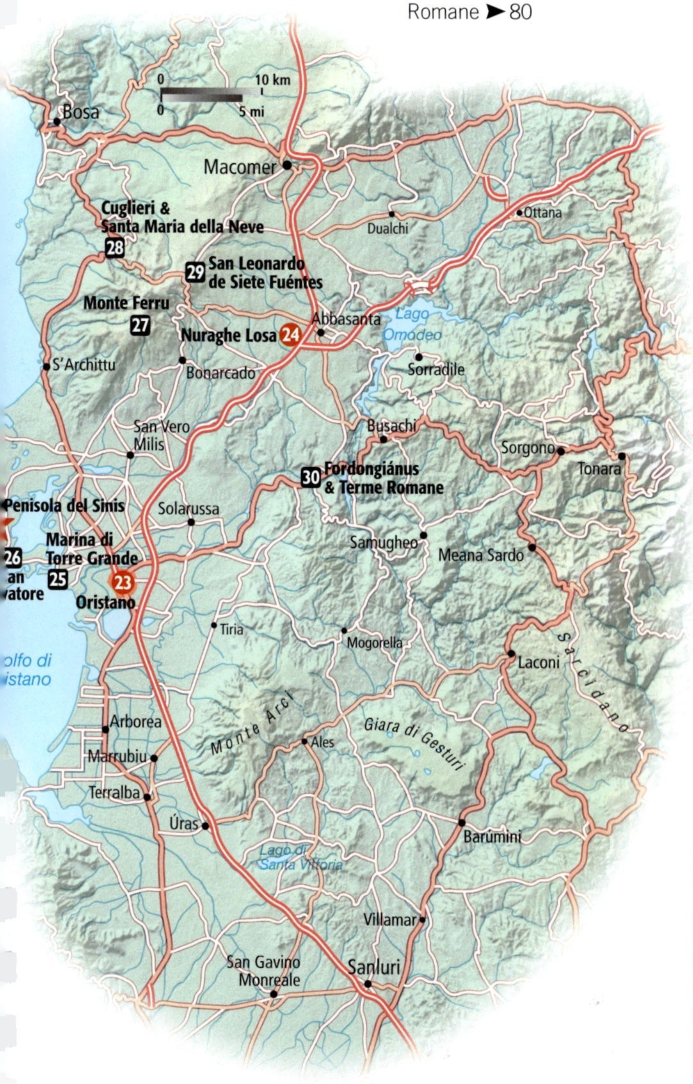

In drei Tagen

Die folgende Route ist eine Möglichkeit, wie Sie einige der interessantesten Sehenswürdigkeiten in Oristano und im Westen Sardiniens in drei Tagen besuchen können und dabei sicher kein Highlight verpassen. Die einzelnen Sehenswürdigkeiten werden im Folgenden (➤ 72ff) näher beschrieben.

Erster Tag

Morgens

Kaufen Sie beim Spazieren durchs Zentrum von ㉓ **Oristano** (oben; ➤ 74) Köstlichkeiten ein und besuchen Sie das Antiquarium Arborense. Dann fahren Sie zum Baden hinaus ins nahe ㉕ **Marina di Torre Grande** (➤ 78).

Mittags

Perfekt für die Mittagspause ist »Il Pescatore«, ein einfaches Fischerlokal nahe der Marina direkt am Strand.

Nachmittags und abends

Über das von großen, fischreichen Lagunen umschlossene Fischerstädtchen Cabras geht es auf die ★7 **Penisola del Sinis** (rechts; ➤ 72), nach ㉖ **San Salvatore** (➤ 78) und San Giovanni di Sinis. Dort sollte man das frühchristliche Kirchlein San Giovanni bestaunen, bevor man das Gelände der antiken Römerstadt **Tharros** (➤ 73) durchstreift. Nach einer Badepause am »Reiskorn«-Strand Is Arutas und einer Erfrischung in einer der beiden einfachen Strandbars kehren Sie nach Oristano zurück, um bei Cocco e Dessi die Spezialitäten der regionalen Küche kennenzulernen und dann im traumhaft nostalgischen Hotel Regina d'Arborea zu logieren (➤ 81).

Zweiter Tag

Morgens
Von Oristano geht es auf die SS131 nach Abbasanta. Unterwegs nicht versäumen, das nuraghische Brunnenheiligtum Santa Cristina und die ㉔ **Nuraghe Losa** (➤ 76) zu besuchen! Von Abbasanta kommt man über die SP15 ins Bergdorf Santu Lussúrgiu, wo man die Messerschmiede der Familie Mura besucht.

Mittags
Die köstliche Küche des Monte Ferru findet man im Sas Benas (Santu Lussúrgiu, Piazza San Giovanni, Tel. 0783 55 08 70, www.sasbenas.it).

Nachmittags
Von Santu Lussúrgiu aus erreicht man in kurzer Zeit 29 **San Leonardo de Siete Fuéntes** (➤ 80), wo im schattigen Hain Quellen plätschern. Die landschaftlich reizvolle SP19 nach 28 **Cuglieri** (➤ 80) führt kurvenreich durch dichten Wald des 27 **Monte Ferru** (➤ 79). Gut essen und übernachten kann man im »Caponieddu« (Podere n. 1 zona ex Etfas di Santa Caterina di Pittinuri, 09073 Cuglieri, Tel. 0785 85 04 93, www.caponieddu.it).

Dritter Tag

Morgens
Von Pittinuri fahren Sie über 28 **Cuglieri** und Tresnuraghes ins Korbflechterdorf Suni und dann auf der SS129 ins Käsezentrum Macomer. Nach der Besichtigung der *zona archeólogica Tamuli* (Richtung Santu Lussúrgiu) erreicht man auf der SS131 Ghilarza.

Mittags
Am Westufer des Stausees entlang geht es ins Tal des Tirso nach 30 **Fordongiánus** (➤ 80) und zu seinen römischen Thermen. Nach einem Picknick mit Bad in den heißen Quellen fährt man auf der SS388 zurück nach Oristano.

7 Penisola del Sinis

Die flache, weitgehend busch- und baumlose Halbinsel westlich von Oristano ist ein wahres Wasserwunderland mit weitläufigen Lagunen. Tharros zog die Phönizier an, weil sich der Ort als Hafen eignete, doch gewiss waren sie auch beeindruckt von der Schönheit der schmalen, weit ins Meer vorspringenden Landzunge. Als Zeuge vergangener Zeiten überragt ein spanischer Wachtturm die Fundamente der Stadt.

Das ausgedehnte Ausgrabungsfeld der römischen Hafenstadt in Tharros

Die riesigen **Stagni**, die flachen Lagunen zwischen der Halbinsel und Cabras sind für ihren Fisch- und Vogelreichtum bekannt. Über 150 Vogelarten hat man gezählt, darunter das seltene farbenprächtige Purpurhuhn. Besonders eindrucksvoll zeigt sich die Vogelwelt im Frühling und im Herbst, wenn zahlreiche Zugvögel hier einfallen und über Winter bleiben oder sich für ihre Weiterreise stärken. Das ganze Jahr über bevölkert *Sa Genti Arrubia* (»das rote Volk«), wie die Sarden die Flamingos nennen, die Insel.

Auch das ansonsten eher unspektakuläre Fischerstädtchen **Cabras** verdankt seinen Ruf als Sardiniens Mekka für Freunde der Meeresküche den Lagunen. Es gilt außerdem als Zentrum für die Spezialität *bottarga*, denn in den Lagunen laicht auch die Meeräsche, aus deren Rogen der sardische Kaviar besteht.

Das **Museo Archeológico** zeigt die spektakulären »Giganten von Cabras«. Die riesigen, bis zu 400 kg schweren Statuen wurden 1974 bei einer Grabanlage am Monte Prama entdeckt und lagerten jahrzehntelang unbeachtet im Keller, bevor man mit ihrer Restaurierung begann. Sie gelten als archäologischer Sensationsfund. Die bislang 39 aus Bruchstücken wieder zusammengesetzten Sandsteinfiguren stammen vermutlich aus dem 9. bis 8. Jh. v. Chr.

Tharros

Rund 20 km westlich von Oristano liegt eine der **interessantesten Grabungsstätten** der Insel: Tharros. Erst 1956 begannen die Ausgrabungen, in deren Folge die wohlhabende Hafenstadt aus dem Jahr 730 v. Chr. ans Tageslicht kam. Obwohl die Ruinen größtenteils aus der Römerzeit stammen, gibt es noch einige phönizische Überreste wie einen Tempel mit dorischen Halbsäulen. Etwas nördlich befindet sich ein Tophet, eine Brandopferstelle, wo man viele Kinderurnen fand.

Die römische Stadt verfügte über Geschäfte, Tavernen, Bäder und Amphitheater. Ein kleines Theater aus dem 2. oder 3. Jh. liegt am Nordende, teilweise auch über dem Tophet. Es war Aufführungsort für Gladiatoren- und Tierkämpfe. Damals fanden hier bis zu 8000 Menschen Platz, heute werden auf einer provisorischen Bühne in der Hauptsaison **Open-Air-Vorstellungen** gegeben. Absolut magisch: der Sonnenuntergang in Tharros.

Vom Sarazenen-Turm **Torre di San Giovanni** in Tharros hat man eine großartige Aussicht – die Besteigung ist jedoch nur bei günstigen Windverhältnissen erlaubt. Nicht umsonst heißt es, Tharros liege auf der »windumtosten Halbinsel«.

---

170 C3
0783 37 00 19; www.penisoladelsinis.it Tharros: April.–Okt. tägl. 9–20 Uhr, Nov. –März 9–17 Uhr 5 Euro, mit Archäolog. Museum 8 €

Museo Archeológico Cabras
Via Tharros 121 0783 29 06 36 April–Okt. tägl. 9–13, 16–20 Uhr; Nov.–März Di–So 9–13, 15–19 Uhr 5 Euro

Die Halbinsel reicht weit ins Meer hinein

23 Oristano

Einst war die unprätentiöse, lebendige Provinzhauptstadt Oristano Zentrum des Judikats Arborea und Sitz der Regentin und sardischen Volksheldin Eleonora von Arborea. Hier findet seit 1546 das farbenprächtige Reiterfest »Sartiglia« statt. Erbaut wurde Oristano einst aus den Steinen der nahen römischen Hafenstadt Tharros.

Funde weisen darauf hin, dass schon seit dem 6. Jt. v. Chr. Menschen in der Region lebten, noch ehe die Nuragher-Kultur sich ausbreitete. Im 9. Jh. v. Chr. landeten phönizische Kaufleute bei Tharros an der Küste von Sinis. Wegen der zunehmenden Sarazenen-Überfälle wurde Tharros später verlassen, man baute eine Stadt in sichereren Gefilden. Die Redensart *»Portant de Tharros sa perda a carros«* (»Auf Karren bringen sie die Steine von Tharros«) geht auf diese Zeit zurück. Man nannte die neue Stadt aus alten Steinen Aristanis, also »zwischen den Teichen«.

Den Höhepunkt seiner Macht erreichte Oristano im Mittelalter unter der Regentschaft der legendären Eleonora di Arborea. Im Kampf zwischen Pisa und Aragonien positionierte sich die Stadt aufseiten der Katalanen und bezahlte dafür mit jahrhundertelangem wirtschaftlichem Niedergang. Als Provinzhauptstadt und landwirtschaftliches Zentrum steht sie heute wieder in voller Blüte.

Herz und Seele der Altstadt ist die schöne, von prächtigen alten Palazzi umrahmte **Piazza Eleonora**, auf der sich die Statue der Volksheldin Eleonora von Arborea erhebt.

Der Zwiebelturm des mächtigen Doms überragt die Häuser von Oristano

Archäologisches Museum

Von der Piazza sind es nur wenige Schritte bis zum **Antiquarium Arborense**. Hier ist eine der hochkarätigsten archäologischen Sammlungen der Insel beheimatet, deren Exponate Kulturschätze aus nuraghischer, punischer und römischer Zeit umfassen. Im Erdgeschoss grüßt ein steinerner **Löwe** aus dem 4. Jh. v. Chr. aus Tharros (➤ 73), bevor man weiter zu den winzigen Würfeln aus Elfenbein, einem Jaspisskarabäus aus dem 6. Jh. v. Chr. und zahllosen Figuren und Keramiken schlendert. Beeindruckend – und teils schlicht furchteinflößend – sind die apotropäischen (Unheil abweh-

renden) Masken aus Tharros, die zur Zeit der Punier z. B. als Grabbeigaben dienten. Auch die Menschenknochen (5.–1. Jh. v. Chr.) und Terrakotta-Urnen mit tot geborenen Babys stammen aus Tharros (4. Jh.). Im ersten Stock befindet sich außerdem eine Miniatur-Rekonstruktion von Tharros zu Zeiten der Römer im 4. Jh.

Der Duomo

Der Duomo Santa Maria Assunta ist der größte Dom Sardiniens. Obwohl er ab 1228 erbaut wurde, geht das heutige Erscheinungsbild auf einen Umbau im 18. Jh. zurück. Spuren der Gotik finden sich im Kreuzgewölbe der **Capella del Rimedio** im rechten Querschiff. Ebenfalls sehenswert sind eine bemalte Holzskulptur der Madonna (*Mariä Verkündigung*, 14. Jh.), die Nino Pisano zugeschrieben wird, und Fragmente einer **mittelalterlichen Marmorkanzel**, die Daniel in der Löwengrube zeigt. Der Zwiebelturm des Doms ist ein Wahrzeichen der Stadt.

KLEINE PAUSE

Kosten Sie auf der Piazza Eleonora im **Caffè Shardana** den berühmten Dessertwein Vernaccia di Oristano.

---

170 C2

Antiquarium Arborense
Piazzetta Corrias ☎ 0783 79 12 62; www.antiquariumarborense.it Mo–Fr 9–20 Uhr, Sa & So 9–14 u. 15–20 Uhr 5 Euro

Duomo
Piazza Duomo Mo–Sa 8.30–19.30 Uhr, So 10–12 und 18 Uhr

BAEDEKER TIPP

Eindrücke vom Reiterfest **Sartiglia** (► 20) vermittelt das Centro Documentazione della Sartiglia (Piazza Eleonora 44, Tel. 0783 30 31 59, www.sartiglia.info, 10.30–13 u. 17–19.30, Juli/Aug. Mo–Fr 9–14.30 u. 15.30–21, Sa/So 9–14 u. 16–21 Uhr).

24 Nuraghe Losa

Den imposanten Turm der Nuraghe Losa bei Abbasanta kann man schon von der SS131 aus sehen. Der prähistorische Komplex zählt zu den am besten erhaltenen Nuraghen Sardiniens.

Mitten auf einer Wiese, doch von der Straße aus gut sichtbar, wirkt die Nuraghen-Festung friedlich und zeitlos. Die aus Basaltblöcken gebaute Bastion ist von zwei großen Mauern umgeben – die innere verfügt über kleine Türme und ist Schätzungen zufolge rund 3500 Jahre alt.

Die beeindruckende Nuraghe Losa, aufgebaut aus Basaltblöcken

Bauweise der Nuraghen

Die Form der **Nuraghen** erinnert an einen Kegelstumpf und wurde im Zyklopenstil erbaut. Dabei wurden keinerlei Mörtel oder andere Bindemittel benutzt – die massiven Blöcke hat man einfach aufeinandergestapelt. Der Mittelturm (13 m hoch, 12,5 m breit) besaß einst drei Stockwerke und höchstwahrscheinlich auch eine Kragkuppel, die schon vor langer Zeit einstürzte.

Zwei der ursprünglich drei Etagen des nach oben offenen Mittelturms sind über einen engen Steinkorridor zu erreichen, ebenso einige Nebengebäude, die auf dem Gelände verstreut liegen. Der hohe, kegelförmige Innenraum wird von im Boden eingelassenen Lampen sowie vom durch Nischen und Alkoven einfallenden Licht beleuchtet. Um den Nuraghen-Turm herum wurden später drei weitere errichtet, die mit einer Mauer zu einem Dreieck verbunden

BAEDEKER TIPP

In **Ghilarza** bei Abbasanta steht das Geburtshaus von **Antonio Gramsci** (1891–1937). Der berühmte marxistisch geprägte Schriftsteller, Politiker und Philosoph war Mitbegründer der Kommunistischen Partei Italiens (**Casa Museo di Antonio Gramsci**; Corso Umberto 36, Tel. 0785 54164; www.casagramscighilarza.org; Mi–Mo 10–13 und 16–19 Uhr, Eintritt frei).

sind. Diese umgibt wiederum eine vermutlich aus dem 7. Jh. v. Chr. stammende Festungsmauer, die. Auch sie verfügt über Türme und Schießscharten. Im Mittelturm führt eine steinerne Wendeltreppe zur Dachterrasse, von der aus man den Blick über die Hochebene und an klaren Tagen sogar bis nach Osten hin zum Gennargentu schweifen lassen kann.

Spätere Besiedlung

Wie so oft kann man Ursprung und Zweck dieser Monumente nicht mehr exakt bestimmen. Anhand von Überresten weiß man heute, dass vor den Befestigungsmauern ein **prähistorisches Dorf** lag, und gleich hinter dem Eingang zur Festung fand man Urnen aus dem 1. und 2. Jahrhundert. Möglich ist auch, dass nach der Nurgahen-Zivilisation Phönizier, Römer und eventuell Byzantiner die Siedlung zur Festung ausbauten. Fest steht jedoch, dass das »Dorf« seit seiner Entstehung in der mittleren Bronzezeit bis ins 7. Jh. durchgängig bewohnt war. Heute ist dieser friedvolle, aber auch etwas unheimliche Ort ideal, um seinen Gedanken nachzuhängen.

Ein kleines Museum zeigt Keramiken und Vasen, die hier gefunden wurden. Die interessantesten Fundstücke sind aber im Archäologischen Museum in Cagliari (► 51) zu sehen.

Das Innere der Nuraghe

KLEINE PAUSE

Eine Sehenswürdigkeit für sich ist das **Stone Art Café** in der Via del Mandrolisai 100 in Ghilarza. Es ist der fantasievolle Traum zweier junger Steinmetze aus Abbasanta (Tel. 347 999 5735, www.facebook.com/stoneartcafe, Mo–Sa 6 bis 21 Uhr).

171 E4 Parco Archeológico Nuraghe direkt neben der SS131 »Carlo Felice«, zwischen Km 123 und Km 124 329 7 26 07 32; www.nuraghelosa.net tägl. 9 Uhr bis Sonnenuntergang 5 Euro

Nach Lust und Laune!

25 Marina di Torre Grande

Das kleine Örtchen ist nach dem Sarazenen-Turm benannt, der gegen Ende des 16. Jhs. hier entstand und noch immer den Ortdominiert. Er ist der mächtigste jener Wehrtürme, die von den Spaniern zur Abwehr der Piraten gebaut wurden. Die von Pinien und Palmen gesäumte Promenade grenzt an den langen, feinen Sandstrand, der für kleine Kinder ideal ist, da er flach ins Meer abfällt.

Auch in Surferkreisen genießt der Strand einen guten Ruf. Wer lieber anderen beim Tanz auf den Wellen zusieht, sucht sich in einer Bar oder einem Café an der Uferpromenade ein schönes Plätzchen aus. Nach der obligatorischen *passeggiata* über die Lungomare Eleonora d'Arborea erwacht der Urlaubsort nachts so richtig zum Leben; in der Nebensaison wirkt er aber wie ausgestorben.

Ein Stück weiter südlich, an der Außenküste der Sinis-Halbinsel, liegt die **Spiaggia di San Giovanni di Sinis**. Wegen der offenen Lage ist der Strand bei Surfern sehr beliebt und bekannt für sauberes, tiefes Meer und feinen, weißen Sand.
170 C2

26 San Salvatore

An der Straße nach Tharros, 6 km westlich von Marina di Torre Grande, liegt die von niedrigen »Cumbessias«, Pilgerhäuschen, umgebene Pilgerkirche San Salvatore. Unter ihr liegt ein Hypogäum, eine unterirdische Anlage, die bereits von den Nuraghern als Kultraum und von frühen christlichen Gemeinden für geheime Gottesdienste genutzt wurde. Die von einer hohen Mauer umgebene Anlage ähnelt einem mexikanischen Minidorf, wie man es aus alten Western kennt. Tatsächlich wurde San Salvatore

Der Wallfahrtsort San Salvatore ist Schauplatz der Corsa degli Scalzi

für manchen Italo-Western als Kulisse genutzt!

Einmal im Jahr, bei der Corsa degli Scalzi, wird San Salvatore aus dem Schlummer gerissen: Im Morgengrauen des ersten Samstags im September nimmt eine Gruppe junger Männer in Cabras die Erlöserstatue des Heiligen an sich und trägt sie in die 7 km entfernte Kirche von San Salvatore. Am nächsten Tag tragen die nur mit einer weißen Kutte bekleideten Männer die Statue im Laufschritt wieder zurück nach Cabras. Das berühmte, von neuntägigen Feierlichkeiten begleitete Fest geht auf das Jahr 1619 zurück, als die Heiligenstatue vor den Sarazenen in größter Eile in Sicherheit gebracht wurde.

In dem kleinen Weiler San Giovanni di Sinis steht mit dem gleichnamigen Kirchlein eine der ältesten und wohl auch schönsten Kirchen Sardiniens. Der frühchristliche Bau wurde im 5. Jh. n. Chr. als byzantinischer Kuppel-Zentralbau errichtet und im 9. Jh. durch ein Lang- und Querschiff ergänzt.

Gegenüber informiert ein Besucherzentrum über das Meeresschutzgebiet, das den Großteil der Küste von Sinis und die davor liegende Vogelinsel Ísola Mal di Ventre umfasst (www.areamarinasinis.it).
171 C2

27 Monte Ferru

Der wald- und wasserreiche Monte Ferru (»Eisenberg«) ist ein erloschener Vulkan, der im 1050 m hohen Monte Urtigu gipfelt. Um ihn herum liegen einige Dörfchen, die für ihr Kunsthandwerk und ihre Spezialitäten bekannt sind.

In Santulussúrgiu findet man neben Lederwerkstätten – wie die Sattlerei Spanu (www.selleriaspanu.it) – und traditionellen Messerschmieden wie die seit bereits vier Generationen bestehende Coltelleria Mura (Viale Azuni 29) auch eine Destille, die mit ihrem »Abbardente« einen der besten Aquavite Sardiniens macht (www.abbardente.it). Im benachbarten Seneghe, das sich auch stolz »Città di Olio« nennt, findet man das beste Olivenöl der Insel. Beste Qualität zum günstigen Preis produziert die Azienda Agricola Cosseddu, deren vielfach prämiertes Öl man direkt bei der Familie kaufen kann (Via Josto 13).

Detail des Kuppelfreskos der Chiesa di San Sebastiano in Seneghe

Nur wenige Schritte entfernt fertigt, spielt und verkauft der bekannte Musiker Raymond Usai sardische Musikinstrumente verschiedenster Art, z. B. die bereits in der Steinzeit bekannte Hirtenflöte *Launedda*. (www.urm-sonosdesardigna.com).

Schließlich findet man in Bonarcado die Bottega dell'Intreccio der jungen Künstlerin und Korbflechterin Luciana Salaris, die besonders schöne traditionelle Korbwaren herstellt (Via Europa 55).
171 D4

28 Cuglieri & Santa Maria della Neve

Das Dorf an den Hängen des Monte Ferru ist ein überaus wichtiges Zentrum der Landwirtschaft und neben Seneghe ein Produzent von hochwertigem Olivenöl. Schon von Weitem schimmert silbern die Kuppel der Kathedrale Santa Maria della Neve aus dem 15. Jahrhundert. Von der Kirche aus hat man eine grandiose Sicht auf die Küstenlandschaft, und an klaren Tagen reicht diese sogar bis hin zu den Klippen von Porto Conte bei Alghero.

170 C4

In San Leonardo de Siete Fuéntes

29 San Leonardo de Siete Fuéntes

Die sieben Quellen, die dem Ort den Namen gaben, liegen in einem schattigen Hain. Dem radonhaltigen Mineralwasser werden eine harntreibende Wirkung und große Heilkräfte zugeschrieben. Die romanische Chiesa di San Leonardo wurde im 12. Jh. von Rittern des Johanniterordens aus dunklem Trachyt errichtet. Sie ist auch ein Hospital, in dem 1295 Guelfo, Sohn von Graf Ugolino della Gherardesca, starb. Er ist hier begraben.

170 D4

30 Fordongiánus & Terme Romane

Südlich des Lago Omodeo liegt das Dorf Fordongiánus. Die Römer bauten hier im 1. Jh. einen Thermenkomplex, der besichtigt werden kann. Das Wasser der Quelle ist 54 °C heiß – über dem Fluss hängen Dampfschwaden.

Das Dorf ist aus regionalem Trachytgestein erbaut. Sehr sehenswert ist der Adelspalazzo **Casa Aragonese** aus dem 16. Jahrundert.

Auf der gegenüberliegenden Flussseite in der Römertherme ragt der moderne Bau des Grand-Hotels SPA Terme di Sardegna auf (www.termesardegna.it). Viel amüsanter und ebenso entspannend ist ein Bad in den 1800 eröffneten Bagni Termali einige Schritte flussabwärts.

171 E3

Bagni Termali **Sommer tägl. 9.30 –13 und 15–19 Uhr, Winter bis 17 Uhr**
4 Euro, So 5 Euro

Terme Romane
0783 6 01 57; www.forumtraiani.it
Sommer tägl. 9–13, 15.30–19 Uhr; Winter 9.30–13, 14.30–17 Uhr **4 Euro**

Casa Aragonese
April–Sept. Di–So 9.30–13, 15–19.30 Uhr; Okt.–März 9.30–13, 15–17.30 Uhr **4 Euro**

Wohin zum ... Übernachten?

Preise
für ein Doppelzimmer pro Nacht:
€ unter 90 Euro **€€** 90–155 Euro **€€€** 155–250 Euro **€€€€** über 250 Euro

ORISTANO

Hotel Regina d'Arborea €€–€€€
Logieren wie eine Prinzessin. Im prachtvollen Palazzo des ehem. Bürgermeisters Corrias aus dem 18. Jh erwarten Sie sieben erlesen schöne, originalgetreu rekonstruierte und mit antikem Interieur ausgestatte Zimmer.
170 C2 Piazza Eleonora D'Arborea 4
0783 30 21 01;
www.hotelreginadarborea.com

Mariano IV Palace Hotel €€€
Zehn stilvolle Juniorsuiten und zwei Mini-Apartments in einem prachtvollen Art-nouveau-Palazzo. Gehobenes Restaurant im Gewölbe.
170 C2 Piazza Mariano 50
0783 36 01 01, www.hotelmarianoiv.com

PENISOLA DEL SINIS/RIOLA SARDO

Hotel da Cesare €–€€
Die Lage ist der Clou: Putzu Idu ist ein verschlafener Weiler, das Cesare ein älteres Haus – die 18 Zimmer sind einfach, aber nur wenige Meter vom Strand entfernt. Tolle Terrasse, herrliche Sonnenuntergänge: der ideale Ort für Zivilisationsflüchtlinge.
170 B3 Via Lungomare, Putzu Idu
0783 5 20 95, www.hoteldacesare.com

Hotel Lucrezia €€–€€€
Hinter der langen Mauer liegt ein kleines Paradies – mit wunderbarem stillen Garten voller Blumen, Bäumen, Brunnen und Vernaccia-Fässern. Es ist das alte Gehöft des Großvaters, das die Enkel in ein besonders charmantes kleines Hotel verwandelt haben. Sieben äußerst stilvoll gestaltete Zimmer und eine in einem separaten Gartenhäuschen untergebrachte Suite. Es ist einfach wunderschön hier und man möchte gar nicht mehr weg!
170 C3 Via Roma 14a, Riola Sardo
0783 41 20 78; www.hotellucrezia.it

Hotel Villa Canu €€
23 schöne, sardisch gestaltete Zimmer (18 davon mit direktem Zugang zum lauschigen Patio-Garten) in einer alten *casa campidanese* mitten in der Altstadt. Zum Haus gehört das Restaurant Il Caminetto (➤83).
170 C3 Via Firenze 9, Cabras
0783 29 01 55, www.hotelvillacanu.com

Sa Pedrera €€
Die *casa coloniale campidanese* liegt ca. 8 km außerhalb von Cabras, auf dem Weg nach San Giovanni di Sinis. Das im typisch sardischen Landhausstil erbaute Steinhaus ist eine kühle Oase und die geschmackvollen, gemütlichen Zimmer liegen in einem schönen Garten. Ganz in der Nähe befinden sich tolle Strände.
170 C2 SP Cabras–S Giovanni Sinis Km 7,5 0783 37 00 18; www.sapedrera.it

NURAGHE LOSA

Mandra Edera Farm €€–€€€
Ein Country-Hotel für Pferdeliebhaber, wunderball still im Nirgendwo gelegen. Vier große, schöne Zimmer und acht Suiten befinden sich in auf dem weitläufigen Gelände verstreuten Bungalows. Ein Pool

zum Entspannen und eine ganze Menge Pferde.
171 E4 Via Dante 20, Abbasanta
320 1 51 51 70; www.mandraedera.cc

MONTE FERRU/BONARCADO

Sa Mola €€
Stilles Idyll mit toller Küche (▶83) und charmanten Bungalows, eingebettet in einen weitläufigen Park mit Herrenhaus und historischer Ölmühle. Alle Zimmer haben eine überdachte Terrasse zum Garten hin.
171 D4 Via Giardini, Bonarcado
0783 5 65 88; www.samola.it

SANTU LUSSÚRGIU

Antica Dimora del Gruccione €–€€
Das reizende Herrenhaus aus dem 17. Jh. ist im spanischen Stil erbaut und steckt voller Antiquitäten. Die Besitzerin Gabriella Belloni, die gut Deutsch spricht, wählte den *gruccione* (Bienenfresser) als Namenspatron, denn jeden Sommer, wenn sie vom Studium in Rom ins Haus ihrer Großeltern zurückkehrte, begrüßte sie dieser tropische Zugvogel. Das Hotel ist ein *albergo diffuso*, das heißt, es besteht aus einem Haupthaus und Gebäuden in der unmittelbaren Nachbarschaft. Jedes Zimmer ist individuell eingerichtet.
171 D4 Via Michele Obinu 31
0783 55 20 35; www.anticadimora.com

CUGLIERI

Hotel Desogos €
Wer die Gegend um Cuglieri erkunden möchte, findet hier – mitten in der Altstadt – eine gute Anlaufstelle. Das preisgünstige, familiengeführte *ristorante/albergo* (»Restaurant mit Zimmern«) ist gemütlich, aber schlicht eingerichtet, die Zimmer verfügen über eigene oder Gemeinschaftsbäder. Es gibt eine ausgezeichnete Küche, die auch die Einheimischen schätzen.
170 C4 Vico Cugia 6 (an der Hauptstraße Via Cugia, einer Einbahnstraße durch die Altstadt) 0785 3 96 60

Hotel La Baja €€–€€€
Das Hotel ist von außen vielleicht nicht sonderlich ansprechend, doch seine exponierte Lage hoch über der malerischen Steilküste ist schlichtweg sensationell. Alle 29 Zimmer haben einen angenehmen Balkon mit einer berückend schönen Aussicht auf Küste und Meer
170 C4 Via Scirocco 20, Santa Caterina di Pittinuri
0785 38 91 49; www.hotellabaja.it

Villa Asfodeli €–€€
Ein »Hotel de Charme«, 12 km nordwestl. Cuglieri, ist die einen mediterranen Garten mit Pool eingebettete Jugendstilvilla. 14 geschmackvoll gestaltete Zimmer verteilen sich auf drei Gebäude, teils mit herrlichem Blick auf die 5 km entfernte Küste. Besonders toll ist die Suite Nr. 122 im zweiten Stock mit sehr großer Panoramaterrasse. Das radlerfreundliche Haus bietet unter www.sardinia biketour.it Leihräder und Spezielles für Radurlauber. Sehr freundliches Personal, gutes und reichhaltiges Frühstück. Einziger kleiner Nachteil: kein Restaurant im Haus.
170 C4/5 Piazza Giovanni XXIII n. 4, Tresnuraghes 0785 31 50 52; www.asfodelihotel.com

FORDONGIÁNUS

Sardegna Grand Hotel Terme €€€
Die Zimmer des modernen Kurhotels sind leger, klimatisiert und mit Balkon. Gegen Gebühr kann man verschiedene Behandlungen in Anspruch nehmen: Ayurveda und Reflexzonenmassagen, Schlammpackungen und Mineralienbäder. Auf der anderen Flussseite befinden sich die Terme Romane.
171 E3 Strada Provinciale 48, n. 1
0783 60 50 16; www.termesardegna.it

Wohin zum…
Essen und Trinken?

Preise
für ein Menü (ohne Getränke):
€ unter 26 Euro **€€** 26–55 Euro **€€€** über 55 Euro

ORISTANO

Cocco & Dessì €€
Traditionsreiches, seit 1925 bestehendes Lokal mit innovativer Küche – serviert wird auch im Gartenpavillon. Die Karte wechselt jahreszeitlich, abends gibt's auch Pizza.
170 C2 Via Tirso 31 0783 25 26 48; www.coccoedessi.it Di–So; drei Wochen im Jan. geschl.

Kalispera €–€€
Hinter dem griechischen Namen verbirgt sich ein kleines familiengeführtes Restaurant, das dank seiner ausgezeichneten Küche, besonders seiner Meeresküche, bei den Einheimischen sehr beliebt ist.
170 C2 Vico Josto 9
340 0 67 17 93 Mi Ruhetag

Osteria del Vicolo €
Familiengeführtes Lokal im Zentrum der Altstadt mit schmackhafter, preiswerter Küche. Erwähnenswert: das üppige Buffet und die gute Auswahl an Vegetarischem. Der Gastraum ist mit zeitgenössischen Kunstwerken geschmückt.
170 C2 Vico Episcopio 14
0783 30 01 38; www.facebook.com/osteriadelvicoloristano

PENISOLA DEL SINIS

Il Caminetto €€
Hier genießt man Meeresfrüchte! Das Caminetto ist berühmt für seine Meeräschen, nicht nur als *bottarga*, sondern auch *sa merca* (gesalzen, in Kräutern gekocht) oder *affumicato* (geräuchert).
170 C3 Via Cesare Battisti 8, Cabras 0783 39 11 39; www.ristorante-ilcaminetto.com Di–So Mittag- und Abendessen

Le Dune €€
Kleines gemütliches Lokal mit guter Auswahl an Meeresfrüchten zum fairen Preis. Der Besitzer erläutert das täglich frisch gefangene Meeresgetier gerne ausführlich.
170 C2 Via Chiesa 1, San Giovanni di Sinis 0783 37 00 89; www.ristoranteledunecabras.com tägl. Mittag- und Abendessen

BONARCADO

Sa Mola €–€€
Dieses exzellente Restaurant serviert Slow Food – im Einklang mit der sardischen Präferenz für regional erzeugte Lebensmittel. Heimisches Wildschwein *(cinghiale)* wird hier als Carpaccio serviert, Rindfleisch mit Wildpilzen und Wein von der Insel. Auch sehr fein: die Pizza.
171 D4 Via Giardini 0783 5 65 88; www.samola.it Di–So Mittag- und Abendessen

MONTE FERRU/SENEGHE

Sa Tanka €€
Neben vielen anderen saisonalen Spezialitäten des für seine besonders vielfältige Küche bekannten Restaurants gibt es hier das rare *bue rosso*. Für ein Picknick erhalten Sie auch leckere Lunchpakete.
171 D3
Piazzale Montiferru 3–4, Seneghe
0783 5 40 04, www.satanka.it
Ostern–Okt. tägl. Mittag- und Abendessen, sonst Fr–So

Wohin zum … Einkaufen?

In **Oristano** finden werktags in der **Via Mazzini** und der **Via Costa** Morgenmärkte statt, am ersten Samstag im Monat gibt es einen Antik- und Trödelmarkt auf der **Piazza Eleonora**. Die Gegend ist für ihren Weißwein Vernaccia berühmt; in der **Cantina Sociale della Vernaccia** in der Via Oristano 6, Rimedio (Tel. 0783 333 83; www.cantinadellavernaccia.it; Mo–Fr 8–13, 15.30–18.30 Uhr) wird gekeltert. Die Einkaufs- und Flaniermeile der Stadt ist die Fußgängerzone **Via Lamarmora**. Die **Markthalle** (Mo–Sa 7–13 Uhr) in der Via Cimarosa bietet alles, was die Region hervorbringt. Ein **ISOLA**-Zentrum für Keramik ist in der Via Cagliari, Ecke Via del Porto. **Bottarga** kauft man in Cabras bei **Spanu** in der Via Carducci (www.spanubottarga.com), vielfach prämiertes Olivenöl in Seneghe bei der Familie **Cosseddu** (Via Josto 13). Santulussúrgiu ist für seine Messerschmiede und Sattler bekannt. Handgemachte Messer findet man in der **Coltelleria Mura** (Via Azuni 1), handgefertigte Lederwaren, insbesondere Reitzubehör, in der **Selleria Spanu** (Via Dei Monti Lussurgesi 5, www.selleriaspanu.it). Einen sehr guten Grappa gibt es bei der **Distillerie Lussurgesi** (Via die Sogenti 14, www.abbardente.it). Traditionelle Korbwaren bietet in Banoarcardo die **Bottega dell' Intreccio** (via Europa 55). Die Kuhmilch-Käsespezialität *Casizolu di Monteferru* findet man in Cuglieri beim Hersteller **Appiu** (Corso Umberto 2).

Zehn Monate im Jahr werden in **Milis**, dem Obstmekka Sardiniens, schmackhafte Orangen geerntet. Jeden Mittwoch gibt es einen Wochenmarkt.

Wohin zum … Ausgehen?

TOUREN & AUSFLÜGE

Touristische Informationen und Angebote für die gesamte Provinz Oristano erhält man im **Ufficio Turismo**, Piazza Eleonora 18, Tel. 0783 368 31, www.gooristano.com, Mo–Fr 9–13, 15–18 Uhr.

NACHTLEBEN

Ausgehfreudige werden in **Oristano** wahrscheinlich am ehesten fündig, denn hier gibt es eine ziemlich gute Auswahl an Bars, die außerdem bis spätnachts offen haben. Zu den besten unter ihnen zählt das Café **Lola Mundo** (Piazzetta Corrias 14; Fr/Sa 7–1 Uhr, wochentags bis 22 Uhr).

Auf der Via Ghilarza liegen ein paar Clubs, z. B. das **Ovest** (Via Ghilarza 5; Fr/Sa ab 23 Uhr) und der **Lux Club** (www.luxclub.it). Einer der größten Tanztempel Sardiniens ist **Le Saline** an der Straße nach Putzu Idu (Oasi Sale Porcus, SP10 bei Km 12,6, www.lesalinemeeting.com). Angesagt ist der **Emotional Disco Club** an der SP6 nahe San Salvatore bei Km 7 (www.sapedreradisco.it, jeden Fr) und die Sommer-Openair-Disco **Martini Beach** an der Marina di Abbarossa in Santa Giusta.

An der SP292 liegen zwei viel besuchte Clubs: **La Capanna** in Torre del Pozzo sowie das **Menhir in.** Letzteres befindet sich bei Santa Caterina di Pittinuri.

In **Marina di Torre Grande** reihen sich im Sommer – wie die Perlen einer Kette – Bars und Cafés an der Promenade auf, darunter sind auch die viel besuchten Locations **Coco Loco**, **Beach-Bar, Nelson** und **Insomnia**.

Núoro und der Osten

Kleine Erlebnisse

Ein Freilichtmuseum als Oase
Der Sommerhitze entkommt man im Freilichtmuseum **S'Abba Frisca** bei einer alten Mühle – hier gibt's kühles Nass en masse (➤ 96).

Siesta an Sardiniens stärkster Quelle
Die sprudelnde Quelle **Su Gologne** ist mit ihren schattigen Hainen ein tolles Plätzchen für ein Picknick mit Siesta (➤ 96).

Essen mit den Hirten
Unvergesslich ist ein Essen unter den riesigen Eichen des **Pratobello** – die Hirten von Orgosolo bitten zu Tisch (➤ 97).

Erste Orientierung

Im Herzen der Insel liegen die höchsten Gipfel des Gennargentu. Keinem Eroberer gelang es je, in die heutige Barbagia vorzustoßen. Es ist ein Hirtenland mit reichlich abgelegenen Bergdörfern und Landstrichen von geradezu dramatischer Schönheit. Die von alten Traditionen geprägten Dörfer liegen weit verstreut, die wilde Küste wird dominiert von paradiesischen Buchten, Grotten, Höhlen und Traumstränden im Dutzend.

Núoro mag zwar nicht mit übermäßig vielen Attraktionen gesegnet sein, aber ein Besuch lohnt sich trotzdem; zumindest, um einige der besten Museen der Insel zu entdecken. Darüber hinaus eignet Núoro sich bestens als »Basislager« für Ausflüge zur »Stadt der Wandmalereien«, Orgosolo, oder zum Karneval von Mamoiada. Der Monte Ortobene und das Gennargentu-Massiv liegen ebenfalls ganz in der Nähe – Die Räuber- und Banditengeschichten, die sich hartnäckig um die Bargbagia-Hauptstadt ranken, gehören jedoch längst der Vergangenheit an. Schafdiebstähle und Blutrache gibt es jedoch immer noch, zumindest im Verborgenen. Die eindrucksvolle Küste des zum Nationalpark erklärten Golfo di Orosei im Osten ist völlig unverbaut. In der Grotta di Ispinigoli bei Dorgali steht Europas höchster Stalagmit, während an der Küste einzigartige Strandbuchten und Höhlen die Attraktion sind. Der Badeort Cala Gonone breitet sich am Fuß steiler bewaldeter Berghänge aus. Er hat sich dank der grandiosen Steilküsten und deren Traumbuchten zu einem Mekka für Kletterer und Badetouristen entwickelt. In der Gegend kann man herrlich wandern und klettern: beispielsweise in der Schlucht Gola Su Gorruppu oder zum Nuragher-Dorf Tiscali, das sich in einer Berghöhle verbirgt.

Der Höhenzug des Supramonte

TOP 10

Nicht verpassen!

Nach Lust und Laune!

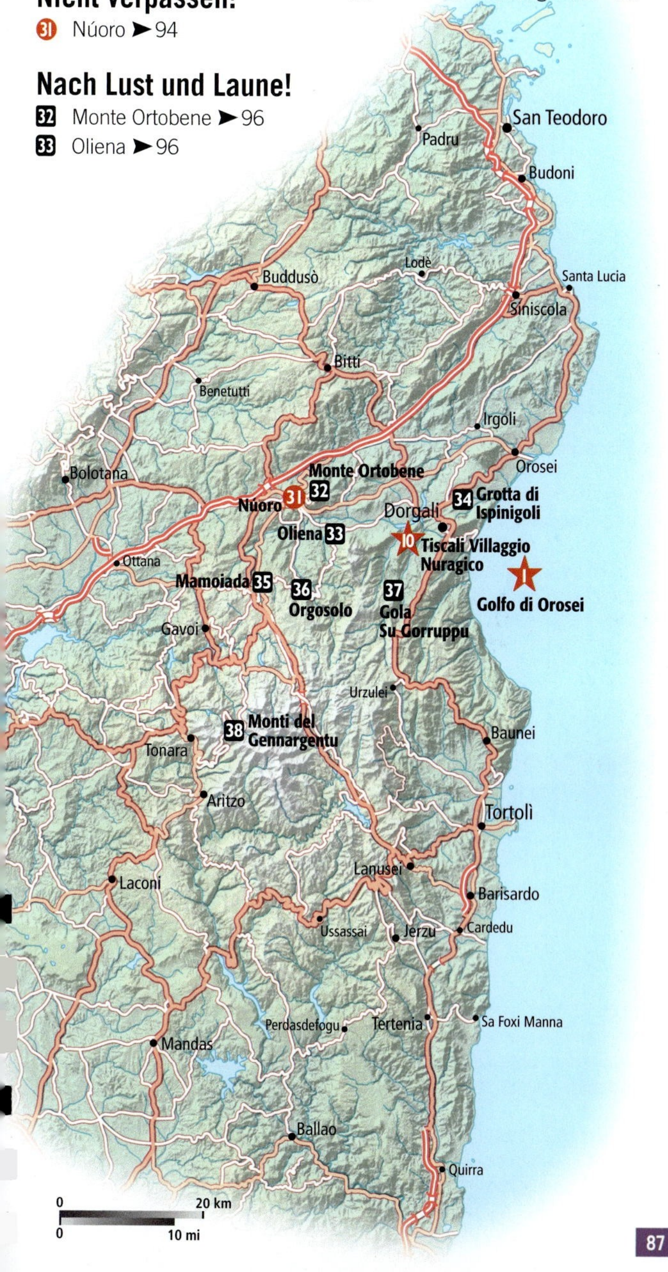

In vier Tagen

Die folgende Route ist eine Möglichkeit, wie Sie einige der interessantesten Sehenswürdigkeiten in Núoro und dem Osten Sardiniens in vier Tagen kennenlernen können. Die einzelnen Highlights werden im Folgenden (➤ 90ff) näher beschrieben.

Erster Tag

Morgens

Fahren Sie nach 31 **Núoro** (➤ 94). Besuchen Sie das Museo Deleddiano. Am Corso Garibaldi trinkt man einen Kaffee in der Bar Majore. In östlicher Richtung, gleich in der Nähe, liegt die Piazza Santa Maria della Neve mit der gleichnamigen Kirche.

Mittags

Essen Sie im »Il Rifugio« (➤ 100).

Nachmittags

Das südlich gelegene Museo della Vita e delle Tradizioni Sarde (auf dem Bild links ein Ausstellungsstück) ist das beste volkskundliche Museum Sardiniens. Wenn die Sonne nachgelassen hat, fahren Sie auf den Gipfel des 32 **Monte Ortobene** (➤ 96), wo Sie im milden Abendlicht einen Panoramablick auf das Supramonte-Massiv genießen. Zum Essen und Übernachten verlockt das einsam in der Natur gelegene Hotel **Su Gologone**, das für seine sardische Küche berühmt ist. Vorher sollte man einen Spaziergang zur wasserreichen Quelle Su Gologone machen.

Zweiter Tag

Morgens

Auf zum 1 **Golfo di Orosei** (➤ 90)! Fahren Sie früh nach Cala Gonone und von dort mit einem der Ausflugsboote zur **Grotta del Bue Marino** und in die Traumbucht **Cala Luna** zum Baden, denn die Sonne verschwindet bereits am frühen Nachmittag hinter den Bergen.

Mittags

Nun lockt eine Rast auf der Terrasse des Ristorante »Ispinigoli« am Parkplatz unterhalb der Höhle.

Nachmittags & abends

Nach dem Essen besichtigt man die 34 **Grotta di Ispinigoli** (rechts oben;

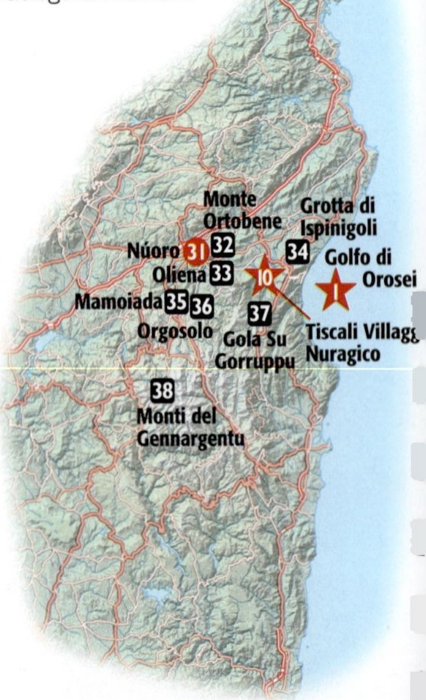

➤ 96). Danach geht es zum Shoppen zurück ins charmante Bergstädtchen Dorgali. Zum Abendessen und Übernachten fährt man zur »Albergo Sant'Elene« im Tal des Riu Flumineddu (➤ 100).

Dritter Tag

Morgens und nachmittags
Voraussetzung für den Tagesausflug sind ein Picknick-Rucksack und Bergstiefel. Erst fährt man in das Flumineddu-Tal hinein bis zum Ende der Straße. Von dort geht es zu Fuß zur 37 **Gola Su Gorruppu** (➤ 98). Vom Parkplatz führt ein markierter Pfad in die Berge des Supramonte bis zum legendären Nuragher-Dorf 10 **Tiscali** (➤ 92; Eintritt 5 Euro).

Abends
Zuerst ein Menü auf der Terrasse des hoch über dem Meer gelegenen **Hotel Nuraghe Arvu** in Cala Gonone (unten), dann kann man sich dort auch in die Kissen fallen lassen (➤ 99).

Vierter Tag

Morgens und mittags
Fahren Sie über Oliena nach 36 **Orgosolo** (➤ 97) und bummeln Sie dort mit Muße. Danach fahren Sie hinauf auf den wildromantischen Pratobello. Dort kann man in aller Einsamkeit im Restaurant der Albergo Ai Monti del Gennargentu ein Mittagessen genießen. Hier können Sie auch übernachten.

Nachmittags
Parken Sie am Ende der Pratobello-Straße bei der Forststation und wandern Sie auf den markanten Gipfel des 1316 m hohen **Monte Novo** (hin und zurück ca. 2,5 Std.) Die Rundumsicht ist sensationell! Danach machen Sie einen Abstecher nach 35 **Mamoiada**, besichtigen das interessante **Museo delle Maschere** (➤ 97) und besuchen den Maskenschnitzer Ruggero Mameli in seiner Werkstatt (Via Antonio Crisponi 19) oder seinem eindrucksvollen privaten Maskenmuseum (Corso Vittorio Emanuele 3).

Golfo di Orosei

Der Golf von Orosei erstreckt sich über 40 km Länge und ist damit die längste unverbaute Küste im Mittelmeerraum. Die kolossalen Klippen aus Kalkstein mit kuriosen Felsformationen werden von märchenhaften Buchten, abgeschiedenen Grotten und zauberhaften, versteckt gelegenen Stränden unterbrochen.

Die sichelförmige Einbuchtung des Golfs reicht vom Capo Nero im Norden bis zum Capo Monte Santo im Süden. Die faszinierende Steilküste bildet den östlichen Ausläufer des **Supramonte-Massivs** mit seinen bis ans Meer reichenden Steineichenwäldern, jahrhundertealten Wacholderbäumen und wilder Macchia. Königsadler, Eleonorenfalken und Gänsegeier fühlen sich hier heimisch und oft sieht man sie aus ihren Horsten in den Spalten der Felsklippen lugen.

Mit einem Ausflugsboot geht's zur wunderschönen Cala Luna

Orosei

Die malerische, spanisch geprägte Altstadt zeugt von den einstigen aragonesischen Besatzern. Ein Bummel beginnt am besten an der **Piazza del Popolo**, wo die aus dem 13. Jh. stammende **Cattedrale di San Giácomo** steht, deren neoklassizistische Fassade aus dem 18. Jh. ist. Das goldreiche Innere ist ebenso einen Blick wert wie die Klosterkirche **Sant'Antonio Abate** aus dem 15. Jh. im Westen der Stadt. Prunkstück der umfangreich restaurierten Anlage ist ein pisanesischer Wachturm. Marina di Orosei an der Küste bietet 6 km goldenen Sandstrand unter Pinien und an türkisblauem Meer.

Grotta del Bue Marino

Cala Gonone liegt eindrucksvoll und ist nur ist nur über einen Tunnel und anschließende endlose Serpentinen zu erreichen. Zum Touristenmekka mutierte das einstige Fischerdorf nach der Eröffnung der Grotta del Bue Marino in den 1950er-Jahren. Von den vielen Höhlen an der Ostküste ist sie nicht nur die größte, sondern auch die schönste. Der Name *bue marino* (»Meerochse«) leitet sich vom sardischen Namen der Mönchsrobbe ab, die einst ihre Jungen zur Welt brachte. Die Grotte war einer der letzten Rückzugsgebiete der vom Aussterben bedrohten Tiere, die 1992 das letzte Mal hier gesichtet wurden.

Grotta del Bue Marino

Von einem Steg aus kann man rosafarbene und weiße Stalaktiten und Stalagmiten sowie die Stelle, wo sich das Süßwasser der Höhle mit dem salzigen Meerwasser vereint, bewundern. Eine Zeichnung tanzender Figuren am Eingang der Höhle stammt aus der Jungsteinzeit.

Traumstrände

Cala Gonone selbst hat keine natürlichen Strände, die vorhandenen sind aufgeschüttet. Umso schöner sind die wenige Kilometer entfernten Strandbucht Cala Fuili und die traumhaft schöne **Cala Luna**, die man jedoch nur per Boot erreicht. Im kristallklaren Wasser der Buchten kann man herrlich schwimmen und schnorcheln. Nehmen Sie im Hafen ein Ausflugsboot zur Cala Luna.

KLEINE PAUSE

Von Juni bis September hat in der Cala Luna die romantische Bar **Su Neulagi** geöffnet, in der man zwischen blühendem Oleander kühle Getränke und kleinere Snacks erhält.

---

173 E3

Grotta del Bue Marino

0784 9 33 05 (1.4.–1.10.) 1.4.–1.10. tägl. 9–13 u. 15–18 Uhr
Höhle 7 Euro, Bootsfahrt mit Höhle ca. 20 Euro, mit Cala Luna 25–30 Euro

BAEDEKER TIPP

Die **Cala Luna** kann auch zu Fuß erreicht werden. Der ca. 5 km lange Pfad (ca. 2,5 Std. einfach) beginnt an der Cala Fuili und ist mit einem roten Pfeil markiert. Gutes Schuhwerk und Kondition sind erforderlich, es geht steil bergauf und bergab. Zurück kommt man mit einem der **Ausflugsboote** (Tickets an der Bar Su Neulagi).

10 Tiscali Villaggio Nuragico

Der ehemalige Präsident Sardiniens und Gründer des Internetproviders Tiscali, Renato Soru, gab seinem Unternehmen den Namen einer uralten Nuragher-Siedlung. Das Dorf liegt in einer verborgenen Höhle auf der Spitze des Monte Tiscali im Herzen der Insel. Der Werbeslogan der Firma hieß: »Tiscali. Aus einer Welt der Stille kommt eine neue Art der Kommunikation.«

Die nuraghische Ausgrabungsstätte Sa Sedda 'e Sos Carros

Mitten im Supramonte birgt **Tiscali** die Ruinen eines Dorfs aus den letzten Tagen der Nuragher-Kultur. Ganz in der Nähe liegt auch die **Gola Su Gorruppu**, eine der tiefsten und spektakulärsten Schluchten Europas. In einer Doline des 518 m hohen **Monte Tiscali** bauten die Nuragher ihr ursprünglich aus 60 Rundhütten bestehendes Dorf, von dem heute der größte Teil in Trümmern liegt. Wahrscheinlich suchten die Bewohner der spätnuraghischen Ära vor den römischen Besatzern Schutz – angesichts des schroffen Geländes und der hohen Wände des Kraters ein idealer Ort dafür. Bis ins Mittelalter war das Dorf bewohnt, es wurde aber erst im 19. Jh. entdeckt. Seine Lage, die Stalaktiten, riesige Bäume und die Überreste der *nuraghi* verleihen dem Ort eine ganz besondere Atmosphäre.

Tagestour nach Tiscali

Es empfiehlt sich, diesen Tagesausflug in Begleitung eines Guides zu machen, den die Touristeninformation in Oliena

Der Monte Tiscali bildet die dramatische Kulisse für die Überreste des Tiscali Villaggio Nuragico

(➤96) vermitteln kann. Wer lieber auf eigene Faust wandert und sich dann an Wegzeichen orientieren muss, startet an der Sorgente Su Gologone neben dem Hotel Su Gologone an der Straße Oliena–Dorgali.

Von der Quelle ist ein größtenteils unbefestigter Weg ins **Valle di Lanaittu** ausgeschildert, den man mit einem Jeep oder zu Fuß bewältigt. Nach ca. 6 km erreichen Sie das »rifugio Lanaitho«, eine Raststation mit Bar, WC, Duschen und Info-Stelle. Hier gibt es auch die Tickets für Führungen zur nahen Grotta Sa Oche und Grotta Su Bentu und zum nuraghischen Brunnenheiligtum **Sa Sedda 'e Sos Carros**. Halten Sie sich links auf dem Hauptweg, der an der Grotta Sa Oche vorbeiführt, und klettern Sie den Pfad hinauf. Ein Pfeil auf einem Felsen weist den Weg nach Tiscali, dem Sie links auf einem steilen Pfad bis zu einem breiten Felsvorsprung folgen. Hier eröffnet sich eine umwerfende Sicht über das Valle Lanaittu.

Nach weiteren 30 Minuten geht es linker Hand über den steilsten, überhängenden Teil des Bergs zu einem Pfad nach rechts. Er führt über Felsen zur riesigen *dolina* (Höhle) und dem Eingang von Tiscali (Eintritt 5 Euro). Im Halbdunkel wirkt das verlassene Dorf geradezu mythisch.

KLEINE PAUSE

Erholen Sie sich im Schatten ausladender Bäume an der zauberhaften Bar des Hotels **Su Gologone**, in der sich am Nachmittag auch viele Hirten und Trekking-Guides treffen.

---

173 D3 Mai–Sept. tägl. 9–19 Uhr; Okt.–April 9–17 Uhr; Sa Sedda 'e Sos Carros, Grotta Sa Oche, Grotta Su Bentu: April–Okt. tägl. 9–18 Uhr
Touren ab Dorgali; Coop. Ghivine (Via Montebello 5, Dorgali; 0784 9 67 21; www.ghivine.com); Start 9 Uhr, Rückkehr ca. 16.30 Uhr; Preis 40 Euro, inkl. Eintritt zu Tiscali und Open-Air-Picknick

Touristeninformation
Presidio turistico, Via Grazia Deledda 32, Oliena 0784 28 60 78
März/Okt. Mo–Sa 9–13 u. 19 Uhr, Nov.–Febr. Mo–Fr 9–13 u. 16–19 Uhr

BAEDEKER TIPP

Wer Sardinien auch literarisch besuchen möchte, dem seien die Werke der in Núoro geborenen Literaturnobelpreisträgerin **Grazia Deledda** (1871– 1936) empfohlen. Ihr Titel »Schilf im Wind«, für den sie 1926 den berühmtesten Literaturpreis der Welt bekam, handelt vom schweren Leben dreier Schwestern und ihres Knechts. Die eindringliche Schilderung menschlicher Schicksale und die mythisch-archaische Welt der abgeschiedenen Bergdörfer verbinden sich hier auf fesselnde Weise.

31 Núoro

Núoro liegt im Herzen Sardiniens und ist voller Traditionen. Obwohl die Provinzhauptstadt aus ästhetischer Sicht keine Augenweide ist, hat sie einige hochkarätige Künstler hervorgebracht, deren Leben und Werk unauflöslich mit der Stadt verquickt sind. D.H. Lawrence konnte nichts an ihr finden, räumte jedoch ein: »Ich bin nicht der Baedeker.« Und schließlich war er auch kein Nobelpreisträger wie die Autorin Grazia Deledda.

Im Nordosten Núoros breitet sich um die Piazza San Giovanni und den Corso Garibaldi die charmante Altstadt aus. Hier steht das **Museo Deleddiano**, das Geburtshaus von Grazia Deledda (1871–1936), in dem sie 29 Jahre lang lebte. Sie gehört zu den bedeutendsten Autoren des italienischen Realismus im frühen 20. Jh. und gewann 1926 als erste Italienerin den Nobelpreis für Literatur. In ihren Werken beschreibt sie tiefgründig und mit großer Nähe zum Sujet den Alltag in ihrer Heimat und behandelt (zwischen-)menschliche Probleme. Das Museum gibt Einblick in ein typisches Núoreser Haus, zeigt Erstausgaben, Zeitungsausschnitte sowie Fotos der Autorin.

Die Kathedrale

An der **Piazza Santa Maria della Neve** thront die neoklassizistische Kathedrale von Núoro. Die 1854 vollendete Kirche hat allerdings weniger zu bieten, als ihr äußeres Erscheinungsbild vermuten lässt. Immerhin findet sich unter den Gemälden im Innern, die meisten stammen aus dem 20. Jh., die *Disputa de Gesù Fra i Dottori* aus dem 17. Jh., die der Werkstatt Luca Giordanos in Neapel zugeschrieben wird. Hinter der Kathedrale haben Sie eine tolle Sicht über das Tal zum Monte Ortobene.

Volkskundemuseum

Als größte Attraktion der Stadt findet man südlich der Kathedrale das **Museo Etnografico Sardo**, oft nur »Museo del Costume« genannt. Dieses Volkskundemuseum verfügt

BAEDEKER TIPP

Ein Leckerbissen für Kunstfreunde ist das in einem alten Kerker untergebrachte **Museo Ciusa**, das zahlreiche Werke des berühmten, in Núoro geborenen Bildhauers **Francesco Ciusa** (1893–1949) zeigt (Museo Ciusa, Piazza Santa Maria delle Neve 8, Nuoro, Tel. 0784 25 30 52, www.museuoman.it; Eintritt 3 Euro; Di–So 10 bis 20 Uhr).

über einen Bestand von mehr als 7000 Exponaten, wobei vor allem die **Trachtensammlung** einen wahren Schatz darstellt: Sie macht einen bekannt mit sämtlichen lokalen Trachten der Insel und der erstaunlich komplexen, aufwendigen Art ihrer Herstellung. Auch beim **Schmuck** gibt es ein weites Spektrum zu bestaunen, von filigranen Silberarbeiten bis zu den Hauern wilder Eber. Rings um die Trachtengewänder ist dekoratives Kunsthandwerk ausgestellt. Ein weiteres Highlight des Museums bildet die Präsentation von ***mamuthones*** und anderen Karnevalskostümen und Masken aus der Barbagia (► 16, 97).

Santa Maria della Neve

Tracht aus dem frühen 20. Jahrhundert

KLEINE PAUSE

Die **Bar Majore** (► 100) am Corso Garibaldi 71 ist das älteste und plüschigste Café in ganz Núoro. Wie wäre es also mit einem Nachmittagskaffee dort?

---

172 C4

Museo Deleddiano
✉ Via Grazia Deledda 42 ☎ 0784 25 80 88; www.isresardegna.it
🕐 16. März–30. Sept. Di–So 9–13, 15–20 Uhr, 1. Okt.–15. März Di–So 10–13, 15–19 Uhr 3 Euro

Duomo Santa Maria della Neve
✉ Piazza Santa Maria della Neve 🕐 tägl. 8–13, 16–19 Uhr

Museo Etnografico Sardo
✉ Via A Mereu 56 ☎ 0784 25 70 35 🕐 16. März–30. Sept. Di–So 9–13, 15–20 Uhr, 1. Okt.–15. März 10–13, 15–19 Uhr 5 Euro

Nach Lust und Laune!

32 Monte Ortobene

Von Núoro aus schlängelt sich die Straße auf den 995 m hohen Hausberg Monte Ortobene hinauf. Oben wartet eine sagenhafte Fernsicht auf das Supramonte-Massiv. Ein kurzer Pfad führt zu den 49 Stufen, die Sie auf 955 m Höhe zur gewaltigen Bronzestatue von *Il Redentore* (der Erlöser) führen. Die Statue zeigt einen den Teufel unter sich zertretenden Christus. Der beliebte Wallfahrtsort ist Ziel der *Sagra del Redentore* – des bedeutendsten Fests in Núoro –, das alljährlich im späten August stattfindet. Mit dem Festumzug von der Kathedrale zur Statue erreicht es am 29. August seinen Höhepunkt.

Die Wälder auf dem Berg sind ein beliebter Picknickplatz, es gibt aber auch Bars, Restaurants und Kioske für Getränke und Souvenirs.

172 C4 No. 8 von der Via Manzoni in Núoro

33 Oliena

Oliena ist ein lebendiges, weltoffenes Städtchen, das zu Füßen des Monte Corrasi am Hang klebt und mit seinen Bruchsteinhäusern und engen Gassen noch die Welt von Grazia Deledda atmet. Berühmt ist es für seine farbenprächtigen Stickereien, sein Olivenöl und seinen roten Cannonau Nepente di Oliena, der als einer der besten der Insel gilt. In der Nähe liegt die Quelle **Su Gologne**.

Die Weltoffenheit brachten die Pioniere der TrekkingCoop Enis mit, in deren Gefolge Wanderer aus aller Welt kamen, weshalb sich Oliena zum Trekkingzentrum entwickelte.

Nicht zu unterschätzen ist Oliena auch als Hort der sardischen Küche. Mit dem »Masiloghi« und dem »Sa Corte« machen zwei Restaurants Oliena zum kulinarischen Mekka.

172 C3

34 Grotta di Ispinigoli

Vom Eingang führen 280 Stufen über 60 m in die Tiefen der Höhle. Direkt ins Auge fällt der mit 38 m höchste Stalagmit Europas in der Mitte der Höhle. Neun Flussläufe durchqueren die Mondlandschaft, in der die Temperatur konstant bei 16 bis 17 °C liegt. Ihr Alter liegt bei geschätzt 180 Mio. Jahren. 1927 wurde sie entdeckt und einige aufsehenerregende Funde gemacht: Fossilien aus der Eiszeit, Ketten und Armbänder aus Bronze und Silber. Derartige Gegenstände wurden auch in punischen Grabstätten gefunden. Als man am Grund des »Abisso delle Vergini« (»Jungfrauenschlund«) menschliche Knochen fand, kamen Spekulationen über Menschenopfer auf. Der Abgrund führt weitere 40 m in die Tiefe, in die – zahllosen Theorien zufolge – reich mit Schmuck versehene junge Frauen als Opfer hinabgestoßen wurden. Höchstwahrscheinlichkeit ist es aber »nur« eine uralte Begräbnisstätte. In der Nähe liegt das Freilichtmuseum **S'Abba Frisca**.

Grotta di Ispinigoli
173 E4 An der Straße von Orosei nach Dorgali 0784 96 24 31 Juni 10–17 Uhr, Juli, Aug. 10–18 Uhr, April, Mai, Sept., Okt. 10–12, 15–17 Uhr; Führungen zur vollen Stunde 7 Euro

S'Abba Frisca
173 E4, www.sabbafrisca.com 7,50 Euro

Grotta di Ispinigoli

35 Mamoiada

Der »Carnevale« in Mamoiada ist ein uraltes, relativ düsteres Spektakel. Mamuthones, schwerfällige Zottelwesen mit schwarzen, verzerrten Holzmasken und zentnerschwerem Glockengeläut ziehen durch die Gassen, gejagt von den leichtfüßigen, rot-weiß kostümierten und unter weißen, hämisch grinsenden Keramikmasken verborgenen Issohadores, die sie mit Lassos einfangen, verspotten und durch den Ort treiben. Die Sarden sehen in dem Ritual eine Allegorie auf ihr eigenes Schicksal, die Wissenschaft einen archaischen, bis auf die Phönizier zurückgehenden Brauch, um die Dämonen des Winters zu vertreiben.

Im Museo delle Maschere Mediterranee sind Maskeraden aus den Barbagiadörfern und dem gesamten Mittelmeeraum ausgestellt – sie belegen Gemeinsamkeiten bezüglich Masken und Karnevalsbräuchen der dortigen Kulturen bis hin zu denen der Alpenländer, Spaniens und des Balkans. In Mamoiada lebt und arbeitet Ruggero Mameli, einer der letzten und besten Maskenschnitzer. Besuchen Sie sein eindrucksvolles privates Maskenmuseum und anschließend ihn in seiner Werkstatt, wo man die nach alten Vorlagen gefertigten Masken auch kaufen kann.
172 C3

Museo delle Maschere Mediterranee
Piazza Europa 15 ☎ 0784 56 90 18;
www.museodellemaschere.it
Di–So 10–13, 15–18 Uhr 4 Euro

Werkstatt Mameli
Via Antonio Crisponi 19, ☎ 0784 5 62 22;
www.mascheremameli.com

Museo Mameli
Corso Vittorio Emanuele 3

36 Orgosolo

Ein mit dem Bild der »Großgrundbesitzer Orgosolos« bemalter Fels

Einfach mal raus aus dem Alltag – z. B. beim Wandern auf Sardinien

begrüßt Sie am Eingang zur »Stadt der Murales«. Die Figur, häufig fälschlich als »fetter, gieriger Großgrundbesitzer« gedeutet, zeigt in Wahrheit einen Hirten, der den Horizont nach seiner Herde absucht. Die Geschichte der Murales in Orgosolo begann 1968 mit dem ersten Fassadenbild der Mailänder Anarchistengruppe Dioniso, das eine Landkarte von Italien zeigte, auf der anstelle von Sardinien ein großes Fragezeichen zu sehen war. Dies regte den Kunstlehrer Francesco del Casino an, mit seinen Schülern weitere Wände mit politischen und satirischen Inhalten zu bemalen. Über 150 dieser Wandmalereien verwandelten den lange als notorisches Banditennest verschrieenen Hirtenort in eine große Freiluftgalerie. Heute werden moderne Alltagsprobleme, Politik, aber auch folkloristische Traditionen oder so einschneidende Ereignisse wie die Anschläge vom 11. September 2001 in New York thematisiert. Am 15. August kann man in

Orgosolo mit der Festa dell'Assunta einen der schönsten Umzüge der Barbagia erleben.

172 C3

37 Gola Su Gorruppu

Die Su Gorruppu gehört zu den faszinierendsten Schluchten Europas. Ihre vom Fluss Flumineddu ausgewaschenen Kalksteinwände ragen bis zu 500 m steil in die Höhe. Farbe und das Mikroklima in der 8 km langen Schlucht machen eine Tour zu einem unvergesslichen Erlebnis – am besten mit guter Ausrüstung und einem Führer.

Von Dorgali aus nehmen Sie die untere Umgehungsstraße (SS125) nach Westen und folgen der Beschilderung zum Sant'Elene Hotel. Nach dem Hotel geht es noch weiter 4 km auf einspuriger Teerstraße bis zu einer Brücke, wo man parkt. Von hier aus sind es noch ca. 2 Std. zu Fuß bis zum Schluchteingang.

173 D3

Cooperativa Gorropu
Passo Silana SS125, km 183, Urzulei
333 8 50 71 57; www.gorropu.com

38 Monti del Gennargentu

Der Name des höchsten Bergmassivs auf Sardinien, des Gennargentu, bedeutet »Silberpass«. Im Winter sind die wilden Bergregionen des Parco del Gennargentu schneebedeckt. Die hochgelegenen Bergdörfchen dienen den Sarden als Sommerfrischen und eignen sich gut als Ausgangsorte für Wanderungen. Sardiniens höchstes Dorf, Fonni, liegt 1000 m über dem Meeresspiegel und ist das Tor zu den höchsten Gipfeln: Bruncu Spina (1829 m) und Punta La Marmora (1834 m). Letzterer belohnt bei klarem Wetter mit einem tollen Panoramablick über die Insel. Alternativ fährt man die Strecke zu der auf 1500 m Höhe gelegenen Talstation des Skilifts auf der Bruncu Spina und legt den dann recht einfachen Rest zu Fuß zurück.

Die Landschaft ist geprägt von Steineichen und Kastanienwäldern. Die unteren Hänge bedecken Weinberge mit den berühmten Cannonau-Trauben. Bekannt ist die Gegend aber auch für ihren Pecorino-Käse.

172 B1/2

Unterwegs in der Bergwelt des Gennargentu-Massivs

Wohin zum ...
Übernachten?

Preise
für ein Doppelzimmer pro Nacht:
€ unter 90 Euro **€€** 90–155 Euro **€€€** 155–250 Euro **€€€€** über 250 Euro

GOLFO DI OROSEI

Hotel Anticos Palathos €€–€€€
Ein Traum für Nostalgiker und Romantiker. Bezaubernder hist. Palazzo mit verspieltem stilvollen Innenleben und nur 11 individuell gestalteten Zimmern.
173 E4 Via Nazionale 51
0784 9 86 04, www.anticospalathos.com

Hotel Costa Dorada €€–€€€
Das charmante Hotel verfügt über 28 behagliche Zimmer, die mit traditioneller Note eingerichtet sind. Von der weinumrankten Terrasse genießen Sie eine tolle Sicht auf den Golf von Orosei. Mit der exklusiven Jacht *The Marlin* werden auch Touren zu versteckten Buchten und Stränden angeboten.
173 E3 Lungomare Palmasera 45, Cala Gonone 0784 9 33 32; www.hotelcostadorada.it April–Okt.

Hotel Il Querceto €€–€€€
Das Drei-Sterne-Haus im Südwesten der Stadt ist in einem für die Berge typischen Stil gehalten. Die großen, luftigen Zimmer besitzen alle einen Balkon mit Blick auf das Flumineddu-Tal. Es gibt einen schönen Garten und Tennisplätze.
173 D3 Via Lamarmora 4, Dorgali
0784 9 65 09; www.ilquerceto.com
ganzjährig

Hotel Nuraghe Arvu €€–€€€
Hoch über dem Meer gelegene, bildschöne Anlage mit toller Aussicht. Um den großen Pool herum gruppieren sich einstöckige Gebäude im sardomaurischen Stil mit insgesamt 50 stilvollen geräumigen Zimmern und Suiten (drei sind behindertengerecht). Alle Zimmer mit Terrasse oder Balkon. Eine kleine Oase, nur 800 m vom Zentrum – und doch fernab aller Hektik.
173 E3 Viale Bue Marino, Cala Gonone
0784 92 00 75; www.hotelnuraghearvu.com
15. April–15. Okt.

OLIENA

B & B Santa Maria €
Gepflegtes B&B in zentraler Ortslage in einem historischen Gebäude bei der Kirche. Es besitzt 6 einladend ausgestattete Zimmer mit modernen Bädern, eine große, teils überdachte Dachterrasse mit offener Küche, Liegestühlen und einer Aussicht über die Dächer der Altstadt bis zum Cedrino-Tal.
172 C3 Piazza Santa Maria, Ecke Via Grazia Deledda 76
0784 28 72 78; www.bbsantamaria.it
März–Nov.

Hotel Su Gologone €€€–€€€€
Das Hotel ist eines der schönsten der Insel und sein Restaurant erstklassig! Es liegt etwa 7 km östlich von Oliena nahe der Quelle Su Gologone in einem parkartigen Anwesen am Fuß des Supramonte. Die Anlage ist ein Hort für sardische Kunst, die Küche absolut authentisch. Es gibt 68 kunstvoll gestaltete Zimmer, dazu ein Beauty- und Wellness-Center, außerdem Ausflüge zu Pferd oder im Jeep in den Supramonte.
172 C3 Località Su Gologone
0784 28 75 12; www.sugologone.it
April–15. Dez.

Wohin zum ... Essen und Trinken?

Preise
für ein Menü (ohne Getränke):
€ unter 26 Euro €€ 26–55 Euro €€€ über 55 Euro

NÚORO

Bar Majore/Caffè Tettamanzi €

Das auch als Caffè Tettamanzi bekannte Café ist das älteste von Núoro und seit 1895 eine feste Institution der Stadt. Das mit Deckenfresken, vergoldetem Stuck und Antikmöbeln üppig ausgestattete Interieur ist der ideale Ort, um ein Stückchen Lokalkolorit zu genießen.
172 C4 Corso Garibaldi 71 Mo–Sa 6–2 Uhr, So 16–23.45 Uhr

Il Rifugio €€

Diese lebendige Trattoria/Pizzeria in der Nähe der Kirche Madonna delle Grazie ist bei den Einheimischen sehr beliebt. Zu den Spezialitäten gehören hausgemachte Pasta und Pizza. Schauen Sie mal den Pizzabäckern (*pizzaioli*) bei der Arbeit zu.
172 C4 Via Antonio Mereu 28/36 0784 23 23 55; www.trattoriarifugio.com Do–Di, Mai geschl.

S' Hostera Nugoresa €€

Traditionelle Nuoresische Küche nach alten Familienrezepten. Kleine einfache Trattoria mit kleiner aber feiner Karte und sehr gutem Preis-Leistungsverhältnis.
172 C4 Via Ferracciu 63 0784 380 7 01 43 55, www.facebook.com/hostera Mo. Ruhetag

GOLFO DI OROSEI

Colibrì €€

In diesem familiengeführten Lokal genießt man sardische Spezialitäten wie *cinghiale* (Wildschwein) und *porceddu* (Spanferkel). Auch die Fischgerichte sind erstklassig.
173 D3 Via Floris 7, Dorgali 0784 9 60 54; www.ristorantecolibridorgali.it geöffnet Feb.–Nov., So Ruhetag, Juli/Aug. tägl.

Cantina Vigne D´oro €€

Ein Bio-Weingut, auf dem der Chef Salvatore auch Küchenchef ist und die Adresse zum kulinarischen Highlight erhebt. Zur mediterranen Inselküche gibt es eine umwerfende Aussicht auf den Golf von Orosei. Reservierung wird empfohlen. Anfahrt: in Orosei beim DICO-Markt 2 km einspuriger Teerstraße folgen.
173 E4 Via Nazionale 214, Loc. Isteddu 0784 9 82 16 ganzjähig Mittag- und Abendessen, im Winter nur Sa/So

Costa Dorada €€

Von der weinüberrankten Terrasse dieses hübschen Restaurants blickt man auf den Golf von Orosei. Die Fischspecials (Tagesfang) und Fleischgerichte orientieren sich an traditionellen sardischen Rezepten.
173 E3 Lungomare Palmasera 45, Cala Gonone 0784 49 33 32 April–Okt.

Ristorante Albergo Sant'Elene €–€€

Rund 3 km außerhalb von Dorgali, etwas abseits der SS125, liegt das Lokal an einen Berghang. Der Blick von der Terrasse ist ebenso fantastisch wie die typisch regionale Küche: Spanferkel, Lamm, Fisch und hausgemachte Pasteten. Auch vegetarische Menüs und Pizza ergeben, mit einem guten Wein, eine runde Sache.

173 D3 Località Sant'Elene, Dorgali
0784 9 45 72; www.hotelsantelene.net
Sommer tägl., Winter Di–So

Ristorante Al Porto €€

Die Einheimischen lieben dieses Restaurant mit Blick auf den Hafen, wo der liebevoll »Pop« gerufene Wirt Simone Spanu Leckereien zaubert. Am Kai holt er sich von den Fischern Infos zum Tagesfang. Beispielsweise kommt perfekt zubereiteter »sardischer Kaviar« mit Spaghetti auf den Tisch.

173 E3 Hotel Pop, Piazza del Porto 2, Cala Gonone 0784 93185; www.hotelpop.it
tägl. Mittag- und Abendessen

Su Barchile €€–€€€

In diesem exzellenten, aber auch hochpreisigen Lokal wird viel Wert auf traditionelle Speisen und natürliche Aromen gelegt. Gourmets lieben Gerichte wie *porcetto* mit Myrte oder eine der 44 Fisch- und Meeresfrüchtevariationen. Himmlisch sind die Desserts mit dem Dessertwein *moscato*. Im Sommer ist es auf der Terrasse am schönsten.

173 E4 Via Mannu 5, Orosei
0784 9 88 79; www.subarchile.it
tägl. Mittag- und Abendessen

OLIENA

Ristorante Masiloghi €€

Kleines, charmantes Lokal mit ausgezeichneter regionaler Küche im stilvollen Gastraum. Hier gibt's *maccarrones a bocciu* (sardische Gnocchi) *malloreddus* (mit Schafskäse oder Ricotta gefüllte Ravioli) oder *pane frattau*, die sardische »Pizza«. Vieles kommt aus eigener Produktion, wie der süffige Rotwein »Su Durdurinu«, Olivenöl, Honig oder das *pane carasau*.

172 C3 Via Galiani 68, Oliena
0784 28 56 96; www.masiloghi.it
tägl. Mittag- und Abendessen

Su Gologone €€€

Das legendäre, aus einer Grillhütte am Wegesrand hervorgegangene und seither von der Familie Palimodde geführte Restaurant ist ein Hort für authentische sardische Küche bester Qualität. Im Su Gologone zu essen und zu nächtigen (► 99) ist ein unvergessliches Highlight.

172 C3 Hotel Su Gologone, Località Su Gologone 0784 28 75 12; www.sugologone.it
tägl. Mittag- und Abendessen; reservieren

GROTTA DI ISPINIGOLI

Hotel/Ristorante Ispinigoli €€

Unterhalb des Eingangs zur Grotte liegt das Restaurant einfach ideal, um sich auf der Panoramaterrasse die Zeit bis zur nächsten Führung zu vertreiben (jeweils zur vollen Stunde). Wählen Sie *à la carte* oder ein Menü mit Schwerpunkt Vegetarisch, Fisch, Meeresfrüchte oder Fleisch. Sagenhafte Weinkarte mit 600 verschiedenen Weinen.

173 E4 Grotta di Ispinigoli
0784 9 52 68; www.hotelispinigoli.com
April–Okt. tägl. Mittag/Abendessen

ORGOSOLO

Il Portico €

Einfache, unverfälschte traditionelle Hirtenküche im historischen Zentrum des Bergdorfs. Der hilfsbereite Besitzer organisiert auch Essen mit Hirten unter freiem Himmel sowie Murales-Führungen und gibt Tipps für Wanderungen und Ausflüge.

172 C3 Via Giovanni XXIII 34, Orgosolo
0784 40 29 29, www.ristoranteorgosolo.it
Ganzjährig geöffnet, So Ruhetag

Ristorante/Hotel Ai Monti del Gennargentu €€

Das einsam etwa 5 km außerhalb auf dem Pratobello unter alten Eichen gelegene rustikale Lokal offeriert echte Barbagia-Küche: Fleisch von Lamm, Ziege und Wildschwein, handgemachte Pasta, herzhafte Suppen und frisches Gemüse. Es werden auch Zimmer vermietet.

172 C3 Località Settiles 0784 40 23 74; aimontidelgennargentu.todosmart.net
Ostern–Okt. tägl. Mittag- und Abendessen

Wohin zum … Einkaufen?

NÚORO

Traditionelles Kunsthandwerk findet man in der **Nuova Casa dell' Artigianato** (Via Lamarmora 88), handgefertigte sardische Messer bei **Coltelli Sardi** (Corso Garibaldi 53), filigranen Goldschmuck im L'Etoile (Via Angioi 5), Spezialitäten wie kandierte Orangenschalen in der **L'Oasi Deliciosa** (Via Saregna 37).

DORGALI/OLIENA

Die Bergstädtchen Dorgali und Oliena sind für ihr Kunsthandwerk bekannt. Hier findet man Webarbeiten, Messer, Keramik und Leder. Eine gute Adresse für handgewebte Arbeiten ist **Angelina Carta** (Via Lamarmora 128). Hirtenmesser bietet **Luciano Spanu** (Via G. Deledda 17), Lederarbeiten findet man in Dorgali bei **Canzittu** (Via Lamarmora 76), in Oliena bei der **Calzoleria/Pelletteria Corrias** (Via G. B. Melis 10). Pecorino kauft man in Dorgali bei der Schäfereigenossenschaft **Coop Dorgali Pastori** (Loc. Golloi, www.dorgalipastori.it), Cannonau bei der **Cantina Sociale** (Via Piemonte 11, www.cantinadorgali.it), Nepente di Oliena bei der **Cantina Sociale** (Oliena, Via Núoro 1, www.cantinasocialeoliena.it).

Wohin zum … Ausgehen?

OUTDOORAKTIVITÄTEN

Die hügelige Landschaft um Núoro ist schön und wild. Die Bergwelt rund um Oliena ist voller Höhlen und Schluchten, in denen man ausgezeichnet klettern und wandern kann. Bei folgenden Anbietern kann man Wanderungen, Klettertouren und Exkursionen zu Höhlen und Schluchten am Golf von Orosei und im Gennargentu buchen: **Cooperativa Ghivine** (Via Lamarmora 69e, Dorgali; Tel. 0784 96721; www.ghivine.com) und **Cooperativa Gorropu** (Passo Silana, auf der Passhöhe an der SS125, Km 183, Urzulei; Tel. 333 8507157; www.gorropu.com).

Mit **Barbagia Insolita** (Corso Vittorio Emanuele 48, Oliena; Tel. 0784 286005, www.facebook.com/barbagia.insolita) erkundet man die Gegend per Jeep oder Quad. Cala Gonone ist auch als **Tauchspot** bekannt, und so gibt es hier etliche Clubs, z. B. Argonauta (Via dell'Erica, Tel. 347 53 040 97, www.facebook.com/www.argonauta.it). Zum Angebot gehören Schnorcheln mit professionellen Guides und Tauchgänge zu Wracks aus dem Zweiten Weltkrieg und in Höhlen.

NACHTLEBEN

In puncto Nachtleben stößt man in diesem Teil der Insel schnell an Grenzen. Ganzjährig geöffnete Clubs und Discos findet man nur in Núoro. Dazu gehören die Disco **KillTime** (Via Mereu 45) und der Latino-Club **La Boca Chica** (Via Mughina 94). Livemusik bietet **La Grotta Dei Poeti** (Via Marconi 7). In den Küstenorten sind die Clubs und Discos nur in der Saison geöffnet. Abtanzen kann man im Discoclub **Long Coast Bay** in Cala Gonone (Spiaggia di Palmasera) oder im **Oasi** in Orosei (Via Nazionale 161). Entspannung mit Blues-Musik bietet der **Roadhouse Pub** in Cala Gonone (Lungomare Palmasera 28), Cocktails, Livemusik gibt's am Hafen im **Su Recreu** (Piazza Andrea Doria). In Orosei lockt die Szenebar **Yesterday** mit Livemusik (Via Nazionale 48).

Sássari und der Nordwesten

Kleine Erlebnisse

Das beste Eis in Alghero

Das beste Eis gibt es bei der **Gelateria auf der Bastione**, die außerdem den interessantesten Abfalleimer Sardiniens hat (➤ 110).

Malvasia di Bosa

Bei Käse, Oliven und Brot in der **Enoteca der Familie Columbu** in Bosa schmeckt der Malvasier gleich noch einmal so gut (➤ 124).

Unter Geiern

Vom Parkplatz beim Capo Marargiu aus, auf der Küstenstraße von Alghero nach Bosa, sieht man **Gänsegeier** kreisen (➤ 120).

Erste Orientierung

Sardiniens Nordwesten ist vielseitig: Touristischer Hotspot ist das quirlige Alghero mit dem Capo Cáccia. Beschaulich dagegen zeigt sich das malerische Städtchen Bosa am Ufer des Riu Temo. Urbanes Zentrum ist Sássari, Sardiniens zweitgrößte Stadt. Einen der schönsten Strände findet man im abgelegenen Stintino, von wo aus Boote zur Nationalparkinsel Asinara verkehren. Imposante Spuren der Nuragher-Kultur entdeckt man im Landesinneren, kulturhistorisch bedeutende Sakralbauten entlang der »Straße der Kirchen«.

Der Parco Nazionale dell'Asinara auf der gleichnamigen Insel vor der Nordküste ist Heimat der weißen Eselchen und gesäumt von Buchten mit weißem Sand und türkisblauem Wasser. Hinüber kommt man vom kleinen Badeort Stintino aus, der mit der umwerfend schönen Spiaggia della Pelosa einen Traumstrand besitzt. Die benachbarte Hafenstadt Porto Torres ist ein attraktives Ausflugsziel mit einigen herausragenden Sehenswürdigkeiten wie der großartigen Basilika San Gavino. Sie ist durch die Schnellstraße Carlo Felice mit dem vom Tourismus noch recht unberührten Sássari verbunden. Die lebendige Universitäts- und Handelsstadt hat ein historisches Zentrum mit verwinkelten Gassen und kleinen Läden, Werkstätten, Cafés und Bars.

Mit einem charmanten, von spanisch-katalanischer Architektur geprägten mittelalterlichen Gassengewirr und schönen Stränden lockt Alghero zahlreiche Besucher an. Vom Hafen verkehren die Ausflugsboote zur Grotta di Nettuno am Capo Cáccia. Die Straße entlang der wildromantischen, menschenleeren Küste zwischen Alghero und Bosa, wo Gänsegeier nisten, ist eine der schönsten Küstenstraßen der Insel. Im Landesinneren kann man im Valle dei Nuraghi die Nuraghe Su Antine sehen, die spektakulären Höhlengräber Sant Andria Priu bei Bonorva besuchen oder Sa Coveccada, das imposanteste Großsteingrab im Mittelmeerraum.

Die Marina in Alghero

TOP 10

Nach Lust und Laune!

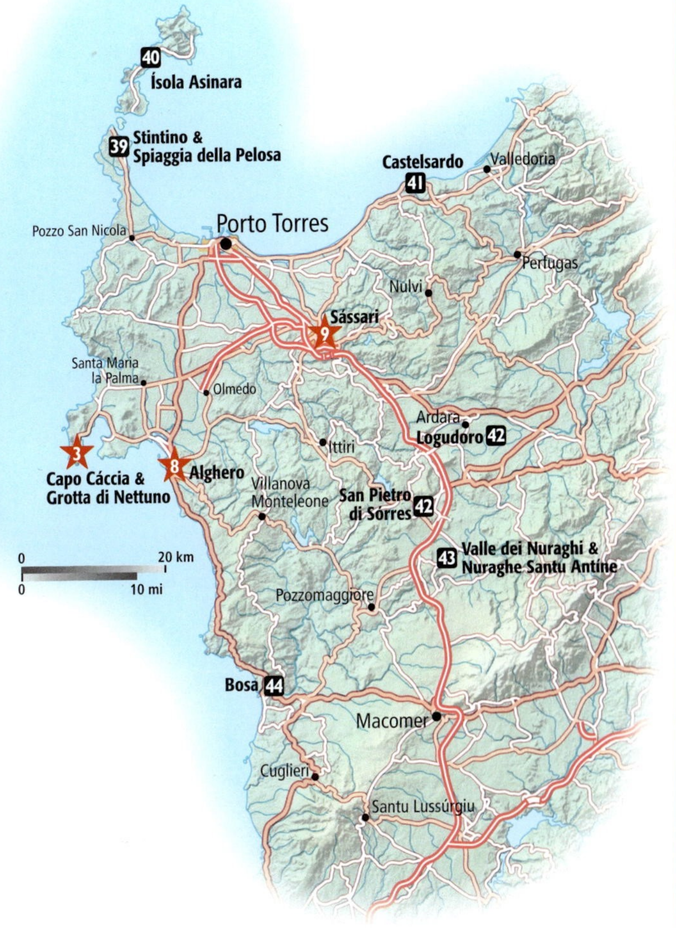

In drei Tagen

Die folgende Route ist eine Möglichkeit, wie Sie einige der interessantesten Sehenswürdigkeiten in Sássari und im Nordwesten der Insel in drei Tagen erleben können, ohne dabei ein Highlight zu verpassen. Die einzelnen Sehenswürdigkeiten werden im Folgenden (➤ 108ff) näher beschrieben.

Erster Tag

Morgens

9 **Sássari** (oben; ➤ 112) und seine Altstadt laden dazu ein, beim Bummeln und Shoppen das pulsierende mediterrane Leben der Stadt zu genießen. Weil es nicht allzu viele herausragende Sehenswürdigkeiten gibt, kann man das ziellose Umherschlendern umso mehr genießen. Bedeutendstes Bauwerk ist der barocke Duomo an der gleichnamigen Piazza. Für die Sassaresen mindestens ebenso wichtig ist die Kirche Santa Maria di Betlem, denn sie verwahrt die *candelieri*, die gigantischen Holzleuchter, die bei der berühmten gleichnamigen Prozession durch die Stadt getragen werden. Nach einem stärkenden Kaffee im Florian in der Via Roma sollte man nicht versäumen, durch die Neustadt mit ihren zahlreichen großen Geschäften zu spazieren.

Mittags

Um Sássaris Spezialität *faine* (eine Art Pizza aus Kichererbsenmehl) kennenzulernen, geht man zurück in die Altstadt, und zwar ins Da Benito (Via Sant'Apollinare 37), denn die *faine* dort gilt als die beste der ganzen Stadt.

Nachmittags
Fahren Sie nach 8 **Alghero** (rechts; ➤ 110) und halten Sie Siesta am langen Strand (am besten an der Spiaggia Maria Pia). Danach bummeln Sie durch die Gassen, und zum Sonnenuntergang geht's auf die Stadtmauer zur Buena Vista-Bar, um die Sonne hinterm Capo Cácchia versinken zu sehen. Für das Abendessen empfiehlt sich die Trattoria Caragol (Via Maiorca 69), zum Übernachten das Hotel Angedras.

Zweiter Tag

Morgens
Entlang der Riviera del Corallo gelangt man zum Capo Cáccia. Der Weg führt vorbei an Fertilia und den Stränden Le Bombarde und Lazaretto zur Bucht Porto Conte. Nach einem Besuch der 3 **Grotta di Nettuno** (➤ 108) geht es über Palmadula und Pozzo San Nicola nach 39 **Stintino** (➤ 116).

Mittags
Nach einer Badepause am Pelosa-Strand genießt man den Blick auf die Insel Asinara von der idyllisch in den Dünen gelegenen Bar I Ginepri aus.

Nachmittags
Jetzt geht es entlang der Küste über Porto Torres in das Küstenstädtchen 41 **Castelsardo** (➤ 116). Spazieren Sie dort zum Castello. Zum Abendessen und Übernachten empfiehlt sich das Hotel Baga Baga, ca. 1 km außerhalb.

Dritter Tag

Morgens
Durch die Berge fährt man nach Borutta zum Kloster San Pietro di Sórres (➤ 117) und zum Dolmen Sa Coveccada bei Mores. Weiter geht's ins Valle di Nuraghi zur 43 **Nuraghe Santu Antine** (➤ 117). Von dort ist es nicht weit zur Nekropole Sant'Andria Priu.

Mittags
Stärken Sie sich im Restaurant Su Lumarzu im »Geisterdorf« Rebeccu (7 km von Bonorva).

Nachmittags
Zurück an Küste im malerischen Städtchen 44 **Bosa** (➤ 120), lohnt es sich, durch die engen Gassen zum Castello zu spazieren. Einkehren kann man im romantischen Hotel Palazzo Sa Pischedda (➤ 121).

3 Capo Cáccia & Grotta di Nettuno

Das Capo Cáccia westlich von Alghero ist eine der Topattraktionen der Insel. Über 135 Mio. Jahre lang haben Wind und Wasser die Kalksteinfelsen der Klippen am Capo Cáccia in Form geschliffen. Am Aussichtspunkt an der Spitze eröffnet sich ein grandioses Panorama über die Landzunge und die Ísola Foradada, während die schwindelerregende Escala del Cabirol (auf Katalan »Ziegenstiege«) über 654 direkt in die senkrecht abfallenden Küstenklippen hinab zur Grotta di Nettuno führt.

Diese faszinierende Tropfsteinhöhle mit See wird der mythischen Behausung der Wassernymphen nach **Neptunsgrotte** genannt. Und tatsächlich gleicht sie mit ihren zahllosen Stalaktiten und Stalagmiten in den bizarrsten Formen einem unterirdischen Märchenwald, bevölkert von allerlei Fabelwesen in Menschen-, Baum- und Tiergestalt. Das Ganze ist in das grünblau, weiß, gelb und orange schimmernde Licht der phosphoreszierenden Felskristalle getaucht.

Eine Führung bringt Sie 200 m tief ans Ufer des Salzwassersees **Lamarmora** (»Acquasantiera« – das heilige Wasserbecken), vor dem sich ein 2 m hoher Stalagmit erhebt. Im Übergang des schwindenden Tageslichts und dem Dunkel der Höhle wirken Formen wie die Tropfsteinorgel wie von Leben beseelt. Die Führer erinnern sich gerne an die Zeit, als die Besucher noch über den mit Tausenden von schwimmenden Kerzen erleuchteten See rudern durften. Lassen Sie Ihrer Fantasie freien Lauf und stellen Sie sich die magische Atmosphäre in der großen Kammer vor, in der die winzigen Lichter tanzende Schatten an die Wände und das ruhige Wasser malten.

Schon am Eingang zur Grotta di Nettuno warten skurril geformte Kalksteinfelsen

Der Weg zu Neptuns Grotte

Von Alghero gibt es zwei Möglichkeiten, zur Grotte zu gelangen. Am Hafen können Sie ein **Ausflugsboot** nehmen, das Sie in etwa einer Stunde vorbei am Kap Galera, den Klippen des Punto Giglio und um das Capo Cáccia herum direkt zum Eingang der Höhle am Fuß des senkrecht aufragenden Kliffs bringt.

Alternativ fahren Sie 24 km mit dem **Auto** von Alghero über die Panoramastraße SS127, die sich über das Cáccia-Kap schlängelt und reizvolle Blicke auf die Bucht von Porto Conte, Alghero und die Küste bis hinab nach Bosa eröffnet. Am Capo Cáccia kann man parken.

KLEINE PAUSE

Am Parkplatz serviert eine **Bar** Erfrischungen und Eis.

Die Stufen zur Grotte hinunter schmiegen sich an die Felsen

166 A2 Grotta di Nettuno 079 94 65 40 Führungen (ca. 45 Min.) April–Okt. tägl. 9–19 Uhr, Nov.–März 10–15 Uhr, nur bei ruhiger See 13 Euro Ab Hafen Alghero: Linea Grotte Navisarda 079 95 06 03; www.navisarda.it 16 € (ohne Höhle); Linea Grotte Attilio Regolo 368 3 53 68 24; www.grottedinettuno.it 15 € (ohne Höhle)

BAEDEKER TIPP

Wer Gehprobleme hat oder körperlich nicht ganz fit ist, sollte den Abstieg zur Höhle über die 654 steilen Stufen der Escala del Cabriol meiden! Wer den Weg nutzen möchte, tut das am besten schon vormittags, denn ab dem frühen Nachmittag brennt die Sonne unbarmherzig in die senkrecht abfallenden Felswände und macht spätestens dann den Aufstieg zurück zum Parkplatz zur schweißtreibenden Tortur!

8 Alghero

Auf einer Landzunge zwischen weißen Stränden an der sardischen »Korallen-Riviera« liegt das malerische, spanisch geprägte Seebad Alghero mit seinen Türmen und trutzigen Befestigungsanlagen, die auf die Bedeutung der Stadt im Mittelalter hinweisen. Seit dem 14. Jh. siedelten hier Katalanen, deren sprachliches Erbe heute noch lebendig ist. Die schmalen Gassen der hübschen Altstadt sind gesäumt von zahlreichen Bars, Restaurants und Läden.

***Bastoni* (Befestigungsmauern) säumen das Meeresufer**

Auf Entdeckungstour in der Altstadt

Die Touristeninformation an der stets belebten Piazza Porta Terra, einst das Haupttor zur Stadt, eignet sich prima als Ausgangspunkt für einen Altstadtbummel. An der Piazza, auf der sich die Algheresen gerne in den Bars und Cafes treffen, erhebt sich die wuchtige **Torre di Porta Terra**. Nur wenige Schritte entfernt glänzt die farbenprächtige Majolikakuppel der **Chiesa di San Michele** in der Sonne.

Zahlreiche, Läden, Bars, Cafés und Restaurants säumen die engen Altstadtgassen, die oft auf eine kleine Piazza münden. Selbst die »Hauptstraße« des Viertels, die Via Carlo Alberto, entpuppt sich als eine ziemlich enge Gasse.

Die Stadtsilhouette beherrschen der Turm und die farbenprächtige Keramikkuppel von **San Michele**, der bedeutendsten Barockkirche der Insel mit reichen Stuck und schönen Altargemälden. In der Kirche **San Francesco** mit stattlichem aragonesischem Spitzturm finden an den Sommerabenden Konzerte statt.

Die **Cattedrale** mit Riesenkuppel (18. Jh.) und achteckigem Glockenturm präsentiert sich als Sammelsurium verschiedener Baustile.

Stadt am Meer

Die *bastoni* (Stadtmauern) sind perfekt für eine entspannte *passeggiata* über dem Meer und besonders romantisch am Abend, wenn die Sonne glutrot hinter dem Capo Cáccia versinkt. Dann trifft man sich besonders gern in der Bar Buena vista Sunset Club. Wer keinen Platz bekommt, lässt sich mit seinem *aperitivo* einfach auf der Mauer nieder.

KLEINE PAUSE

Perfekt für eine Pause ist die **Focacceria Milese** an der Hafenpromenade (Via Garibaldi 11), dort gibt's u. a. exzellente Foccace.

166 B2

Tourist-Information
166 B2 Largo Lo Quarter
079 97 90 54;
www.alghero-turismo.eu

Manche Teile der Klosterkirche San Francesco gehen auf das 13. Jh. zurück

Chiesa di San Michele
166 B2 Largo S. Francesco eine halbe Stunde vor Messebeginn, Messen Mo–Fr 10 Uhr, Sa 10 u. 18.30 Uhr, So 9 u.18.30 Uhr

Chiesa di San Francesco
166 B2 Via Carlo Alberto Mo–Sa 9.15–12.30 Uhr u. 17–18.30 Uhr, Di–Fr abends 16.30–18.30 Uhr, So 17–18 Uhr

Cattedrale Santa Maria
166 B2 Piazza Duomo Kathedrale tägl. 7.30–19.30 Uhr; Turm Juni, Sept., Okt. Mo, Di, Fr 10 –12.30 , Juli 11–13 u. 19–21.30 Uhr, Aug. Mo, Di, Do, Fr, Sa 10.30–13 Uhr frei, Turm: 2,50 Euro

BAEDEKER TIPP

Etwa 9 km nördlich von Alghero liegt gleich an der SS291 die **Necropoli di Anghelu Ruju**, eine der bedeutendsten prähistorischen Stätten Sardiniens. Die Felsengräber liegen in den Weinfeldern des bekannten Weinguts Sella & Mosca, das einige der besten Weine der Insel produziert.
Necropoli di Anghelu Ruju: April–Okt. tägl. 9–19 Uhr, Nov.–Febr. 10–14 Uhr, März 9.30–16 Uhr, Eintritt 3 Euro; Sella & Mosca Vinothek: Mo–Sa 9–18 Uhr, Juni– Sept. bis 20 Uhr; Führungen: Juni–Sept. Mo–Sa 17.30 Uhr, sonst nach Anmeldung unter www.sellaemosca.it oder Tel. 079 99 77 00.

9 Sássari

Sássari ist nach Cagliari die zweitwichtigste Stadt Sardiniens – auch wenn ihre Bewohner das umgekehrt sehen. Sie hat Stil, eine lebendige Cafészene, mit dem *centro storico* außerdem einen interessanten historischen Stadtkern und steckt voller mediterraner Lebensfreude. An der inselältesten Universität studierten Politiker wie Antonio Segni, Francesco Cossiga und Enrico Berlinguer.

Die mittelalterliche Stadt

Der **Duomo di San Nicola** im Herzen des *centro storico* geht aufs 15. Jh. zurück, besticht aber besonders durch die üppige Barockfassade aus dem 18. Jahrhundert. Im Vergleich dazu fällt das Innere eher schlicht aus, beeindruckt aber mit allerlei Kunstschätzen – wie dem Hochaltarbild *Madonna del Bosco* aus dem 16. Jh. und dem Chorgestühl aus Walnussholz.

Die kunstvoll verzierte Fassade von San Nicola

Ein Spaziergang durch die quirligen engen Gassen der mittelalterlichen Altstadt führt Sie früher oder später zum **Corso Vittorio Emanuele II**. Hier reihen sich wunderschöne *Palazzi* mit schmiedeeisernen Balkonen aneinander. Einige verfallen mehr und mehr, andere wurden restauriert – z. B. das **Teatro Cívico** im neoklassizistischen Stil. Äußerlich am Turiner Teatro Carignano orientiert, ist das erlesene Interieur eine Miniversion der Scala in Mailand.

Etwas nördlich stoßen Sie am Corso Trinità auf Reste der **mittelalterlichen Stadtmauer** und den nahen Renaissancebrunnen **Fontana di Rosello** aus weißem und dunklem Marmor. Jede Ecke schmückt eine Figur der vier Jahreszeiten und das Wasser läuft aus vier Delfinköpfen und acht Löwenmäulern heraus.

Unweit der Stelle, wo einst die alte Stadtmauer verlief, erhebt sich an der Piazza di Santa Maria die im Jahr 1106 gegründete **Chiesa di Santa Maria di Betlem**. Ihre schöne Fassade ist romanisch, im Innern bestimmt prächtiger Barock das Bild. In den Seitenkapellen werden die riesigen Holzkerzen (*candelieri*) der mittelalterlichen Zünfte der Stadt aufbewahrt. Jährlich am 14. August, am Vorabend von Mariä Himmelfahrt, kommen die über 4 m hohen und 310 kg schweren Kolosse aus bunt bemaltem Holz beim *I-Candelieri*-Fest (➤ 17, 44) zum Einsatz.

BAEDEKER TIPP

Das **Museo Nazionale G.A. Sanna** ist neben dem Archäologischen Nationalmuseum in Cagliari das wichtigste archäologische Museum Sardiniens. Ihm angeschlossen ist die Pinakothek mit Werken sardischer Künstler und eine ethnografische Sammlung (Via Roma 64, Tel. 079 27 22 03, www.museosannasassari.beniculturali.it, Di–So 9–20 Uhr, Eintritt 4 Euro). Ein Museum mit Einkaufsmöglichkeiten für das vielfältige sardische Kunsthandwerk ist der mitten im grünen Giardino Púbblico (Stadtpark) gelegene **Padiglione l'Artigianato »Eugenio Tavolara«** (z.Zt. wg. Umbau geschlossen).

Rund um die Piazza d'Italia

Alle Wege führen zur **Piazza d'Italia** im Herzen der Stadt. Empfehlenswert ist ein Spaziergang über die vom Platz abgehende **Via Roma**, das Zentrum der lebendigen Cafékultur der Stadt.

KLEINE PAUSE

Genehmigen Sie sich ein Glas im **Caffè Florian** an der Piazza d'Italia (➤ 122).

166 C/D3

Duomo di San Nicola
Piazza Duomo · Mo–Sa 8.30–12, 16–19, So 8.30–11.45, 17–19 · frei

Chiesa di Santa Maria di Betlem
Piazza di Santa Maria · wie Duomo di San Nicola · frei

Der Palazzo della Provincia an der Piazza d'Italia, dem vornehmsten Platz von Sássari

Von Kirchen und Kühen

Einsam in einer weiten Talmulde des Logudoro erhebt sich imposant die Santíssima Trinità di Saccargia (➤ 117). Schlicht und doch beeindruckend ist ihr hell und dunkel gestreiftes Mauerwerk, das toskanische Einflüsse verrät. Will man der Legende glauben, so kniete an jener Stelle, an der die Kirche gebaut wurde, einst eine Kuh zum Gebet nieder. Daher leitet sich womöglich auch der Name der Kirche ab: »sa acca argia« (die gefleckte Kuh).

1 **Glockenturm:** Der quadratische Turm, dessen Höhe noch durch die Lisenen (senkrechte, schwach hervortretende Mauerstreifen) optisch verstärkt wird, ist 41 m hoch, 8 m lang und 8 m breit.

2 **Portikus:** Die Vorhalle zeigt auf ihren Kapitellen und Bogenfriesen neben Pflanzen auch Tiere und monsterhafte Wesen. Die friedlich ruhenden Kühe am linken Eckpfeiler ähneln den Tierdarstellungen über der Gründungsinschrift (1174) am Schiefen Turm von Pisa und nehmen eventuell Bezug auf den Namen der Kirche: »sa acca argia« heißt zwar »die gefleckte Kuh«, möglich wäre aber auch die Ableitung von »sa accargia«, was »die Kuhhirtin« bedeutet. Dieser Portikus ist einmalig unter den sardischen Kirchen.

3 **Fassade:** Die Fassade ist mit zwei Reihen von Bögen geschmückt. Darin befinden sich farbig gestaltete Rosetten. Im mittleren Bogen gibt es eine kreuzförmige Öffnung.

4 **Innenraum:** Der mit einem Holzbalkendach versehene Innenraum der einschiffigen Kirche ist von ausgesuchter Schlichtheit. Er wurde erst nach der Apsis von 1116 errichtet.

5 **Fresken:** Auf Sardinien einzigartig sind die byzantinisch beeinflussten Fresken in der Mittelapsis (13. Jh.). Vermutlich wurden sie von einem pisanischen Künstler geschaffen zählen und zu den wenigen erhaltenen Werken der romanischen Freskenmalerei in Italien.

Bunte Akzente zieren die Rosetten an der Fassade

Der Innenraum beeindruckt gerade durch seine Schlichtheit

Nach Lust und Laune!

Die Boote im Hafen von Stintino warten auf ihre nächste Fahrt aufs Meer

39 Stintino & Spiaggia della Pelosa

Das freundliche Fischerstädtchen Stintino liegt auf einer Landzunge zwischen zwei Buchten. Darin dümpeln kleine, bunte Fischerboote, in den Gassen findet man einladende Bars, Cafés und Restaurants. Von Stintino aus starten Ausflugsboote zur Insel Asinara.

Die berühmte Spiaggia La Pelosa liegt einige Kilometer außerhalb. La Pelosa, »die Haarige«, ist einer der zauberhaftesten Strände Sardiniens und wird wegen seiner paradisischen Schönheit häufig als Kulisse für Werbeaufnahmen genutzt. Südseeflair pur – mit goldgelbem, sehr sanft abfallendem Strand (super für Kinder), den unglaublichen Farben des Wassers und einem malerischen Sarazenen-Turm. Einfach nur schön!

Stintino: 166 B4;
Spiaggia La Pelosa: 166 B4

40 Ísola Asinara

1997 wurde Italiens »Alcatraz«, die Hochsicherheits-Gefängnisinsel Asinara, zum Nationalpark erklärt (www.parcoasinara.org). Ihren Namen verdankt sie den weißen Eseln, die darauf leben. Bootsexkursionen mit Führung durch die ehemaligen Gefängnisanlagen werden angeboten. Auf der Insel verkehren eine kleine Bahn und ein Bus, im Hafen Fornelli gibt es einen Fahrradverleih. Verpflegung bietet eine Bar bzw. ein Ristorante in der Cala Reale, Unterkunft findet man im einfachen Ostello di Cala di Oliva (www.sognasinara.it).

166 B5

41 Castelsardo

Das mittelalterliche Kastell von Castelsardo sitzt trutzig auf einem Fels, um dessen Fuß sich die Häuser der Altstadt scharen. Im 12. Jh. als Castelgenovese, Mitte des 15. Jhs. als Castelaragonese bekannt, gehören die Tage seiner hohen strategischen Bedeutung heute der Vergangenheit an. Seiner Rolle als Wahrzeichen der Stadt tat dies aber keinen Abbruch. Ein Besuch der Altstadt mit ihren steilen Treppen und engen Gassen lohnt sich: Es locken Sehenswürdigkeiten wie die Cattedrale di Sant'Antonio Abate. Eine fantastische Sicht hat man von der Burg aus – an klaren Tagen reicht sie bis Korsika. Ansonsten ist die Stadt für ihre Handwerkskunst berühmt, insbesondere für die Korbflechterei *(l'intreccio)* – im Kastell gibt es dazu ein Museum.

167 D4

Cattedrale di Sant'Antonio Abate
Juni–Sept. tägl. 10–13, 15–22 Uhr
3 Euro

Museo dell'Intreccio Mediterraneo (Museum für Flechtkunst)
Via Marconi 1
079 47 13 80, www.mimcastelsardo.it
Juli tägl. 9–24 Uhr; Aug. 9–1 Uhr; Mai, Juni, Sept. 9–21 Uhr; Okt., Nov. 9–19 Uhr 3 Euro

42 Logudoro & San Pietro de Sórres

Der Logudoro (»goldener Ort«) südlich und östlich von Sássari ist eine anmutige Hügellandschaft mit so vielen romanisch-pisanischen Kirchen, dass die SS597, die hier nach Ólbia abzweigt, auch »Straße der Kirchen« genannt wird. Rund 16 km südöstlich von Sássari fesseln die **Basilica SS Trinità di Saccargia** aus dem 12. Jh. und ihr über 40 m hoher Campanile den Blick. Das Gotteshaus mit dem Streifenmuster aus dunklen Basaltsteinen und hellem Kalkstein ist ein typischer Vertreter des romanisch-pisanischen Stils (► 114f). Etwa 16 km weiter östlich kommt neben der SS597 die majestätisch auf einer Anhöhe thronende Ruine der Kirche Sant'Antíoco di Bisarcio (11. Jh.) in Sicht, die pisanische und französische Einflüsse aufweist. Der 1503 zerstörte Sakralbau hinterlässt trotz oder gerade wegen seiner Unvollkommenheit einen starken Eindruck. Besonders schön ist es spätnachmittags, wenn die Sonne die Kirche erstrahlen lässt. Wenige Kilometer entfernt liegt der Schwarze Dom in Ardara mit einem prunkvollen Hochaltar, der als der schönste und bedeutendste Sardiniens gilt. Die Kirchentour endet auf einem Hügel nahe Borutta mit einem weiteren Juwel pisanischer Kirchenbaukunst: die Kirche des Benediktinerkloster San Pietro di Sórres mit ihrer Fassade aus hellem Kalkstein und schwarzem Trachyt.

Basilica SS Trinità di Saccargia
167 D2 April–Okt. Di–So 9.30–13.00, 15.00–19 Uhr 3 Euro

Sant'Antíoco di Bisarcio
167 E2 Mai–Sept. Di–So 9.30–13 u. 15–19 Uhr, Okt.–April Di–So 10–13 u. 14–18 Uhr 2 Euro

San Pietro di Sórres
167 E1 Mo–Sa 9–12.30, 15.30–18 Uhr, So 8–11, 14–16, 17–18 Uhr
www.sanpietrodisorres.net

43 Valle dei Nuraghi & Nuraghe Santu Antine

Torralba bildet den Eingang zum *Valle dei Nuraghi* (Tal der Nuraghen), ca. 30 km südlich von Sássari. Dort sind die Spuren der Nuragher allgegenwärtig und der größte Komplex ist die **Nuraghe Santu Antine** (► 118f). Der Mittelturm (heute 17 m) war zur Entstehungszeit um 1500 v. Chr. vermutlich an die 22 m hoch. Der Grund für die verlorenen Höhenmeter kommt

Castelsardo und die mittelalterliche Burg

Dunkle Mauermassen

Santu Antine (► 117) gehört zu den größten Nuraghen-Komplexen auf Sardinien. Mit ihren Mauern und dem hohen Mittelturm bildet er in einer flachen Quellsenke einen interessanten Blickfang und repräsentiert einen Machtanspruch, der durch die Schönheit und Größe der Anlage noch unterstrichen wird. Einst kontrastierte man den schwarzen Bau mit weißem Kalk rundherum. Die Sarden nennen die Festung »Haus des Königs« (Sa Dómu de su Réi).

1 Mittelturm
Seine Höhe muss ursprünglich 22 m erreicht haben. Unten befindet sich ein großer Kuppelraum, umgeben von einem Ringkorridor. Eine im Mauerwerk angelegte Treppe führt in den ersten Stock, der offenbar als Versammlungsraum des »Ältestenrats« benutzt wurde; der umlaufende Steinsockel diente als Sitzbank. Von der Mitte des Raums fällt der Blick durch das Fenster zur 800 m entfernten Nuraghe Oes, mit der man in Sichtkontakt stand. Die Treppe steigt weiter zum zweiten Stock auf 17 m Höhe an, dessen Kragkuppel aber nicht mehr erhalten ist.

2 Ecktürme
Die Erweiterung der Festung erfolgte durch den Anbau von drei Ecktürmen, die durch zyklopische Mauern miteinander verbunden sind. Sie überragten die Plattform der Dreiecksbastion.

3 Innenhof
In den geräumigen, rund 100 m² großen Innenhof mit Brunnen münden der Haupteingang sowie die Eingänge der beiden vorderen Ecktürme und des Mittelturms. Der Platz war Waffenhof und Koordinationsstelle mit Verbindungswegen zu allen Teilen der Nuraghen-Burg.

4 Wehrmauern
Beeindruckend sind die doppelstöckigen Wehrmauern, die zum hinteren Turm führen und eine rasche Bewegung der Soldaten in der Bastion ermöglichten. Durch Schlitze fällt Licht in die Wehrgänge; vielleicht dienten die Öffnungen auch als Schießscharten.

Nuraghe Santu Antine

Die imposante Nuraghe Santu Antine wird auch Königs-Nuraghe genannt

Auch das Innere der Nuraghe ist beeindruckend

einem Sakrileg gleich: Im 19. Jh. wurde er teilweise abgetragen, um Material für den Dorfbrunnen von Torralba zu bekommen. Später wurden dem Hauptturm drei weitere hinzugefügt. Im Mittelturm führt eine Art Wendeltreppe nach oben. Die Römer bauten die Anlage zur Festung aus, die frühen Christen nannten sie »Sa Domo de Su Rei«.

Von Santu Antine ist es nicht weit bis zum Gräberkomplex **Sant'Andrea Priu**, der zwischen 4000 und 3000 v. Chr. nahe Bonorva in eine Felswand gehauen wurde und den frühen Christen als Kultraum diente. Besonders beeindruckend ist das »Tomba del Capo«, das Häuptlingsgrab – das größte Sardiniens.

167 E1

Nuraghe Santu Antine
ca. 4 km südlich von Torralba; www.nuraghesantuantine.it April–Sept. tägl. 9–20 Uhr, Okt.–März 10–17 Uhr 6 Euro

Sant'Andrea Priu
März–Okt. tägl. 10–13 u. 15–17.30 Uhr 3,50 Euro

Dolmen Sa Coveccada
Anfahrt auf der SP47 von Mores Richtung Bono bis Hinweisschild Frei zugänglich

44 Bosa

Die 42 Kilometer von Alghero nach Bosa (SP105) entlang der unbesiedelten, wildromantischen Küste sind eine wunderschöne Küstenstraße. In den **Klippen am Capo Marargiu** nistet eine Kolonie von rund 100 Gänsegeiern – selbst Kinder geraten hier ins Staunen. Das charmante Bosa liegt am Ufer des Temo. Über der Stadt wacht das **Castello Malaspina**, in dessen Kapelle Nostra Signora di Regnos Altos man einen Freskenzyklus aus dem 14. Jh. bewundern kann. Unterhalb des Burgbergs ist die mittelalterliche Altstadt sehenswert.

Ein Spaziergang führt entlang dem Temo zur einsamen, aus rotem Trachyt erbauten Kirche **San Pietro Extramuros**. Das Gotteshaus von 1073 gehört zu den ältesten romanischen Sakralbauten der Insel.

An der Mündung des Temo liegt Bosa Marina mit einem breiten, von Bars gesäumten Strand.

170 C5

Castello Malaspina
333 5 44 56 75; www.castellodibosa.it tägl. März/Nov. Mo–Fr 10–13, Sa/So 10–16, Dez.–Febr. Sa/So 10–16, April–Juni 10–19, Juli/Aug. 10–19.30, Sept. 10–18, Okt. 10–17 Uhr 4 Euro

Cattedrale romanica di San Pietro extramuros
April–Juni tägl. 9.30–12.30, 15.30–17.30 Uhr, Juli/Aug. 9.30–12.30, 16–18 Uhr, Sept. 9.30–12.30, 15–17 Uhr, Okt. 9.30–12.30 Uhr 2 Euro

Bosa: Altstadtidyll zu Füßen des Castello Malaspina

Wohin zum...
Übernachten?

Preise
für ein Doppelzimmer pro Nacht:
€ unter 90 Euro **€€** 90–155 Euro **€€€** 155–250 Euro **€€€€** über 250 Euro

SÁSSARI

Hotel Vittorio Emanuele €–€€

Der frühere Palazzo im Herzen der Stadt wurde gründlich renoviert. Alle Zimmer sind ausgewählt und komfortabel in modern reduziertem Stil eingerichtet, der mit den vielen Bildern an den Wänden gut harmoniert. Das Restaurant Platha de Cothinas ist wirklich gut und der rustikale Keller eignet sich perfekt für eine interessante Weinprobe.

166 C/D3 Corso Vittorio Emanuele II 100/102 079 23 55 38; www.hotelvittorioemanuele.ss.it

ALGHERO

Hotel Angredas €€

Freundliches, helles Drei-Sterne-Haus mit 31 mediterran eingerichteten Zimmern mit Balkon. Fünf Minuten bis zum Meer und zehn zur Altstadt. Kostenloser Shuttlebus zum Bilderbuchstrand Maria Pia.

166 B2 Via Frank 2 079 9 73 50 34; www.angedras.it

Hotel San Francesco €–€€

Das ehemalige Kloster ist das einzige Hotel in Algheros Altstadt. Die Zimmer sind etwas klein und angejahrt, aber die Lage macht's. Frühstück wird im stillen Kreuzgang serviert.

166 B2 Via Ambrogio Machin 2
079 98 03 30; www.sanfrancescohotel.com

Hotel Villa Las Tronas €€€–€€€€

Ein kleines Paradies in stiller Natur. Große moderne Appartements mit gehobener Ausstattung (z. B. Waschmaschine und Tiefkühlschrank), Terrasse und Pool auf dem Monte Sixeri. Der gesamte Hügel (immerhin 95 ha!) gehört zum Reich des bekannten Olivenölproduzenten San Giulano und ist nur Gästen zugänglich. Perfekt für Ruhesuchende und Familien.

166 B2
Lungomare Valencia 1
079 98 18 18; www.hotelvillalastronas.it

BOSA

Corte Fiorita €–€€

Dieses Hotel besteht aus drei zusammenhängenden historischen Gebäuden im Herzen von Bosa. Die großen Zimmer sind relativ rustikal und hell gehalten mit Fliesenböden, Natursteinwänden und stilvollen Stoffen. Für einen Balkon oder ein Zimmer mit Blick auf den Fluss wird ein Aufpreis verlangt. Das leckere Frühstück gibt es im Innenhof des Haupthauses Le Palme.

170 C5 Lungo Temo De Gasperi 45
078 5 37 70 58; www.albergo-diffuso.it

Hotel Palazzo Sa Pischedda €€

Direkt bei der Römerbrücke am Temo gelegener Jugendstilpalazzo mit Fresken des Malers Emilio Scherer und 15 Zimmern. Besonders toll sind die Superior-Panorama-Zimmer mit großer Terrasse und Blick über den Temo und auf die Altstadt. Das dem Slow Food verpflichtete Hausrestaurant wird zu Recht empfohlen.

170 C5 Via Roma 8
0785 37 30 65; www.hotelsapischedda.com

Wohin zum ... Essen und Trinken?

Preise
für ein Menü (ohne Getränke):
€ unter 26 Euro **€€** 26–55 Euro **€€€** über 55 Euro

SÁSSARI

Florian €€
Sowohl das Bar-Caffè Florian als auch das Restaurant nebenan bieten eine elegante Umgebung und gutes Essen. Die Bar erinnert an Toulouse-Lautrec. Auch an einem Tisch im Freien mundet der preiswerte *spremuta di arancia* (frisch gepresster Blutorangensaft) oder Cappuccino bestens.
166 C/D3 Bar Caffè Florian, Via Roma 6
Florian, Via Capitano Bellieni 27
079 2 00 80 56 täglich

Il Giamaranto €€–€€€
Von außen unscheinbar, wirkt die Küche umso gehobener. Das bei den Einheimischen beliebte Restaurant zählt zu den besten der Stadt und bietet klassische sardische und italienische Küche ohne Schnickschnack.
166 C/D3 Via Alghero, 69
079 27 45 98 So Ruhetag

Ristorante Giglio Al Mokador €–€€
Das quirlige kleine Lokal ist beliebt, denn hier gibt's eine breite Palette preiswerter Gerichte und Getränke. Während der Happy Hour am Freitag (19–21 Uhr) werden *antipasti all'italiana* satt serviert.
166 C/D3 Largo Cavallotti 2, bei der Piazza Castello, nahe der Via Roma
079 23 57 36 So Ruhetag, Aug. geschl.

Trattoria Zia Forica €
Einfache volksnaheTrattoria im besten Sinne. Traditionelle hausgemachte sassaresische Küche wie bei Muttern von Schnecken in Tomatensauce über die sardische Spezialität Cordula (Lamminnereien), bis zur Supa cuata, eine köstliche, sättigende Brotsuppe.
166 C/D3 Corso Margherita di Savoia 39
079 23 35 56
Mittag 13–15 Uhr, Abend 20.30–23.45 Uhr, So Ruhetag

ALGHERO

Buena Vista Bar €–€€
Eigentlich sollte die Lokalität »Sunset Club« heißen, denn hier trifft man sich zum Sonnenuntergang mit Cocktail. Die Bar hat eine ausgezeichnete Lage auf der Stadtmauer mit Panoramablick auf das Capo Cácchia. Leider gibt es auf der schmalen Stadtmauer nur Platz für wenige Tische, der Andrang hingegen ist sehr groß. Cocktails kosten etwa 6 bis 9 Euro.
166 B2 Bastioni Marco Polo 47
tägl. 15.30–3 Uhr

Focacceria Milese €
Dieses einfache Lokal bietet eine stets frische und preiswerte »tavola calda«. Der Renner sind die »Focacce« des Hauses, die es in vielen Varianten gibt. Es sind die mit Abstand besten und preisgünstigsten in Alghero. Die Focacceria ist auch bei den Algheresi sehr beliebt, weshalb die Stühle mit Blick auf die Hafenpromenade fast immer besetzt sind.
166 B2 Via Garibaldi 11
079 25 24 19;
www.barmilese.it
tägl. 7–1 Uhr, Di Ruhetag, Jan. geschl.

Trattoria Al Refettorio €€
Diese Trattoria ist eine schicke Weinbar mit Atmosphäre, die überdies fabelhafte Snacks anbietet. Das Essen ist ebenfalls gut – z. B. Meeresfrüchte oder Wildschwein – zudem sitzt man auf der überdachten Terrasse wunderschön. Die Weinkarte ist ebenso umfangreich wie exzellent.
166 B2 Carreró del Porxo (Vicolo Adami) 47, an der Via Roma 079 9 73 11 26; www.facebook.com/refettorio tägl. 12–22.30 Uhr

Trattoria Caragol €€
Etwas versteckt gelegene Trattoria mit gemütlichem Gastraum. Der freundliche Wirt berät gern bei der Auswahl und erläutert seine frische, regionale Küche. Versuchen sollte man die Makkaroni oder das Dessert »Manjar blanc«.
166 B2 Via Maiorca 69 079 9 9 57 77 44 Di Ruhetag

Trattoria Marco Polo €€
Die kleine, familiengeführte Trattoria hat ein breites Angebot an sehr guten Gerichten. Für die Qualität sind die Preise sehr günstig. Eine angenehme Adresse mit einem einzigen Nachteil: Es gibt keine Sitzplätze im Freien.
166 B2 Via Cavour 46 079 9 73 84 76; www.trattoriamarcopolo.com tägl. Mittag- und Abendessen

Trattoria Maristella €€
Kleine authentische Trattoria am Rand der Altstadt nahe der Piazza Sulis, in der sich Einheimische und Touristen gleichermaßen wohlfühlen. Die Gerichte sind frisch und lecker, die Preise moderat und der Andrang folglich erheblich. Wenn das Lokal am Abend um 19 Uhr öffnet, ist es immer innerhalb kürzester Zeit rappelvoll. Unbedingt einen Tisch reservieren!
166 B2 Via F. Kennedy 9 079 97 81 72, www.facebook.com/trattoriamaristella tägl. Mittag- und Abendessen, Mo Ruhetag, Nov. geschl.

STINTINO

Ristorante da Antonio €€
Das familiengeführte Lokal bietet eine solide Küche mit Schwerpunkt Meeresküche. Die Portionen sind großzügig, der Service ist nett, das *coperto* mit 3 Euro allerdings klar zu teuer.
166 B4
Via Marco Polo 14
079 52 30 77
Mo–Sa Mittag- und Abendessen, So nur Mittagessen

BOSA

Borgo Sant'Ignazio €€
Schilder locken Gäste durch das Gassengewirr der Altstadt zu diesem stimmungsvollen Bistro. Dort kann man Spezialitäten wie *aragosta* (Hummer) oder heimischem Fleisch genießen. Da es an der Strada della Malavasia di Bosa liegt, gibt es eine breite Auswahl an Malvasia-Dessertweinen, dazu gönnt man sich am besten einen sardischen Nachtisch.
170 C5 Via Sant'Ignazio 33
0785 37 41 29; www.ristorantebosa.it
Di–So 11.30–16, 19–22.30 Uhr

Sa Pischedda €€
Das Restaurant ist Teil der Slow-Food-Bewegung. Bringen Sie also entsprechend Zeit und Muße mit, um die ausgezeichnete Küche angemessen zu würdigen.
170 C5 Via Roma 8
0785 37 30 65 Jan. geschl.

CASTELSARDO

Baga Baga €€€
Das exzellentes Hotel-Restaurant punktet mit einer herrlichen Panoramaterrasse, einem absoluten Traumblick auf die Küste und das Meer sowie mit einer vielfach ausgezeichneten Küche.
167 D4 Località La Terra Bianca
079 47 00 75; www.hotelbagabaga.it
April–Okt. täglich Mittag- und Abendessen, Dez.–März nur Fr–So; Nov. geschl.

Wohin zum ... Einkaufen?

Alghero bietet mit seinen zahlreichen Shops ein breites Angebot an Schuhen, Lederwaren, Keramik und handgeflochtenen Körben. Vom Kauf roter Korallen sollte man zum Schutz der Korallenbänke in Fernost (denn dort kommen sie her!) absehen. Schön ist ein Einkaufsbummel durch die Markthallen der Via Sássari und Via Cagliari oder auf dem Wochenmarkt in der Via Amalfi beim Bahnhof (Mo–Sa 7–13 Uhr).

Weinliebhaber sollten beim Weingut **Sella & Mosca**, etwa 10 km nördlich von Alghero, die edlen Tropfen verkosten und erwerben – herausragend ist der aus der Torbato-Traube gekelterte Terre Biance (www.sellaemosca.it).

In **Bosa** steht neben den feinen Stickereien (»Fileti di Bosa«), die in der Altstadt aus Fenstern oder Türen von den Stickerinnen angeboten werden, der berühmte Malvasia di Bosa ganz oben auf der Einkaufsliste. Den besten erhält man bei der Familie Columbu (www.malvasiacolumbu.com) in der Via Marconi 1.

Die Handelsstadt **Sássari** bietet alles, was das Herz begehrt: In der Altstadt findet man kleine Läden, Werkstätten und Boutiquen, große Einkaufsmärkte entlang der großen Einkaufs- und Flaniermeilen Via Roma und Corso Vittorio Emanuele (Corso Vico 14) und einen Antiquitäten- und Flohmarkt (Emiciclo Garibaldi, 1. So im Monat 8–14 Uhr).

Eines der ältesten Geschäfte am Corso Vittorio Emanuele ist das nostalgische Bagella, das seit 1932 von Stiefeln, Westen und Gürteln bis zum Gold- und Silberschmuck alles an traditioneller sardischer Kleidung verkauft (www.bagella.it).

Im Korbflechterzentrum **Castelsardo** stehen natürlich Flechtwaren aller Art im Zentrum des Interesses. Die kauft man am besten direkt bei einer der Korbflechterinnen in der Altstadt oder bei der ISOLA-Cooperativa Cestinale (Via Roma 104).

Wohin zum ... Ausgehen?

Livemusik in Form von Jazz, Blues, Rock und Ethno gibt es das ganze Jahr über im **Pocoloco** (Via Gramsci 8, www.pocolocoalghero.com). Eine gute Adresse ist auch das außerhalb an der Straße nach Olmedo gelegene **Ruscello** mit drei Dancefloors und einer Lounge mit Garten. (Loc. Angeli Custodi 57). Schon seit 1976 ein Hotspot im Nachtleben Algheros ist der direkt am Meer gelegene Disco-Club **El Tró** (Lungomare Valencia 3).

Die Metropole Sássari hat eine ausgesprochen vielfältige und auch hochkarätige Kulturszene und als Universitätsstadt außerdem eine bunte Club- und Kneipenszene.

Theaterfreunde vergnügen sich im traditionsreichen **Teatro Civico** (Corso Vittorio Emanuele), im neuen **Nuovo Teatro Comunale** (Piazzale Cappuccini) oder im **Teatro di Tradizione** (Viale Umberto 72), kleine Theaterfans gehen ins Kinder- und Jugendtheater **Teatro Ferroviario**.

Nachtschwärmer treffen sich ab 0 Uhr im **T'riciclo Club** zum Abtanzen bis um 5 Uhr (Via Don Minzoni 20), im **Omega** (Via Carlo Felice 33) oder bei **Sgt. Pepper** (Via Asproni 20).

Zu den zahlreichen guten Lokalen, Kneipen und Cafés der Stadt zählen das **Accademia** (Via Torre Tonda 11), die **Majoli Bar** (Emiciclo Garibaldi 5), das **Tropicana Café** (Via Porcellana 3), die **Dream Bar** (Via Cavour 15) und die **Kristall-Bar** (Via Fancello 6).

Der Nordosten

Kleine Erlebnisse

Zum Mondtal

Ein Pfad führt vom Capo Testa ins legendäre **Valle della Luna**, wo ein von märchenhaften Felsgebilden gesäumter Strand wartet (➤ 137).

Die Gallura von ihrer schönsten Seite

Einen Ort der Ruhe gibt das Felskirchlein **San Trano** inmitten der wunderschönen Gallura auf einem Berg vor Luogosanto ab (➤ 137).

Schlemmen in Palau

Beste Küche mit Blick auf das Maddalena-Archipel – das **La Gritta** in Palau ist ein perfekter Ort dafür (➤ 142).

Erste Orientierung

Fantastische, von Meer und Wind geformte Granitfelsen, prähistorische Behausungen aus Stein und eine schöne, unverfälscht friedliche Küstenlandschaft mit Inselchen und verträumten Buchten – willkommen in der Gallura. Das Meer funkelt wie Diamanten und die glitzernde Costa Smeralda – die »Smaragdküste« – wird noch nicht einmal von den Stars und Sternchen überstrahlt, die sich hier bevorzugt tummeln.

Ólbia ist die Drehscheibe dieser wunderschönen Region und somit Ziel vieler Flugzeuge, Schiffe, Züge und Busse. Die boomende Stadt hat sich mit ihren Läden und Geschäften, Cafés und Bars zu einem lebendigen Zentrum gemausert, durch dessen Gassen und Straßen man sich einfach treiben lassen kann.

Nur ein kleines Stück von Ólbia entfernt liegen die berühmte Costa Smeralda und die herrlichen weißen Sandstrände des Pevero-Golfs mit seinem türkis schimmernden Wasser. In der Nähe befinden sich auch Urlaubsorte wie Cannigione, Palau und Santa Teresa di Gallura – nicht ganz so glamourös, aber in idyllischer Küstenszenerie.

Das Hafenörtchen Palau ist das Tor zu den Inseln des Nationalparks Arcipélago de La Maddalena: Auf der Insel Caprera lebte der Revolutionär und Volksheld Giuseppe Garibaldi, der hier auch begraben ist.

Im Landesinnern zeigt die Gallura ihre andere Seite. So kann man in Arzachena ein Stück authentisches Sardinien, gepaart mit beeindruckenden prähistorischen Ausgrabungsstätten, erleben. Die alte Hauptstadt der Gallura, Témpio Pausánia, liegt nur eine Autostunde entfernt zu Füßen des Monte-Limbara-Massivs mitten in schönster Berglandschaft. Diese Region voller Kontraste zeigt die vielen Gesichter der Insel auf.

Das Capo d'Orso bei Palau, ein Wahrzeichen Sardiniens

TOP 10

5 Arcipélago de La Maddalena ➤ 130

Nicht verpassen!

45 Ólbia ➤ 132
46 Ísola Tavolara ➤ 133
47 Costa Smeralda ➤ 134

Nach Lust und Laune!

48 Piazzetta di Porto Cervo ➤ 136
49 Compendio Garibaldino di Caprera ➤ 136
50 Santa Teresa di Gallura & Capo Testa ➤ 136
51 Arzachena ➤ 137
52 Témpio Pausánia ➤ 138
53 Ággius & Valle della Luna ➤ 138

In vier Tagen

Die folgende Route ist eine Möglichkeit, wie Sie einige der interessantesten Sehenswürdigkeiten im Nordosten Sardiniens in vier Tagen kennenlernen können und dabei kein Highlight verpassen. Die einzelnen Sehenswürdigkeiten werden im Folgenden (➤ 130ff) näher beschrieben.

Erster Tag

Morgens
In 45 **Ólbia** (rechts; ➤ 132) führt Ihr Weg hinauf in die Altstadt und zum Corso Umberto. Besichtigen Sie die Basilica San Simplicio und das Archäologische Museum am Alten Hafen. Nach einer Kaffeepause auf der Piazza Margherita geht es ins nahe Porto San Paolo und dann mit dem Ausflugsschiff zur 46 **Isola Tavolara** (➤ 133), die majestätisch aus dem Golfo di Ólbia aufragt.

Mittags
Nach dem Ristorante da Tonino (➤ 141) auf der Ísola Tavolara lockt der Strand.

Nachmittags
Zurück in Ólbia, nehmen Sie die wunderschöne Küstenstraße nach Golfo Aranci und genießen Sie herrliche Ausblicke auf die Küste und ihre Bilderbuchstrände. Ein idealer Ort für ein Abendessen in beschaulicher Atmosphäre ist das am Fischerhafen gelegene Manzoni. Eine Unterkunft mit Stil findet man in der Locanda del Conte Mameli in Ólbia.

Zweiter Tag

Morgens
Heute geht es an die legendäre 47 **Costa Smeralda** (➤ 134). Fahren Sie über Cala di Volpe nach Porto Rotondo und weiter ins mondäne Porto Cervo und bestaunen Sie in den Häfen die chromglitzernden luxuriösen Jachten. Wer mag, kann rund um die zentrale 48 **Piazetta di Porto Cervo** (➤ 136) die Auslagen von Armani, Bulgari & Co. anschauen und den wohl teuersten Cappuccino seines Lebens trinken.

Mittags
Fürs Mittagessen verlässt man Porto Cervo und fährt hinauf ins nahe Bergdörfchen San Pantaleo zum Ristorante Da Nico (➤ 142).

Nachmittags
Ein Bootsausflug oder Sonnenstunden am Strand stehen zur Auswahl. Essen und übernachten kann man gut im Hotel »S'Olias« (➤ 140).

Dritter Tag

Morgens
Los geht's zum 5 **Arcipélago de La Maddalena** (➤ 130). Von Palau verkehren regelmäßige Fähren (Fußgänger und Autos). Schlendern Sie gemütlich durch die Altstadt von La Maddalena und trinken Sie an der Piazza Garibaldi einen Kaffee. Alternativ kann man auch einen ganztägigen Bootsausflug in die Inselwelt des Maddalena-Archipels samt erfrischenden Badestopps und Mittagessen an Bord machen.

Nachmittags
Besuchen Sie die Insel Caprera mit dem ehemaligen Wohnhaus Garibaldis, dem 49 **Compendio Garibaldino di Caprera** (➤ 136; auch über eine Straße zu erreichen). Kehren Sie nach Palau zurück und gönnen Sie sich einen schönen Abend auf der Terrasse des Ristorante La Gritta. (➤ 142).

Vierter Tag

Morgens
Fahren Sie in das Bergstädtchen 51 **Arzachena** (➤ 137), am besten mittwochs, wenn Markt ist. Hier steht »Il Fungo«, ein riesiger pilzförmiger Fels. In der Umgebung gibt es bedeutende archäologische Stätten: Albucciu, Malchittu und die Großsteingräber Coddu Vecchiu (unten) und Li Lolghi.

Mittags
Es kann kaum einen schöneren Platz für eine Mittagspause geben als das zauberhafte Jaddhu (➤ 141) unweit von Coddu Vecchiu.

Nachmittags
Durch Korkeichenwälder geht es hinauf in das quellenreiche, hauptsächlich aus Granit erbaute Bergstädtchen 52 **Tempio Pausánia** (➤ 138). Nach einem Bummel durch die Altstadt sollte man es keinesfalls versäumen, das für seine Webkunst bekannte Dörfchen 53 **Àggius** (➤ 138) zu besuchen, das ca. 10 km weiter westlich liegt. Hier warten mit dem Museo Etnografico und dem Museo del Banditismo gleich zwei besonders attraktive Museen.

5 Arcipélago de La Maddalena

Das Archipel im Norden der Costa Smeralda besteht aus sieben verträumten Hauptinseln, umspült von karibisch blauem Meer. Nur La Maddalena ist bewohnt, von dort aus gelangt man über einen Damm zur Garibaldi-Insel Caprera. Doch um die Insel Spargi oder Budellis zart rosafarbenen Strand Spiaggia Rosa zu sehen, muss man sich schon mit dem Boot auf den Weg machen.

Die Landschaft der Gallura prägen die »Tafoni«, Felsen, denen die Naturgewalten in Tausenden von Jahren eine besondere Gestalt verliehen haben. Auf La Maddalena gibt es rund 150 Felsen, deren Form ihnen Spitznamen wie Hasenberg, Adlerschnabel, De Gaulle, Dinosaurier oder gar »Il Mostro di Lochness« (Nessie) bescherten.

La-Maddalena-Stadt

Beste Anreisemöglichkeit: die Fähre von Palau nach La-Maddalena-Stadt (20 Min.). Es ist ein lebendiges Städtchen mit kopfsteingepflasterten Gassen und Piazzas sowie der ansehnlichen Via Garibaldi. Die Hauptstraße verbindet die Piazza Umberto I. mit der Piazza Garibaldi. Um die Plätze herum scharen sich einladende Lokale und Bars.

Das **Museo Diocesano**, das einige Geschenke von Lord Horatio Nelson ausstellt, gehört zu den wenigen Sehenswürdigkeiten. Als Kommandeur der britischen Flotte besuchte Nelson an Bord der *Victory* von 1803 bis 1805 immer wieder die Insel, um die in Toulon ankernden napoleonischen Soldaten im Auge zu behalten. Da er sich mit dem Hafenkapitän von La Maddalena, Agostino Millelire, sehr gut verstand, stiftete er bei seiner Abreise der Kirche **Chiesa di S. Maria Maddalena** zwei silberne Leuchter und ein Kruzifix. Ein weiterer Schatz des Museums ist Nelsons Brief vom 18. Oktober 1804, in dem er den Einwohnern für die freundliche Aufnahme seiner Männer dankte. Die riesige Sammlung an Votivgaben zeigt auch 500 Ringe.

BAEDEKER TIPP

- Wer das Glück hat, mit dem eigenen Boot unterwegs zu sein, der kann vor der kleinen Ísola di Santa Maria vor Anker gehen und im schön gelegenen, zum exklusiven Restaurant umgebauten Hirtenhaus »La Casitta« (Tel. 329 3 70 56 21, www.lacasitta.com, Mai–Okt.) bei Meerblick und Kerzenschein fürstlich tafeln.
- Nicht umsonst wird die Cala Coticcio auf La Caprera auch Cala Tahiti genannt. Auf dem Landweg ist dieses paradiesische Stückchen Erde nur nach einem einstündigen, beschwerlichen Fußmarsch durch die eindrucksvolle Felslandschaft zu erreichen.

Abendstimmung im Hafen von La-Maddalena-Stadt

Auf der Straße nach Cala Spalmatore stoßen Sie nach ca. 1 km auf der Via Panoramica auf das **Museo Archeológico Navale**. Die Hauptattraktion dort ist ein römisches Handelsschiff, das um 120 v. Chr. vor der Küste der Inselgruppe sank. Zu sehen sind ein rekonstruierter Querschnitt des Schiffsrumpfs und viele Amphoren.

La Caprera

Im Osten der Insel führt ein Damm zur pinienbestandenen Ísola Caprera, wo man wunderbar wandern, radeln (➤ 155) oder das Garibaldi-Museum (➤ 136) und das Delfinzentrum »Centro Ricera Delfini« besuchen kann.

Schöne Strände

Die schönsten Strände auf La Maddalena sind die Cala Maiore, die Spiaggia Spalmatore, die Cala Lunga und die Spiaggia Monte di Rena. Auf Capreras Ostseite locken die idyllischen Strände Cala Coticcio und Cala Brigantino, auf der Westseite die Cala Napoletana und die Cala Serena.

KLEINE PAUSE

Eine wunderbare Oase in Capreras Natur ist das **I Mille**. Am Kiosk mit Tischen und Hängematten unter Pinien gibt es exzellente Panini, Salsiccias und andere Snacks, das heitere Vogelgezwitscher gibt's umsonst dazu.

---

169 D5 Ganzjährig rund um die Uhr Fähren von Palau nach La Maddalena, tagsüber im 15-Minuten-Takt, nachts im Stundentakt. Fahrtzeit 15 Minuten

Museo Diocesano
Chiesa di S. Maria Maddalena, Via Baron Manno 0789 73 74 00
Di–So 10–12, 15–19 Uhr, Juni–Sept. auch 21.30–23.30 Uhr 1 Euro

Museo Archeológico Navale
Via Panoramica 0789 79 06 33
9.30–12.30, 15.30–18.30 auf Anmeldung 4 Euro

45 Ólbia

Von den Puniern gegründet und von den Griechen »Ólbia«, die Glückliche, genannt, kam die Stadt als wichtiger römischer Hafen- und Handelsort zu Wohlstand. Mit ihrem Hafen und Flughafen ist sie heute wieder der bedeutendste Verkehrsknotenpunkt der Insel und Sardiniens prosperierende Boomtown.

Wer bei der Ankunft in Ólbia, einem der Haupteinfallstore nach Sardinien, schon Fluchtgedanken hegt, dem sei trotzdem zumindest ein kurzer Stopp empfohlen. In den kopfsteingepflasterten Gässchen der Altstadt rund um den **Corso Umberto** gibt es gute Restaurants und hübsche Piazzas. Von hier aus geht es, am Bahnhof vorbei, zur Hauptattraktion der Stadt, der **Basilica di San Simplicio** aus dem 11./12. Jahrhundert. Im Inneren der aus galluresischem Stein erbauten pisanisch-romanischen Kirche sehen Sie Säulen und andere Steinmetzarbeiten aus phönizischen und römischen Tempeln. Die Apsis beherbergt zwei Fresken aus dem 13. Jh., das linke zeigt San Simplicio, den Schutzpatron Ólbias. Ihm zu Ehren feiert die Stadt alljährlich ab dem 15. Mai drei ganze Tag lang rings um die alte Kirche ihr größtes Fest. Wer sich in Ólbia lieber nicht länger aufhalten möchte, findet an Flughafen und Fährterminal gute Busverbindungen, vom Bahnhof im Zentrum verkehren Züge nach Cagliari und zu anderen Inselstädten sowie Busse in sämtliche Regionen.

Café an der Piazza Margherita in Ólbia

KLEINE PAUSE

Lebendig geht es zu in den **Straßencafés** und -restaurants entlang der Flaniermeile Corso Umberto und der zentralen Piazza Margherita – wie wäre es mit einem kurzen Stopp?

169 D2/3

46 Ísola Tavolara

Nur 1 km breit und 4 km lang, aber mehr als 564 m hoch ist der gewaltige Felsklotz der Tavolara, der wie ein urzeitliches Meeresungeheuer aus dem Meer aufragt. Die inmitten eines artenreichen Meeresschutzgebiets gelegene Tavolara ist eines der Wahrzeichen Sardiniens – und außerdem ein Königreich!

Der mächtige Felsklotz der Tavolara

Die Ostseite Tavolaras ist militärisches Sperrgebiet, frei bewegen darf man sich aber im Westen, wo man auf einen Friedhof mit den **Gräbern der Könige von Tavolara** stößt.

Als König Carlo Alberto von Sardinien 1833 die Insel besuchte, um Ziegen zu jagen, dankte er ihrem einzigen Bewohner, dem korsischen Fischer Giuseppe Bertoleoni, indem er ihm die Insel überließ und ihn zum »König der Tavolara« erhob. Seitdem stammen alle »Könige« der Insel in direkter Linie von Bertoleoni ab. Das aktuelle Inseloberhaupt, Carlo II., betreibt das Restaurant »Da Tonino« (➤ 141). Die Insel ist ein Vogelparadies, auch wilde Ziegen fühlen sich hier heimisch. An der Südspitze liegt der schöne Strand **Spalmatore di Terra**.

Auf der Insel findet Mitte Juli ein mehrtägiges Filmfestival am Strand statt, bei dem sich stets auch zahlreiche Darsteller aus den vorgeführten Filmen sowie namhafte Schauspieler unters Publikum mischen (www.cinematavolara.it).

Bootsausflüge auf die Tavolara und die benachbarte Insel Molara starten vom Hafenort Porto San Pantaleo aus.

Entlang der Küste, südlich von Porto San Paolo, reihen sich große und kleine Badeparadiese von karibischer Schönheit aneinander. Bilderbuchtauglich sind die Strandbuchten von Porto Istana, legendär der berühmte Strand La Cinta bei San Teodoro, großartig die Strände bei Puntalida und Lu Impostu, einmalig die zauberhafte Cala Brandinchi auf dem Capo Coda Cavallo und kilometerlang der Strand entlang der Cala di Budoni.

169 E2

47 Costa Smeralda

Wie kostbare Edelsteine glitzert das Meer der Smaragdküste – und auch die Diamanten des internationalen Jetsets funkeln an diesem exklusiven Urlauberparadies. Seine Existenz verdankt es Aga Khan, der sich in den 1960er-Jahren Hals über Kopf in die Sandstrände und einsamen Buchten dieses Küstenabschnitts verliebte. Die sardische Küste hat aber längst nicht nur an der »Smeralda« eine so einnehmende Schönheit zu bieten.

Die 56 km lange, wunderschöne Costa Smeralda beginnt ca. 12 km nördlich von Ólbia und erstreckt sich vom Golfo di Cugnana bis zum Golfo di Arzachena. Bei der Bebauung hatte man stets den Anspruch, sie harmonisch in die Landschaft zu integrieren. So gibt es keine Hochhäuser, und Telefon- oder Stromkabel müssen unterirdisch verlegt werden. Architektonisch herrscht der so genannte neosardische Stil, ein Mix aus ägäisch, marokkanisch und spanisch anmutenden Elementen vor.

Porto Cervo

Porto Cervo, die »Hauptstadt« der Costa Smeralda, hat keine historischen Wurzeln, sondern ist ein reines Kunstprodukt. In dem als mediterranes Fischerdorf gestalteten Ort kann man Leute gucken und die Schaufensterauslagen bestaunen (► 136). Tagsüber ist es meist ruhig, dann huldigen alle auf Booten, in Villen oder am Strand der Sonne.

Weitere Orte

An der Küste des Golfs von Pevero reihen sich Traumstrände und -buchten aneinander, ebenso märchenhafte Villen und Luxushotels – z. B. das »Romazzino«, das »Pitrizza« oder das durch den James-Bond-Film »Der Spion, der mich liebte« berühmt gewordene »Cala di Volpe«.

Auf der Ostseite des Golfo di Cugnana liegt das mondäne **Porto Rotondo**. In einem Ort, wo die für 400 Mio. Euro verkaufte Residenz von Silvio Berlusconi liegt, darf eine Marina für atemberaubende Luxusjachten nicht fehlen.

Blick über die Hafenbucht von Porto Cervo

Später als die Costa Smeralda bebaut, gehört der Ort zwar nicht originär dazu, ist aber genauso reich an Stränden.

Auf der Spitze des Capo Figari weiter südlich liegt der Ferienort **Golfo Aranci**. Hier fühlen sich besonders Familien wohl und die Strände sind schlichtweg durchnummeriert – Nummer drei, »La Terza Spiaggia«, ist der attraktivste.

Ebenfalls im Dunstkreis der Costa Smeralda liegt **Cannigione** am Golf von Arzachena – ein quirliges Hafenstädtchen mit großer Marina. Auch hier geht es schick zu, aber die Preise sind deutlich moderater. Auf dem Gipfel des **Capo d'Orso** bei Palau thront ein riesiger Fels in Bärenform: Aus 122 m Höhe hat man eine atemberaubende Aussicht.

KLEINE PAUSE

Das familienfreundliche **Da Nico** in San Pantaleo im Hinterland der Costa Smeralda ist eine Dorfpizzeria im besten Sinne. Von der riesigen köstlichen Pizza über Pasta, Fisch und Fleisch ist hier wirklich alles zu empfehlen.

169 E4

Mit ihrem kristallklaren Wasser erinnern die Traumstrände der Costa Smeralda an die Karibik

BAEDEKER TIPP

- Wer nach Palau kommt, darf es nicht versäumen, das östlich der Stadt aufragende **Capo d'Orso** zu besuchen. Zu dem gigantischen, in Form eines Bären verwitterten Fels führt vom Parkplatz aus ein sehr schöner und einfach zu begehender Pfad hinauf (Parkgebühr 2 Euro, Eintritt 2 Euro). Oben angekommen, wird man mit einem zauberhaften Ausblick über Palau und die Meerenge zwischen Sardinien und Korsika samt dem Maddalena-Archipel belohnt.
- Leider ist der Weg zum als schönster Strand der Costa Smeralda geltenden **Portu Li Coggi** (auch Spiaggia del Principe, Fürstenstrand) ziemlich schlecht ausgeschildert: Sie starten in Cala di Volpe und fahren auf der SP160 ca. 2 km. Dann muss man links Richtung Romazzino abbiegen. Nach 1,3 km fährt man rechts in die Via Asfodeli Richtung Meer bis zur Autoschranke. Von hier aus führt ein 600 m langer Pfad hinab in die Strandbucht.

Nach Lust und Laune!

48 Piazzetta di Porto Cervo

Torbögen, Loggias, Bars und Shops bestimmen das Bild der Piazetta. Eine Attraktion für sich sind die Auslagen der Edelboutiquen wie Bulgari, Valentino oder Dolce & Gabbana, allesamt hochpreisige Adressen. Das Cervo-Hotel mit Blick über die Piazzetta ist ein beliebter Treffpunkt – allerdings nur, wenn Sie entsprechend gekleidet sind und über genug Kleingeld verfügen.

169 D4

Compendio Garibaldino di Caprera

49 Compendio Garibaldino di Caprera

Giuseppe Garibaldi (1807–82) ließ sich 1855 auf Caprera nieder. Nach seinem Kampf für die Vereinigung Italiens fand er hier Ruhe.

Im Innenhof wächst die riesige Pinie, die Garibaldi am Tag der Geburt seiner Tochter Celia pflanzte (er hatte sieben Kinder mit drei Ehefrauen und einer Gouvernante). In seinem Haus, der Casa Bianca, hat sich seit seinem Tod wenig verändert: Zu den ausgestellten Dingen gehört auch das berühmte rote Hemd *(camicia rossa)*, dem seine Getreuen ihren Namen – »die Rothemden« – verdankten. Die Zimmer sind klein und schlicht, nur das Sterbezimmer, in dem der Kalender noch immer seinen Todestag, Freitag, den 2. Juni 1882, zeigt, ist geräumiger. Seine Frau Francesca ließ das Haus so anlegen, dass der Blick Richtung Nizza, seiner Geburtsstadt, geht. Sein Grab im Garten ist aus rauem Granit. Achtung: Im Garibaldi-Museum herrscht striktes Handyverbot!

169 D4 **Museo Garibaldino di Caprera**
0789 72 71 62
Mo–Sa 9–20 Uhr, So 9–14 Uhr
6 Euro, bis 18 Jahre frei

50 Santa Teresa di Gallura & Capo Testa

Das Städtchen an der nördlichsten Spitze der Insel hat sich zum beliebten Ferienort gemausert. Die Via del Mare führt vom Hauptplatz, der Piazza Vittorio Emanuele, zum Torre di Langosardo, einem Sarazenen-Turm aus dem 16. Jahrhundert. Von dessen Spitze aus kann man sich am Blick über die Meerenge Bonifacio nach Korsika kaum sattsehen. Westlich vom Turm führt ein Pfad hinunter zur Spiaggia Rena Bianca, dem Stadtstrand. Wer Lust auf einen »französischen

Santa Teresa di Gallura

Wie ein Pilz geformt: Roccia Il Fungo an der Via Limbara in Arzachena

Tag« hat, besteigt die Fähre ins 50 Minuten entfernte Bonifacio auf Korsika. Hier starten auch Ausflugsboote zu den Maddalena-Inseln.

Die herausragende Sehenswürdigkeit hier ist das fantastische Capo Testa, das die Sarden »Cimitero di Sassi«, Friedhof der Steine, nennen. Wind und Wellen haben das granitene Kap in einen märchenhaften Felsgarten mit bizarren Formen verwandelt. Kurz vor dem Parkplatz führt ein Trampelpfad ins legendäre Valle della Luna mit fantastischen Felsgebilden und entzückendem Strand – welch ein Plätzchen für ein **Picknick** mit der ganzen Familie!

168 B5

Torre di Longosardo
tägl. 10–13, 16–20 Uhr, im Winter bis Sonnenuntergang 2 Euro

51 Arzachena

In der Umgebung von Arzachena liegen bedeutende archäologische Stätten. Nicht weit von Ólbia und 2 km südöstlich von Arzachena liegt die Nuraghe Albucciu. Sie gehört zu den besterhaltenen Nuraghen der Gallura und fällt durch das ungewöhnliche flache Granitdach anstelle einer Kragkuppel auf. Vom Parkplatz bei der Nuraghe führt ein Fußweg zum 2 km entfernten steinzeitlichen Tempietto Malchittu. Rund 4 km südlich von Arzachena liegt das Gigantengrab Coddu Vecchiu. Man glaubt, dass das ursprüngliche Ganggrab 18.–16. Jh. v.Chr. errichtet und dann in der nuraghischen Epoche um den Vorplatz mit Steinkreis erweitert wurde. Kaum 1 km von Coddu Vecchiu entfernt befindet sich der Nuraghen-Komplex La Prisgiona.

In der Nähe liegen auch das Tomba dei Giganti di Li Lolghi auf einem Hügel und die Necropoli di Li Muri. Ersteres ähnelt stark Coddu Vecchiu, bis auf die fast doppelt so lange Grabkammer. Die Grabstätte datiert auf ca 3500 v.Chr. aus der Endphase der so genannten Ozieri-Kultur und besteht aus mehreren rechteckigen Gräbern mit Steinplatten, die von kleineren Steinen umgeben werden. In fünf zentralen Kreisen fand man in Hockstellung bestattete Tote, deren Gräber durch stehende Steine und kleine Steinkisten mit Opfergaben markiert waren. Am Parkplatz bei der Nuraghe Albucciu bekommt man Tickets, Infos und einen Lageplan zu den archäologischen Stät-

Zerklüftete Granitformation im »Mondtal« Valle della Luna

ten. Die Eintrittspreise sind abgestuft von 3 Euro für eine einzelne Stätte bis 18 Euro für alle Stätten. Das **Museo LabENur** widmet sich dem Alltagsleben der Nuraghier (Keramik, Werkzeug, Kleidung, Nahrung etc.).

168 C4

Nuraghe Albucciu/Templetto Malchittu
April–Okt. tägl. 9 Uhr bis 1 Std. vor Sonnenuntergang

Nuraghe La Prisgiona
März/April tägl. 10–18 Uhr, Mai–Sept. 10–20 Uhr, Okt./Nov. 10–19 Uhr, Dez.–Feb. 10–16 Uhr

Tomba Giganti Coddu Vecchiu
Mai-Sept. tägl. 9–20 Uhr, Okt.–April 9–19 Uhr

Tomba dei Giganti di Li Lolghi
Mai–Sept. tägl. 10–13, 16–20 Uhr, Okt.–April 10–13, 15–19 Uhr

Museo LabENur
ca. 2 km außerhalb an der SP 115 beim Bahnhof von Arzachena 333 7 38 99 73; www.anemosarzachena.com
15. Mai–15.Sept. Mo–Sa 10–13 u. 15.30 bis 19.30 Uhr, sonst Mo–Sa 10-13, 15–17 Uhr
5 Euro

52 Témpio Pausánia

Das charmante Bergstädtchen Témpio Pausánia liegt, eingebettet in Korkeichenwälder, am Fuß des Monte Limbara, des höchsten Bergmassivs Nordsardiniens. Das aus Granit erbaute Korkzentrum Sardiniens ist eine traditionsreiche Sommerfrische, zu der in der Saison eine Schmalspurbahn von der Küste (Palau) fährt!

Témpio Pausánia ist ein idealer Ausgangspunkt für Wanderungen auf den Monte Limbara (Infos/Karten in der Tourist-Info). Wer den Aufstieg nicht zu Fuß machen will, kann bis kurz unter den Gipfel fahren.

168 B2

53 Ággius & Valle della Luna

Bekannt für Kunsthandwerk wie Webteppiche (► 33) ist das Bergdorf Ággius, 10 km westlich von Témpio, in dessen Museo Etnográfico man viel Wissenswertes über Kunst und Brauchtum erfährt. Interessant ist auch das »Museo del Banditismo«. Das malerische Bergdörfchen liegt an einer Bergkette. Um den Ort und die Berge führt eine Panoramastraße, über die man auch das Hochtal Valle della Luna erreicht. Ein toller Blick bietet sich auf dem Parkplatz an der SP74 auf der Ággius gegenüber liegenden Talseite.

168 B3

Museo Etnográfico
Via Monti di Lizu 6
079 62 10 29; www.museodiaggius.it
Mai–15. Okt. Di–So 10–13, 15–19 Uhr, 16. Okt.–April 10–13, 15.30–17.30 Uhr, Jan. geschl.
4 Euro

Museo del Banditismo
Via Pretura 079 62 10 29
April–Okt. Di–So 10–13, 15.30–18.30 Uhr, 16. Nov.–März geschl. 4 Euro

Wohin zum… Übernachten?

Preise
für ein Doppelzimmer pro Nacht:
€ unter 90 Euro **€€** 90–155 Euro **€€€** 155–250 Euro **€€€€** über 250 Euro

ÓLBIA

Hotel Cavour €–€€

Das kleine Hotel mit seinen 21 Zimmern liegt mitten in Ólbias Altstadt. In dem geschmackvoll renovierten Gebäude herrschen kühle Weiß- und Pastelltöne vor. Auf der hübschen Terrasse wird im Sommer auch das Frühstück serviert. Ein Parkplatz ist ebenfalls vorhanden.

169 D2/3 Via Cavour 22
0789 20 40 33; www.hotelcavourolbia.it

Hotel Centrale €€

Die Zimmer dieses – wie schon sein Name verrät – sehr zentral gelegenen Vier-Sterne-Hotels sind relativ klein, aber geschmackvoll modern ausgestattet, komfortabel und für die Lage und Kategorie preiswert.

169 D2/3 Corso Umberto 85
0789 2 30 17; www.hotelcentraleolbia.it

La Locanda del Conte Mameli €€–€€€

Wahrlich gräflich logieren lässt es sich in diesem sorgsam restaurierten und mit historischer Ausstattung eingerichteten Palazzo aus dem 18. Jahrhundert. Sechs nostalgisch distinguiert möblierte Zimmer und zwei Juniorsuiten mitten im Herzen Ólbias. Dem Hotel angeschlossen ist die benachbarte »Residenze del Conte« mit elf nicht minder ansprechenden Apartments (1–3 Zi.).

169 D2/3 Via delle Terme 8
0789 2 30 08;
www.lalocandadelcontemameli.com

COSTA SMERALDA

Cala di Volpe €€€€

Das erste Luxushotel der Costa Smeralda, das berühmteste der Luxury Collection von Starwood-Hotels und gleichzeitig die Urmutter des neosardischen Stils. Das vom französischen Stararchitekten Jacques Couelle im Stil eines Fischerdorfs gestaltete »piccolo Paradiso« um den hauseigenen kleinen Hafen beherbergte schon viele hochkarätige Gäste des internationalen Jetsets, des Adels sowie VIPs wie Carla Bruni, George Clooney oder Liz Hurley. Für rund 30 000 Euro pro Nacht kann man in der 300 m² großen Präsidenten-Suite mit eigenem Weinkeller entspannen. Unter 600 Euro pro Nacht ist hier kein Zimmer zu haben. Dafür darf man von allem nur das Beste und Feinste erwarten, beispielsweise einen riesigen Meerwasser-Pool oder einen direkt am Meer gelegenen Golfplatz.

169 D4 Porto Cervo 0789 97 61 11;
www.caladivolpe.com Mai–Okt.

Hotel Abi d'Oru €€€–€€€€

In einer schönen Bucht am Golfo di Marinella liegt 6 km außerhalb von Porto Rotondo dieses lachsfarbene, resortähnliche Fünf-Sterne-Hotel. Es hat 170 luxuriöse Zimmer, die meisten verfügen über einen herrlichen Blick auf Strand und Meer. Auf dem Gelände befinden sich ein großer Pool, aber auch ein See, der oft von allerlei Vögeln und quakenden Fröschen besucht wird. Pfade führen hinunter zum Strand, wo eine Pizzeria ihre Gäste erwartet.

Des Weiteren gibt es zwei Bars und zwei Restaurants, einen Kinderclub und Tennisplätze.
169 D3
Golfo di Marinella, Porto Rotondo
0789 30 90 19; www.hotelabidoru.it
April–Okt.

Hotel Porto Piccolo €€–€€€
Hier genießt man eine wundervolle Aussicht auf den Golf von Cugnana und die vorgelagerte Insel Caprera. Die sehr ruhig auf einem Hügel außerhalb des Orts gelegene Vier-Sterne-Residenz bietet eine Auswahl an Zimmern und Apartments. Der einmalig schöne und in seiner Art weltweit einzigartige Phi Beach Club ist nur wenige Minuten entfernt.
169 D3 **Báia Sardínia**
0789 62 39 14; www.hotelportopiccolo.it
Mai–Anf. Okt.

Hotel S'Olias €–€€
Sehr schönes kleines Familienhotel in stiller Alleinlage am Hang mit Blick auf den Golfo di Cugnana und die Berge bei San Pantaleo. Die malerische Anlage im traditionellen galluresischen »Stazzu«-Stil hat zehn geräumige und, zum Baustil passend, sardisch eingerichtete Zimmer, und zwar allesamt mit Aussichtsterrasse. Ein Pool und das gepflegte Restaurant mit seiner Panoramaterrasse machen das für die Region überaus preiswerte S'Olias zu einer besonders attraktiven Adresse.
169 C3 **Loc. Ancioggiu, an der SP13 von Arzachena nach Cannigione**
0789 8 85 98; www.solias.it
ganzjährig

SANTA TERESA DI GALLURA

Marinaro €€
Das angenehme Drei-Sterne-Hotel liegt in einer ruhigen Straße in der Innenstadt und ist außerdem nicht weit vom Strand entfernt. Durch die riesigen Fenstertüren der stilsicher eingerichteten Schlafzimmer tritt man auf den Balkon. Vom obersten Stock aus hat man eine fantastische Sicht. Außerdem gibt es auch ein gutes Restaurant.
168 B5 **Via Angioy 48**
0789 75 41 12; www.hotelmarinaro.it
ganzjährig

ARZACHENA

Tenuta Pilastru €–€€
Hier finden gestresste Zeitgenossen eine Oase der Ruhe. Etwa 5 km außerhalb von Arzachena, ganz allein in traumhaft schöner, urwüchsiger Gallura-Felslandschaft mit zahlreichen »Tafoni«-Felsen gelegen, erfreut dieses ländliche Resort seine Gäste mit Pool, Spa-Wellness-Center und toller Küche. Um das zentrale Gebäude herum gruppieren sich reizende kleine Bruchstein-Bungalows mit insgesamt 32 charmanten Zimmern, allesamt mit Terrasse. Von hier aus lassen sich bestens die Maddalena-Inseln und ihre Strände erkunden – oder man genießt auf seiner Terrasse einfach die herrliche Ruhe.
168 C4 **Località Pilastru (an der Straße nach Bassacutena)**
0789 8 29 36; www.tenutapilastru.it

ÁGGIUS

Residence de Charme La Vignaredda €–€€
Eine Unterkunft mit Charme und Herz in ruhiger Lage nahe dem Museum. Alle Zimmer und Wohnungen sind geschmackvoll mit Stilmöbeln ausgestattet. Besonders schön sind die Zimmer mit Balkon und Sicht auf den sehr gepflegten Garten. Die Wohnungen haben eine kleine Küche. Sehr zu empfehlen ist das tolle Frühstück (nicht im Zimmerpreis enthalten) mit vielen selbst gemachten Produkten. Cristina und Maria Teresa sind die guten Seelen des Hauses.
168 B3 **Via Gallura 14**
079 62 08 18; www.lavignaredda.it
ganzjährig

Wohin zum ...
Essen und Trinken?

Preise
für ein Menü (ohne Getränke):
€ unter 26 Euro **€€** 26–55 Euro **€€€** über 55 Euro

ÓLBIA

Dolceaqua €€
Ligurisch-sardische Küche modern und kreativ interpretiert auf qualitativ hohem Niveau.
169 D2/3 Via Giacomo Pala 4 Tel. 0789 1 96 90 84, www.ristorantedolceacqua.com Mo Ruhetag

Il Mattacchione €–€€
Einladende Trattoria moderna mit kleiner Karte, aber Fünf-Sterne-Gerichten zum kleinen Preis, weshalb sie auch bei den Einheimischen beliebt ist. Im etwas außerhalb des Zentrums gelegenen Lokal erwarten Sie der Kochkünstler Giuseppe und Rosella, die perfekt englisch spricht.
169 D2/3 Viale Aldo Moro 351 380 2 40 53 68, www.ilmattacchione.com Mo–Sa Mittag- und Abendessen, mit B&B

ÍSOLA TAVOLARA

Ristorante da Tonino €€
Im Tonino schwingt der regierende »König« von Tavolara das Zepter (sein Wappen schmückt das Restaurant). Fisch und Meeresfrüchte werden auf der bezaubernden Terrasse serviert. Mit hauseigenem Bootsshuttle.
169 E2 Ísola Tavolara 0789 5 85 70; www.ristoranteditavolara.com Mai–Okt, Mo–Sa Mittag- und Abendessen

COSTA SMERALDA

Antonella & Gigi €€
Das rustikale, familiengeführte Lokal bietet für ein gutes Preis-Leistungs-Verhältnis Klassiker wie Meeresfrüchtesalat, Melone an Schinken oder gegrillten Fisch.
169 D3 Via Punta Nuraghe 1, Porto Rotondo 0789 3 42 38 Mi–Mo 12–15, 19–23 Uhr

Jaddhu €€
Das nahe dem Großsteingrab Coddu Vecchiu und der Nuraghe Prisgiona traumhaft schön mitten in der Natur gelegene Anwesen verfügt über eine ausgezeichnete Küche und zauberhafte Zimmer. Hier lässt es sich wunderbar entspannen und tafeln.
168 C3 Arzachena, Loc. Capichera 335 5 72 55 21, www.jaddhu countryresort.com.com Mitte Mai–Mitte Okt. tägl. Mittag- und Abendessen

Mama Latina €€
Das etwas abseits der Küste gelegene, bei Einheimischen und Besuchern gleichermaßen beliebte Restaurant ist ganzjährig geöffnet und vergleichsweise preiswert.
169 D3 Loc. Cala di Volpe 0789 9 60 26; www.mamalatina.it April–Sept. tägl.; Okt.–März Mo–Sa

Mezzaluna €€
Im familiengeführten »Halbmond« gibt es in angenehm relaxter Atmosphäre von der Federazione Italiana Cuochi ausgezeichnete Meeresküche, aber auch Pizza. Die Preise sind moderat, der Service freundlich und professionell.
169 D3 Báia Sardínia, Località La Crucitta 0789 9 93 11; www.ristorantemezzalunabajasardinia.com tägl. Mittag- und Abendessen

ARZACHENA

Da Nico €–€€
Das Ambiente ist zwar schlicht, das Essen aber ausgesprochen lecker und günstig. Egal ob Pizza, Pasta, Fisch oder Fleisch, alles ist gut und frisch. Der Chef und seine Crew sind sehr freundlich.

168 D3 Via Zara 18, San Pantaleo 0789 6 54 76; www.ristorantisanpantaleo danico.it tägl. 19-0 Uhr

PALAU

La Gritta €€
Die Küche des von der Familie Pierro geführten Restaurants ist ebenso einmalig wie der Panoramablick auf das Meer und das Maddalena-Archipel. Auf der Terrasse den Sonnenuntergang zu genießen und sich anschließend den gebotenen Köstlichkeiten zu widmen ist ein sowohl kulinarischer als auch atmosphärischer Höhepunkt. In der Saison geht nichts, ohne dass Sie einen Tisch vorbestellen!

168 C4 Loc. Porto Faro, Palau 0789 70 80 45, www.ristorantelagritta.it 15. April–15. Sept. tägl., sonst Mi Ruhetag

Wohin zum ... Einkaufen?

Kommerzielles Zentrum der Region ist **Ólbia**. In der Altstadt findet man viele kleine Läden und an der zentralen Piazza Margherita diverse Einkaufspassagen. Die wichtigste Shoppingmeile aber ist die kilometerlange Via Roma außerhalb der Altstadt, an der auch der Keramikhersteller Cera Sarda sitzt (www.cerasarda.it). Das größte Shoppingcenter (Auchan) liegt an der Ausfallstraße SS125 Richtung San Teodoro.

Einen der besten Weißweine Sardiniens finden Sie bei der Azienda Capichera nahe Arazachena. (www.capichera.it) oder in Tempio Pausania in der Cantina Gallura (www.cantinagallura.it). Eine der ungewöhnlichsten Boutiquen der Insel ist die der Kork-Designerin Anna Grindi in Tempio Pausania, Via Roma 34.

»Tappete Aggese«, traditionelle Webarbeiten, gibt es im Laboratorio Tessile Artigianale Prof. Cannas in Ággius (Via Li Criasgi 22).

Eine schöne Möglichkeit, direkt beim Erzeuger Käse, Schinken und andere Spezialitäten zu kaufen, sind die bunten **Wochenmärkte** (Mo in Cannigione, Mi in Arzachena, Fr in Palau und Sa in Tempio).

Wohin zum ... Ausgehen?

NACHTLEBEN

Der Hotspot des Nachtlebens ist die Costa Smeralda, in deren Clubs sich im Sommer hochkarätiges Publikum trifft. Wer mitfeiern will, sollte jung, weiblich und schön sein oder eine goldene Kreditkarte besitzen. Wer reinkommt, darf dann mit Paris Hilton und Co. abtanzen. Die Jeunesse Dorée trifft sich in Flavio Briatores Club »Billionaire« (www.billionaire life.com), in den Nobeldiscos Ritual (www.ritual.it) und Heaven (www.heavenportorotondo.com) oder im einzigartigen Phi Beach Club (www.phibeach.com). Weniger strikt in Sachen Dresscode und Einlasskontrolle und mit nur 30 Euro Eintritt geradezu billig sind die gegenüber gelegenen Discos Sopravento (my space.com/sopraventoclub) und Sottovento (myspace.com/sotto ventoclub). Freien Eintritt gewährt der Danceclub Mama Beach (www.mamabeach.com) am Pittulongu von Ólbia.

Spaziergänge & Touren

1 CAGLIARI

Spaziergang

LÄNGE 4 km **DAUER** 3–4 Stunden
START Bastione San Remy 178 C2
ZIEL Via Roma 178 C3

Blick über die Altstadt von Cagliari

Der Spaziergang führt vom mittelalterlichen Cagliari über die Bastione San Remy und vorbei am Amphitheater und dem Botanischen Garten zu den Cafés der Via Roma.

1–2

Von der **Bastione San Remy** (► 48) an der Piazza Costituzione geht es nach Norden über die Via Fossario zur Piazza Palazzo. Hier sind Sie im Herzen des Castello-Viertels und erblicken rechter Hand die pisanisch-romanische Fassade der **Cattedrale** (► 50). Das Kircheninnere ist hingegen von Barock und Gotik geprägt. Zu Ihrer Linken, an der nordöstlichen Seite der Piazza Palazzo, steht der **Palazzo Viceregio**. Einige Räume wie der prächtige Ratssaal können besichtigt werden (April–Sept. Mo–Fr 9–20 Uhr, Sa/So 9–18.30 Uhr, sonst Mo–Fr 10 bis 16 Uhr. Der Empfangssaal ist mit Lüstern aus Muranoglas, Deckenfresken und Seidentapeten versehen und mit den Porträts der piemontesischen Vizekönige, die Sardinien von hier aus regierten.

2–3

Wenden Sie sich nach Norden und nach rechts zur kleinen Piazzetta Mercede Mundula, wo sich eine grandiose Sicht auf die Bucht bietet. Auf der Via Pietro Martini geht es weiter zur Piazza Indipendenza, an deren oberen Ende die **Torre di San Pancrazio** (April–Sept. tägl. 10 bis 19 Uhr, sonst 9–17 Uhr, Eintritt 3 Euro) thront. Neben der Torre dell'Elefante (► 50) ist dies der zweite Turm, der von der mittelalterlichen Stadtbefestigung noch erhalten ist. Er wurde 1305 von den Pisanern erbaut und ragt ganze 55 m in die Höhe. Von seiner Spitze aus haben Sie tolle Aussicht. Durch den Torbogen kommen Sie über die schräg abfallende Piazza Arsenale zur **Cittadella dei Musei**.

3–4

Hier findet man gleich fünf Museen auf einmal: die **Pinacoteca** (Pinakothek); die **Collezione di Cere Anatomiche** mit einigen ziemlich »blutigen« anatomischen Exponaten; das **Museo d'Arte Siamese** (südostasiatische Kunst) die ethnografische Sammlung der **Collezione Luigi Cocco** und das herausragende **Museo Archeológico** (► 51).

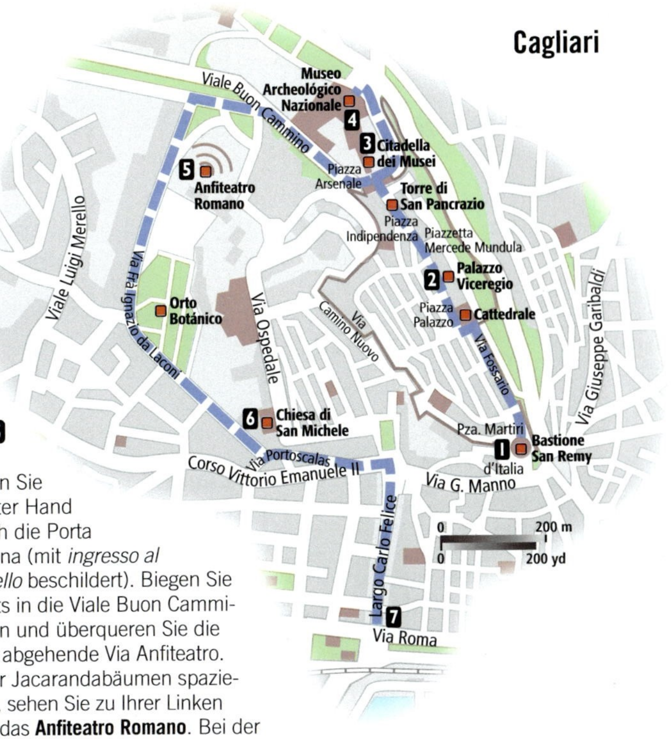

4–5
Jetzt gehen Sie rechter Hand durch die Porta Cristina (mit *ingresso al castello* beschildert). Biegen Sie rechts in die Viale Buon Cammino ein und überqueren Sie die links abgehende Via Anfiteatro. Unter Jacarandabäumen spazierend, sehen Sie zu Ihrer Linken bald das **Anfiteatro Romano**. Bei der nächsten Kreuzung gehen Sie links in die Via Frà Ignazio da Laconi zum Eingang des Amphitheaters. Das Theater wurde im 2. Jh. direkt aus dem Fels geschlagen und bot 10 000 Menschen Platz (damals die komplette Bevölkerung der Stadt). Es hat zwar in der Zwischenzeit Schaden genommen, bietet aber immer noch einen sehr imposanten Anblick.

Die Ruine des römischen Amphitheaters

5–6
Folgen Sie weiter der Straße, die einen Linksbogen beschreibt, zur Nr. 11: Hier finden Sie den **Orto Botánico** (den Botanischen Garten; ➤ 57). Der schöne Park ist die grüne Lunge der Stadt.

6–7
Verlassen Sie den Park, vorbei an der **Chiesa di San Michele,** und gehen Sie links in die Via Portoscalas. Biegen Sie links in den Corso Vittorio Emanuele II ein und anschließend rechts in den Largo Carlo Felice, der Sie geradeaus zur **Via Roma** führt.

KLEINE PAUSE

Auf der Panoramaterrasse des **Caffè delle Arti** beim Dom (Via del Fossario 1) kann man wunderbar pausieren.

2 VON CAGLIARI NACH VILLASIMÍUS

Tour

LÄNGE 51 km nach Villasimíus (inklusive der Umwege zu den Stränden)
DAUER 2–3 Stunden, mit den Umwegen ein Tag
START Cagliari Airport 176 A2 **ZIEL** Villasimíus 177 D1

Die Tour führt mit Blick auf reizvolle Strände und mit Macchia bewachsene Hügel am Golfo degli Ángeli (Engelsgolf) vorbei. Sobald Sie Cagliari hinter sich gelassen haben, wird die Küste einsamer. Die Strada Panorámica schlängelt sich durch das hügelige Land und präsentiert tolle Meerblicke, weiße Sandstrände und versteckte Buchten.

1–2

Wenn Sie am **Flughafen Cagliari** (6 km nordwestlich von Cagliari) starten, folgen Sie der SS554 nach Südosten und der Beschilderung nach Quartu S. Elena und Villasimíus. Größtenteils fahren Sie auf der zweispurigen Umgehungsstraße (keine Maut). Wenn Sie sich dem Meer nähern, begrüßen Sie links und rechts Flamingos in den Lagunen Stagno Simbrizzi und Stagno di Quartu. Zum Poetto-Strand biegen Sie links auf die Küstenstraße ein, fahren an der Spiaggia di Quartu vorbei und dann weiter zur Marina Píccola am **Poetto**.

1–2 (Alternative)

Vom Stadtzentrum Cagliaris (➤ 50) aus fahren Sie auf der Via Roma in südöstlicher Richtung. Am Ende des Hafens geht es weiter geradeaus, die Straße heißt nun Viale Armando Diaz. Nach dem Ponto Vittorio biegen Sie leicht links in die Viale Poetto ein, und dann wieder links in die Via Lungo Saline.

Am riesigen, feinsandigen **Poetto**-Strand (➤ 58; 8 km lang) liegt auch die Molentargius-Lagune, in der neben zahlreichen anderen Wasservögeln auch Flamingos leben und brüten.

2–3

Fahren Sie weiter die Küste entlang auf der Panoramastraße von Cagliari nach Villasimíus. Der nächste

Stopp ist **Sant'Andrea** (es liegt auf der linken Straßenseite). Zum Strand biegen Sie ein Stückchen weiter rechts in die Via Taormina ein.

An der Westseite liegen die Ruinen einer römischen Villa und einer Therme aus dem 3. Jahrhundert.

3–4
Kehren Sie zur Panoramastraße an der Küste zurück, auf der Sie nach ca. 13 km **Gereméas** mit seinen Traumstränden erreichen. In der Nähe, östlich von der Dorfmitte, steht die **Torre delle Stelle**, wo ein Trampelpfad zum Strand abgeht. Dort gibt es neben einem schönen Panorama auch Bars und Läden.

4–5
Folgen Sie auf der Küstenstraße den Schildern nach **Solánas**, das ca. 32 km von Cagliari entfernt ist. Die Hauptstraße macht eine Schleife zum zentralen Parkplatz in der Dorfmitte, von wo aus man gut zum Strand kommt. Der östliche Teil des Strands mit seinen Dünen am **Capo Boi** ist allerdings schöner. Der großflächige Strand mit dem feinen Sand erstreckt sich bis in den Westen der Landzunge und wird von einem Sarazenen-Turm aus dem 16. Jh., dem Torre di Capo Boi, bewacht.

5–6
Sie kehren zurück auf die Hauptstraße, auf der Sie nach rund 11 km die Abzweigung nach **Capo Carbonara** nehmen. Das Kap ist der südöstlichste Punkt Sardiniens und bietet einen unvergesslichen Ausblick. Zurück auf der Hauptstraße, fahren Sie weiter nach Villasimíus.

KLEINE PAUSE
Genießen Sie die Meeresküche im **Ristorante da Barbara** (Strada Provinciale per Villasimíus, in Solánas, Tel. 070 75 06 30) oder schauen Sie in Villasimíus an der Piazza Gramsci von der Bar **Gio** aus dem bunten Treiben zu.

Felsküste entlang der Panoramastraße zwischen Cagliari und Villasimíus

3 ORISTANO & PENISOLA DEL SINIS

Tour

LÄNGE 49 km
DAUER ein halber Tag
START/ZIEL Oristano 170 C2

Auf dieser gemächlichen Tour lernen Sie das Seebad Marina di Torre Grande und das »Flamingo-Paradies« der Lagunenwelt von Cábras kennen. Schließlich erreichen Sie die Spitze der Sinis-Halbinsel und damit die Ruinen des grandios gelegenen antiken Tharros.

1–2

Folgen Sie von **Oristano** aus auf der SS292 den Schildern nach Marina di Torre Grande und Cuglieri nach Norden. Auf einer langen Brücke überqueren Sie den Tirso. Dahinter gabelt sich die Straße. Sie biegen links ab und folgen den Schildern nach Cábras/Tharros und dann nach San Giovanni di Sinis. Rund 9 km hinter Oristano erreichen Sie **Marina di Torre Grande** (➤ 78), ein – zumindest in der Saison – belebtes Küstenörtchen mit einem langen, weißen Sandstrand, der sanft ins Meer abfällt.

Korinthische Säulen in Tharros

2–3

Kehren Sie zur Hauptstraße zurück und biegen Sie an der Kreuzung links nach San Giovanni di Sinis ab. Die Straße wird nun links vom Stagno di Místras, rechts vom **Stagno di Cábras** flankiert, der mit 2000 ha größten Lagune Italiens. Außer Flamingos gibt es in den Gewässern jede Menge Fische, darunter Meeräschen, aus deren Rogen die berühmte *bottarga* gemacht wird. Ignorieren Sie die Abzweigung nach rechts und fahren Sie geradeaus nach **San Giovanni di Sinis**.

3–4

Die Chiesa di San Giovanni di Sinis im verschlafenen Fischerdorf ist nach San Saturnino in Cagliari die älteste Kirche Sardiniens. Das Innere der Kirche aus dem Jahr 476 ist erfrischend schlicht. Hinter der Kirche am Ufer der Lagune liegen einige reetgedeckte *domus de cruccuri* (Binsenhütten), in denen früher Fischer lebten. Von San Giovanni di Sinis gehen Sie zu Fuß oder fahren mit dem kleinen Touristenzug zum nahen Eingang der antiken Stadt **Tharros**.

4–5

Tharros (➤ 73) wurde 730 v. Chr. gegründet und stieg zur reichsten phönizischen Hafenstadt der Westküste auf. Bis weit nach der Invasion der Römer 238 v. Chr. florierte die Stadt, wurde wegen ständiger Piratenangriffe aber 1070 zugunsten Oristanos aufgegeben. Die meisten Ruinen stammen aus rö-

Blick über die Lagune zur Sinis-Halbinsel

mischer Zeit, es gibt aber auch einen Tempel mit dorischen Säulen sowie eine Kinderbegräbnisstätte *(tophet)* aus phönizischer Zeit. Ein alter Sarazenen-Turm wacht über die Landzunge mit den schönen Stränden wie dem berühmten »Reiskorn«-Strand Is Arutas.

5–6

Fahren Sie denselben Weg zurück, bis Sie 4 km weiter nördlich links zur Abzweigung nach San Salvatore/Riola kommen.

Im staubigen kleinen Pilgerort **San Salvatore** (➤ 78) wurden einst Italo-Western gedreht. Außer zum

> **KLEINE PAUSE**
> Gönnen Sie sich eine Pause unter Palmen in einer der **Strandbars** von Marina di Torre Grande.

»Rennen der Barfüßigen« im September liegt die Freiluftkulisse allerdings recht verlassen da.

6–1

Fahren Sie 7 km nordöstlich auf der SP7 zur SP59. Biegen Sie dann nach 1 km rechts auf die SS292, wo Sie bleiben, bis es rechts an der Via Sant'Anna nach Riola Sardo hineingeht. Dann folgen Sie der SS292 bis Oristano.

4 ALGHERO

Spaziergang

LÄNGE 2 km **DAUER** 2–3 Stunden
START Piazza Porta Terra ✚ 166 B2
ZIEL Piazza Civica ✚ 166 B2

Straßencafé an der Piazza Civica

Der Spaziergang geht durch die von alten Mauern und Türmen geschützte Altstadt Algheros (➤ 110). Im engen Gassengewirr lernen Sie nicht nur die bedeutendsten Museen und Kirchen der Stadt kennen, sondern auch das alltägliche Sardinien in Form der wie Wimpel über der Straße hängenden Wäsche. Ihr Weg führt zum Hauptplatz Piazza Civica, wo Karl V. im Jahr 1541 zum Volk sprach, ehe er gegen die Türken ritt.

❶–❷

Ihr Bummel beginnt an der **Piazza Porta Terra** gegenüber dem oberen Ende des Giardino Púbblico. Die Porta Terra war eines von zwei Stadttoren und beherbergt heute ein Besucherzentrum. 32 Stufen bringen Sie zur Aussichtsplattform mit Blick über die Altstadt (3 Euro). Nach Verlassen des Turms gehen Sie links in die Carrer de los Arjoles, und dann rechts in die Via Ambrogion Machin. Am Ende der Straße wenden Sie sich nach rechts und zur **Chiesa di San Francesco**. Die Klosterkirche mit dem spitzen aragonesischen Turm ist eines der Wahrzeichen der Stadt und zudem ein schönes Beispiel für die die Stadt prägende katalanische Architektur. Teile des Kreuzgangs stammen aus dem 13. Jahrhundert.

❷–❸

Von der Kirche gehen Sie nach links und in die **Via Carlo Alberto** zurück. In ihren vielen Boutiquen und Schmuckläden schlägt das Shopping-Herz der Stadt. Sie laufen geradeaus weiter und überqueren die Via Gilbert Ferret. Die Kreuzung

Statuen im Inneren der Chiesa di San Francesco

ist als *quatre contonades* (vier Seiten) bekannt; hier versammelten sich jahrhundertelang die Tagelöhner, um einen Job zu ergattern. Hinter der Kreuzung kommen Sie zur opulenten Barockkirche **Chiesa di San Michele** aus dem 17. Jh., die mit ihrer funkelnden Majolikakuppel die Stadtsilhouette prägt. Im Inneren gibt es schöne Altarbilder.

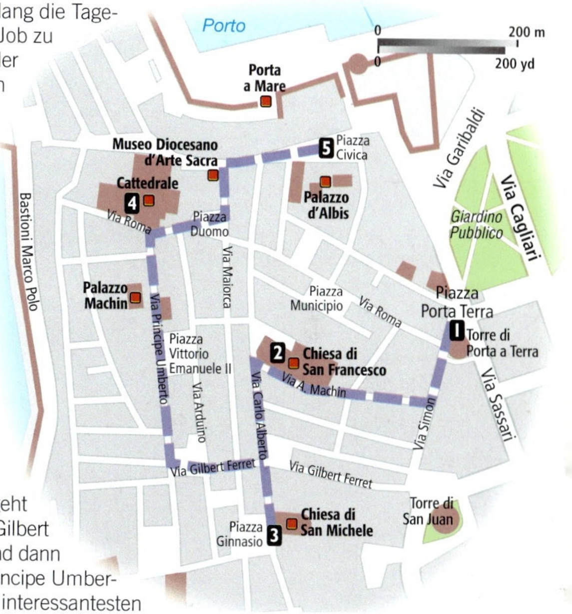

3–4
Von San Michele geht es zurück zur Via Gilbert Ferret, dort links und dann rechts in die Via Principe Umberto. Sie ist eine der interessantesten Straßen der Altstadt, und zwar besonders wegen ihrer alten Gebäude, beispielsweise dem **Palazzo Machin** (Nr. 9–11). An dem einstigen Bischofswohnsitz nagt zwar der Zahn der Zeit, aber die gotischen Fenster sind noch immer bildschön. Wenn Sie weiter die Straße hinaufgehen, taucht rechts der achteckige Campanile der **Cattedrale di Santa Maria** auf, deren Eingang an der Piazza Duomo liegt. Das Innere ist ein Stilgemisch mit Betonung auf Barock, doch auch Teile des ursprünglichen Baus aus dem 16. Jh. sind noch sichtbar.

4–5
Nach der Besichtigung der Cattedrale bietet die ehemalige Rosario-Kirche nebenan den passenden Rahmen für die faszinierenden Sakralkunstschätze des **Museo Diocesano d'Arte Sacra**. Gehen Sie nun in östlicher Richtung, vorbei an der Via Maiorca, Via Carlo Alberto und Vicolo Sena, zur **Piazza Civica**. Der als *il salotto* (Wohnstube) bezeichnete Hauptplatz der Altstadt liegt hinter der Porta a Mare (Meerestor) und wird von alten Patrizierpalästen, Bars und Restaurants umsäumt. Der bedeutendste dieser Palazzi ist der Palazz d'Albis. Auf der gegenüberliegenden Seite der Piazza steht der gotische **Palazzo d'Albis**, von dessen Balkon aus Karl V. der Menge »*Estade todos caballeros*« (»Hiermit seid ihr alle Ritter«) zurief.

KLEINE PAUSE

Auf keinen Fall versäumen darf man den kleinen **Spaziergang** auf der »Bastione«, der Stadtmauer zwischen dem Hafen und der Piazza Sulis.
Auf der Mauer laden mehrere **Bars und Restaurants** zur Pause mit fantastischem Blick auf das Capo Cáccia ein. Der Treff zum Sonnenuntergang!

5 IM GENNARGENTU-GEBIRGE

Tour

LÄNGE 77 km
DAUER ein halber bis zu einem Tag
START/ZIEL Núoro 172 C4

Die Tour führt durch das Herz Sardiniens, die eindrucksvolle Bergkulisse der Barbagia. Genießen Sie die majestätische Gebirgswelt, die tiefen Schluchten, die abgeschiedenen Hirtenörfer. Und den Pecorino-Käse mit einem Glas Nepente di Oliena, der als der beste Cannonau Sardiniens gilt.

1–2

Auf der Via Trieste verlassen Sie Núoro in östlicher Richtung. Bleiben Sie auf dieser Straße, die bald zur Via Ballero wird, und biegen Sie links in die Viale La Solitudine. Nach 300 m fahren Sie rechter Hand auf die SP42, die Via Monte Ortobene. Die Panoramastraße schlängelt sich den Berg hinauf, und ca. 8 km hinter Núoro signalisieren Ihnen Souvenirstände und Lokale am Straßenrand, dass Sie Ihr Ziel erreicht haben. Stellen Sie Ihr Auto am Parkplatz nahe dem Gipfel des **Monte Ortobene** (➤ 96) ab und folgen Sie den verblassten gelben Schildern zum »Il Redentore«. Nach 100 m gilt es, 49 felsige Stufen zu überwinden, an deren Ende Sie die Bronzestatue von Christus dem Erlöser grüßt.

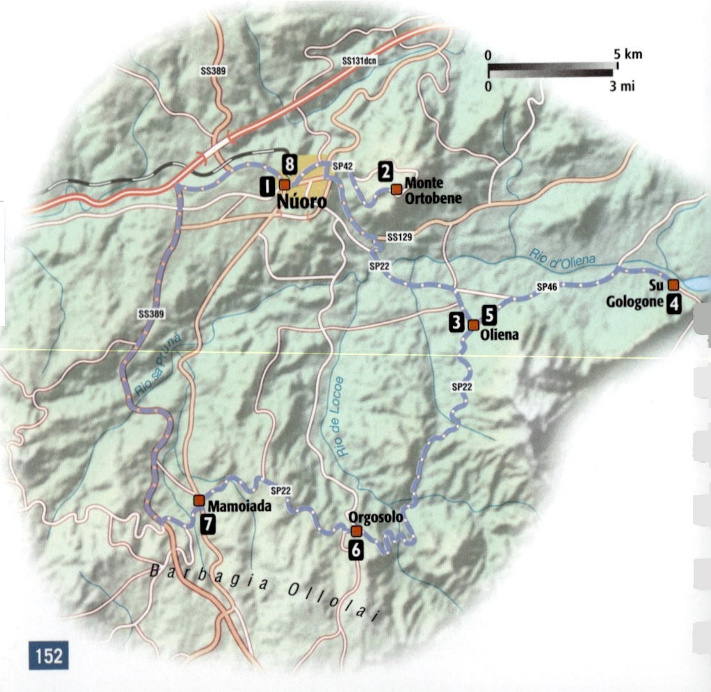

Auf der Straße von Núoro nach Monte Ortobene

2–3
Das nächste Ziel ist das 12 km entfernte **Oliena**. Vom Monte Ortobene aus nehmen Sie die SP42 in nordwestlicher Richtung zur SP45/Via Valverde. Folgen Sie der SP45 und bleiben Sie beim Abzweig der nach rechts gehenden Viale La Solitudine links auf der SP45. Dann geht es scharf nach links auf die SS129 und nach 4,3 km auf der SP22 nach rechts. Bleiben Sie auf der SP22 und halten Sie sich links. An der Via Raffaele Calamida fahren Sie schräg rechts, dann biegen Sie rechts in die Via Núoro/SP46 ein. Parken Sie am besten bei der Pfarrkirche Santa Maria direkt am Eingang ins historische Zentrum Olienas. Das freundliche Bergstädtchen verdankt seinen Wohlstand seinen berühmten Cannonau-Weinen sowie anderen Spezialitäten wie seinem Olivenöl, seinem Pecorino oder seinem traditionellen Gold- und Schilberschmuck. Und den zahlreichen Aktiv-Urlaubern, denn Oliena hat sich zu einem Zentrum des Outdoor-Tourismus entwickelt. Als Anleihe beim Nachbarort Orgosolo gibt es auch hier ein paar Wandgemälde und in der Gemeindekirche eine Geburtsszene des Christuskinds aus der Hand eines hiesigen Künstlers.

3–4
Von der Straße nach Dorgali (SP46) geht 6 km östlich ein Abzweig zum legendären Hotel **Su Gologone** ab. Es ist nach der nahe gelegenen Sardiniens wasserreichsten Quelle Sardiniens benannt. Hotel und Quelle sind ideale Ausgangspunkte für Wanderungen zu den spektakulären Naturphänomenen des Supramonte wie der Schlucht **Gola su Gorruppu** oder dem nuragischen Höhlendorf auf dem **Monte Tiscali**. Trekkingtouren auf eigene Faust in dem wilden Gebirge sind nicht ungefährlich! Auf der sicheren Seite ist man hier bei einer geführten Tour.

4–5
Fahren Sie auf der SP46 zurück nach Oliena.

5–6
Rund 7 km vor Oliena biegen Sie links auf die SP58 ab, deren kurvigem Verlauf Sie etwa 11 km bis

Liebliche Hügellandschaft in der Nähe von Oliena

nach **Orgosolo** (➤ 97) folgen. Die »Hauptstadt der Barbagia« war einst als Banditennest verschrien. Berühmter ist das Bergdorf aber für die *murales*, Wandgemälde, die auf jedem freien Stück Mauer prangen und sowohl politische als auch volkstümliche Themen aufgreifen.

KLEINE PAUSE

Die Quelle lädt zu einem Picknick im schattigen Hain ein, aber man kann auch die Bar des Hotels **Su Gologone** ansteuern. Das Restaurant des Hauses gilt als eine der besten Adressen für traditionelle sardische Bergküche.

6–7

Von Orgosolo geht es ins 10 km westlich gelegene **Mamoiada** (➤ 97). Nehmen Sie die SP22/ Corso Republica in Richtung Via di Vittorio und fahren Sie weiter auf der SP22. Der Ort ist bekannt für den *carnevale* mit seinen »Mamuthones« und »Issohadores«. Die Kostüme dieser Figuren kann man im Museo delle Maschere Mediterranee bestaunen.

7–8

Von Mamoiada aus fahren Sie auf der Via Matteotti südwestlich zur Via Núoro, wo Sie rechts abbiegen. An der SS389/Via Vittorio Emanuele II geht es wieder rechts und nach 16 km ist Núoro erreicht.

6 ÍSOLA CAPRERA

Wanderung

LÄNGE 12,5 km **DAUER** 4 Stunden
START/ZIEL Parkplatz, Caprera (350 m hinter dem Damm auf La Maddalena) 169 D4

Die grünste Insel des Archipels wird auch die »Insel Garibaldis« genannt. Der Revolutionär liebte die Freiheit und Ruhe auf dem Eiland so sehr, dass er seine letzten 27 Jahre hier verbrachte (► 136). Spazieren Sie durch duftende Macchia, genießen Sie die Ruhe und die Aromen der Natur beim Spaziergang durch duftende Macchia und schattige Pinienwälder. Wandern Sie auf den höchsten Gipfel, den 2112 m hohen Monte Telaione oder hinab zur Cala Cotticio, einem wahren Traumstrand. Natürlich darf bei einem Besuch von Caprera der Besuch des Garibaldi-Museums nicht fehlen.

Idylle pur: Aussicht von der Ísola Caprera

1–2

Am Parkplatz zweigt ein Fußweg nach rechts geradewegs in die Macchia ab. Lassen Sie sich vom Duft von Myrte, Kriechwacholder, Mastixbäumen, Lavendel und Wildblumen betören, aber nicht von den zur Küste führenden Wegen ablenken. Nach ca. 15 Minuten erreichen Sie einen kleinen Schirmkiefernhain. An der nächsten Gabelung wenden Sie sich nach rechts und vor Ihnen liegt die kleine Bucht der Cala Stagnali. Der Hauptweg führt Sie dann weiter zu einer Asphaltstraße, an der Sie rechts abbiegen. Bald darauf geht es links bergauf zu umwerfenden Aussichten über die Inseln und Korsika, die Sie anderthalb Stunden lang genießen können, ehe der Gipfel des **Poggio Rasu** (»Kahler Hügel«) in Sicht kommt.

Keine Staus weit und breit: eine Straße auf der Ísola Caprera

Die Straße schwenkt nun nach links – Sie gehen aber geradeaus weiter zur aus dem Granitfels geschlagenen Geschützstellung aus dem Zweiten Weltkrieg.

2–3
Zurück an der Weggabelung, gehen Sie rechts und folgen der absteigenden Straße. An einer T-Kreuzung biegen Sie rechts ab, wobei Sie einen verfallenen Brunnen links und ein Betongebäude rechts liegen lassen. Folgen Sie der Straße zu einem Rastplatz auf der linken Seite und machen Sie nach rund 50 m einen kleinen Umweg scharf nach rechts und dann die Treppen zum Aussichtsturm des **Monte Telaione** hinauf – dem höchsten Gipfel auf Caprera.

3–4
Kehren Sie zur Straße zurück und wenden Sie sich nach rechts. Nach knapp drei Stunden (gesamte bisherige Wegzeit) macht der Weg kurz hinter einem verfallenen Haus auf der linken Seite eine Linksbiege und geht in einen unbefestigten Pfad über. An der nächsten Kreuzung biegen Sie nach links ab (geradeaus geht es zur Geschützstellung des Monte Arbuticci). Gehen Sie immer weiter geradeaus, vorbei an zwei Abzweigungen, nach rechts.

4–5
An der nächsten Kreuzung geht es links (zwei Militärgebäude stehen rechts) bergauf zu einem Stausee (ca. 3,5 Std.). Überqueren Sie die Mauer des Damms und folgen Sie dem ansteigenden Pfad bis zu einem Parkplatz. Rechter Hand führt eine Straße an den vom Wind geformten Granitfelsen vorbei zur **Compendio Garibaldino di Caprera** (➤ 136).

5–6
Vor dem Haus führt ein betonierter Pfad nach links auf eine Terrasse. Laufen Sie den Pfad unterhalb des Zauns weiter bergab, bis er schließlich zwischen den Felsen verschwindet. An einem kleinen Haus biegen Sie rechts in eine Straße mit Häusern ein. Weiter links geht es zum Parkplatz.

KLEINE PAUSE
Das **I Mille** ist ein einfacher Kiosk mit Tischen und Hängematten, idyllisch im Pinienwald an der Straße gelegen. Eine kleine Oase, in der man hervorragende Paninis und andere Snacks erhält.

Praktisches

Praktisches

REISEVORBEREITUNG

WICHTIGE PAPIERE

● Erforderlich
○ Empfohlen
▲ Nicht erforderlich

	Deutschland	Österreich	Schweiz
Pass/Personalausweis	●	●	●
Visum (Aufenthaltsdauer unter drei Monaten)	▲	▲	▲
Weiter- und Rückflugticket	▲	▲	▲
Reiseversicherung (➤ 162)	○	○	○
Führerschein (national)	●	●	●
Grüne Versicherungskarte	○	○	○
Fahrzeugschein/Kfz-Haftpflichtversicherung (eigener Wagen)	●	●	●

REISEZEIT

Hauptsaison — Nebensaison

JAN	FEB	MÄRZ	APRIL	MAI	JUNI	JULI	AUG	SEPT	OKT	NOV	DEZ
Nebensaison	Nebensaison	Nebensaison	Hauptsaison	Hauptsaison	Hauptsaison	Hauptsaison	Hauptsaison	Hauptsaison	Hauptsaison	Nebensaison	Nebensaison
10 °C	11 °C	13 °C	19 °C	22 °C	25 °C	31 °C	31 °C	36 °C	22 °C	16 °C	12 °C
Regnerisch	Regnerisch	Regnerisch	Wechselhaft	Sonnig	Sonnig	Sonnig	Sonnig	Sonnig	Wechselhaft	Verregnet	Verregnet

Sonnig — Verregnet — Regnerisch — Wechselhaft

Der Sommer auf Sardinien ist schön und dauert **sechs Monate**. Von Mai bis Oktober ist es gewöhnlich heiß und trocken, durch die Lage im Mittelmeer weht jedoch oft eine Brise. Die Abende im März und April können kühl werden, was diese Zeit aber auch **ideal für Wanderungen** macht. Die Insel ist dann von einem Blumenmeer überzogen und es finden viele traditionelle Feste statt. Ab Mai ist es in der Regel warm genug zum Baden. In der **Hauptsaison** im Juli und August ist es oft drückend heiß und die Küste ist von Touristen überlaufen. Im Herbst blühen noch einmal die Pflanzen, während es auch im Winter noch warm und klar sein kann – allerdings gibt es im Landesinnern manchmal **Schnee** (hier kann man Ski fahren). Beachten Sie, dass viele Hotels und Restaurants an der Küste nur von Mai bis September geöffnet sind.

ANREISE

Mit dem Flugzeug: Sardinien verfügt über drei Flughäfen – Fertilia bei Alghero im Nordwesten, Ólbia-Costa Smeralda bei Ólbia im Nordosten und Élmas bei Cagliari im Süden der Insel. In der Saison (Mai–Okt.) gibt es von zahlreichen Flughäfen direkte Verbindungen nach Sardinien. Im Winter muss dagegen häufig mindestens ein Zwischenstopp, meist in Mailand oder Rom, in Kauf genommen werden. Neben den teuren Linienflügen von Alitalia oder Lufthansa bieten Billigairlines oft günstige Preise. Regelmäßige Direktverbindungen nach Ólbia und Cagliari unterhalten TUIfly (www.tuifly.com), Airberlin (www.airberlin.com), Germanwings (www.germanwings.com) und Easyjet (www.easyjet.com).

Mit dem Auto: Die Fährhäfen sind mit dem Auto gut über das europäische Autobahnnetz (durch die Schweiz oder Österreich) zu erreichen, was allerdings mit Gebühren verbunden ist. Am praktischsten liegen die Häfen in Genua, La Spezia und Livorno.

Mit der Fähre: Die Fährhäfen des italienischen Festlands Civitavecchia (Rom), Genua, Savona, La Spezia und Livorno bieten Verbindungen auf die Insel (Cagliari, Ólbia oder Golfo Aranci an der Nordostküste, Porto Tórres an der Nordwestküste). Die wichtigsten Reedereien im Sardinienverkehr sind Moby Lines (www.mobylines.de), Sardiniaferries (www.corsica-ferries.de) und Grandi Navi Veloci (www.gnv.it). Die ehemalige Staatslinie Tirrenia ist Besitz des Konsortiums CIN, an dem Moby Lines große Anteile hält. Pläne der Region Sardinien, das Quasi-Monopol von Moby Linesund die damit verbundene Preiserhöhungen zu durchbrechen, sind gescheitert.

ZEIT

Wie auch auf dem italienischen Festland gilt auf Sardinien die Mitteleuropäische Zeit (MEZ). Von Ende März bis Ende Oktober stehen die Uhren auf Sommerzeit.

GELD

Währung: Das offizielle Zahlungsmittel in Italien ist der Euro.
Banken gibt es in allen größeren Orten Sardiniens. Die Öffnungszeiten sind mit geringen Abweichungen im Allgemeinen Mo–Fr 8.30–13 und 14.30–16 Uhr.
Kredit- und Bankkarten: Kreditkarten werden fast überall akzeptiert. Kleinere Betriebe nehmen meist lieber Bargeld. Bargeldzahlungen sind nur bis max. 3000 € erlaubt.
Sperrnummern: Unter Tel. 0049 116 116 kann man in **Deutschland** Bank- und Kreditkarten, Online-Banking-Zugänge, Handykarten und die elektronische Identitätsfunktion des neuen Personalausweises bei Verlust sperren lassen. Für **Österreich** gilt die Telefonnummer: 0043 1 204 8800. Die **Schweiz** hat keine einheitliche Notfallnummer; die wichtigsten sind: 0041 44 659 69 00 (Swisscard); 0041 8 48 88 86 01 (UBS Card Center); 0041 58 958 83 83 (VISECA); 0041 44 828 32 81 (PostFinance).

Praktisches

DAS WICHTIGSTE VOR ORT

FEIERTAGE

1. Jan.	Neujahr
6. Jan.	Heilige Drei Könige
März/April	Ostern
25. April	Tag der Befreiung
1. Mai	Tag der Arbeit
2. Juni	Tag der Republik
15. Aug.	Ferragosto (Mariä Himmelfahrt)
1. Nov.	Ognissanti (Allerheiligen)
8. Dez.	Mariä Empfängnis
25. Dez.	1. Weihnachtstag
26. Dez.	2. Weihnachtstag (Santo Stefano)

ELEKTRIZITÄT

Die Spannung beträgt auf Sardinien 220 Volt, es funktionieren aber auch Geräte, die 240 Volt benötigen. Die Steckdosen sind zweipolig, da jedoch die flachen Eurostecker weit verbreitet sind, benötigen Touristen recht häufig einen Adapter.

ÖFFNUNGSZEITEN

○ Geschäfte
● Büros
● Banken
● Postämter
● Museen/Sehenswertes
● Apotheken

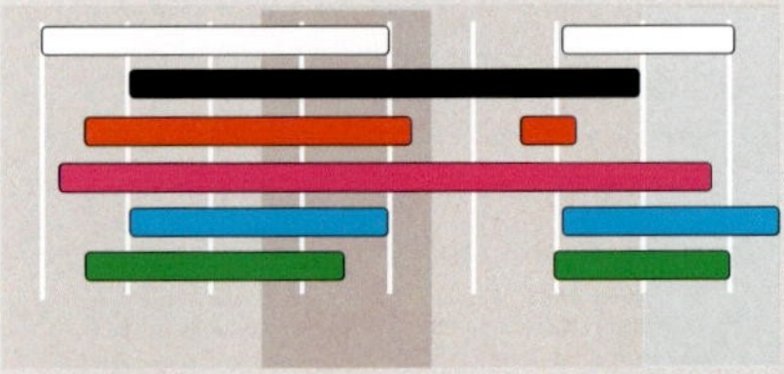

□ Tagsüber □ Mittags □ Abends

Manche Geschäfte sind montagmorgens, fast alle sonntags zu. Museen haben in der Regel montags geschlossen. Archäologische Ausgrabungsstätten sind meist von 9 Uhr bis eine Stunde vor Sonnenuntergang zugänglich. Kleinere Museen und Denkmäler sind im Winter nur eingeschränkt geöffnet, manche sogar komplett geschlossen.

TRINKGELD

Oft wird ein kleines Trinkgeld erwartet.
Zur Orientierung:

Restaurants (Service inkl.)	Kleingeld
Restaurants (Service nicht inkl.)	10 %
Cafés/Bars (Service nicht inkl.)	Kleingeld/10 %
Taxis und Fremdenführer	nach Ermessen
Gepäckträger	1–2 Euro
Zimmermädchen und Toiletten	nach Ermessen
Friseur	10 %

HÄNDE WEG!

Sei es noch so verlockend: Kaufen Sie keine angeblichen Louis-Vuitton-Artikel, schon gar nicht am Strand! Die italienische Polizei macht Front gegen gefälschte Markenartikel, wobei auch Käufer mit einer hohen Geldstrafe rechnen müssen.

IN KONTAKT BLEIBEN

Post: Die Post auf Sardinien ist recht langsam. Briefmarken *(francobolli)* sind bei den Postämtern, in Tabakläden *(tabacchi)* und einigen Andenkenläden erhältlich. Die Postfilialen sind gewöhnlich Mo–Fr 8.10–18.50 und Sa 8–13.15 Uhr geöffnet.

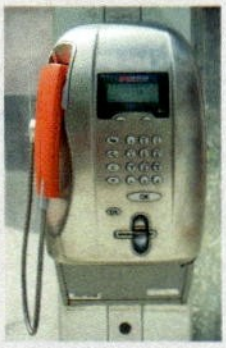

Telefonieren: Italien ist ein Mobilfunkland: Jeder besitzt mindestens ein »Cellulare«. Öffentliche Telefonzellen sind extrem selten. Wer vom Festnetz telefonieren will, muss eine an Stellen wie Bars, Tabak-, Zeitschriftenshops oder Hotelrezeptionen erhältliche *Scheda Telefonica* erwerben. Ihre Gültigkeit ist zeitlich begrenzt!

Internationale Vorwahlen:
Deutschland: 0049
Österreich: 0043
Schweiz: 0041

Mobiltelefon: Die Benutzung eines Mobiltelefons ist fast überall auf der Insel unproblematisch (vorher sicherstellen, dass Ihr Gerät roamingfähig ist). Auf Sardinien bzw. in Italien gilt der europäische Standard GSM. Italienische SIM-Karten sind gegen Vorlage des Personalausweises in allen größeren Orten problemlos erhältlich. Die drei wichtigsten Anbieter TIM, Vodafone und Wind haben meist sehr günstige, entweder zeitlich oder in den Datenmengen begrenzte Angebote, die neben Telefonie auch Internetflatrates umfassen.

WLAN und Internet: Eine »Area WiFi« bieten nicht nur viele Hotels, sondern auch Campingplätze, Bars und andere Adressen an. Manchmal wird aber eine überzogen hohe Gebühr verlangt. Internetzugang auf dem Zimmer ist selten. In allen größeren Orten bieten aber lange geöffnete Internetcafés ihre Dienste an.

SICHERHEIT

Sardinien ist eine der sichersten Regionen Italiens. Es ist dennoch ratsam, auch auf Sardinien die üblichen Vorsichtsmaßnahmen zu beachten, vor allem in Cagliari und den Großparkplätzen vor Einkaufszentren:

- Verschließen Sie Ihre Taschen und tragen Sie sie am besten vorne am Körper.
- Deponieren Sie Schmuck und Wertsachen im Hotelsafe.
- Lassen Sie kein Gepäck oder andere (Wert-)Gegenstände im Auto.
- Tragen Sie Ihre Kamera bei sich und behalten Sie sie in Cafés/Restaurants im Auge.
- Erhöhte Vorsicht ist in der Saison an Orten geboten, wo Ihr Auto länger unbeaufsichtigt steht – z. B. an Flughafen- und Strandparkplätzen oder Abstellplätzen bei beliebten Ausflugszielen.
- Überlaufene Strände sind im Sommer ein ideales Terrain für Taschendiebe (meist keine Einheimischen!) – daher nichts Wertvolles unbeaufsichtigt auf Liege oder Badetuch liegen lassen, vor allem nicht das Handy.

Praktisches

GESUNDHEIT

Krankenversicherung: Mit der Europäischen Versicherungskarte erhält man für alle akut erforderlichen medizinischen Maßnahmen ambulante oder stationäre ärztliche und zahnärztliche Behandlung. Da die Krankenkassen jedoch nur Kosten für akut notwendige Maßnahmen übernehmen, empfiehlt sich eine private Reisekrankenversicherung.

Medizinische Behandlung/Zahnarzt: In den Ferienorten an der Küste stellt die *Guardia Medica* die medizinische Grundversorgung sicher. Manche Ärzte bestehen auf Barzahlung. Die Kosten für das medizinisch Notwendige werden gegen Vorlage der Quittung von der Krankenkasse erstattet.

Wetter: Im Juli/August hat es häufig über 40 °C. Abkühlung findet man im Meer oder in den Bergen. Im Sommer gehen zwei Winde über die Insel – der *maestrale* (Mistral) aus Nordwest und der heiße, sandige Schirokko aus dem Süden. Immer einen Sonnenhut, Sonnencreme mit hohem Lichtschutzfaktor und Wasser mitführen!

Medikamente: Rezeptpflichtige und andere Medikamente bekommen Sie in Apotheken *(farmacie)* – am grünen Kreuz zu erkennen.

Trinkwasser: Das Wasser ist überall ohne Risiko trinkbar. Besonders in den regenarmen Sommermonaten wird in einigen Küstenregionen das Wasser jedoch stark gechlort, sodass sich als Babynahrung »Aqua Minerale Naturale« aus der Flasche empfiehlt. Die zahlreichen Quellen in den Bergen spenden meist erstklassiges Trinkwasser. Wo das nicht der Fall ist, steht ein Hinweis: »Acqua non potabile« (»kein Trinkwasser«).

ERMÄSSIGUNGEN

In praktisch allen eintrittspflichtigen Einrichtungen ist der Eintritt für Jugendliche bis 18 und Rentner ab 61 Jahren stark verbilligt (in der Regel 50 %), in staatlichen ist er manchmal sogar kostenlos.

MENSCHEN MIT BEHINDERUNG

Behindertengerechte Einrichtungen gibt es an praktisch allen öffentlichen Gebäuden und Museen, ebenso in Hotels oder an Stränden wie dem Poetto in Cagliari, aber auch in Restaurants. Neuere Hotels verfügen oft über behindertengerechte Zimmer oder Apartments. Wo es Derartiges nicht gibt, hilft die große sardische Hilfsbereitschaft meist weiter.

KINDER

Besondere Attraktionen für Kinder sind durch das oben stehende Logo gekennzeichnet. Kinder werden auf Sardinien herzlich empfangen. Achten Sie auf Sonnenschutz und ausreichende Flüssigkeitszufuhr.

TOILETTEN

Auf der Insel gibt's kaum öffentliche WCs, aber viele Kneipen haben eins (*bagno, gabinetto, toilette*). Toilettenpapier mitbringen!

ZOLL

Die Ausfuhr von antiken Gegenständen, geschützten Pflanzen und Tieren ist illegal. Infos gibt's beim Zoll.

ITALIENISCH UND SARDISCH

Die Amtssprache auf Sardinien ist **Italienisch**. Die Sarden sprechen es fließend.
Ins **Sardische** sind Einflüsse vieler Sprachen eingegangen – so hören Sie in der Gegend um Alghero zum Beispiel das Katalanische heraus – doch mehr als in allen anderen Sprachen ist das Sardische im Lateinischen verwurzelt. **Sardo** ist mit Latein noch enger verwandt als mit dem Italienischen: So ist das sardische Wort für Haus *domus*, nicht *casa*. Ein weiterer großer Unterschied besteht im Gebrauch der bestimmten Artikel *su, sa, sus, sos* und *sas* – dies ähnelt dem Katalanischen und nicht dem Italienischen mit *il, la, i* und *le*.
Die Menschen freuen sich, wenn Sie sie einfach mit einem *buon giorno* oder *buona sera* grüßen. *Grazie* (Danke) beantwortet man am besten mit *prego* (gerne). *Permesso?* (Darf ich, bitte?) bahnt Ihnen auf freundliche Art und Weise den Weg durch eine dichte Menschenmenge.

IMMER ZU GEBRAUCHEN

Ja/nein **Sì/no**
Bitte **Per favore**
Danke **Grazie**
Bitte, gerne **Di niente/prego**
Entschuldigung **Mi dispiace**
Auf Wiedersehen **Arrivederci**
Guten Morgen **Buongiorno**
Guten Abend **Buona sera**
Wie geht's? **Come sta?**
Wie viel? **Quanto costa?**
Ich möchte gerne ... **Vorrei ...**
Geöffnet **Aperto**
Geschlossen **Chiuso**
Heute **Oggi**
Morgen **Domani**
Montag **Lunedì**
Dienstag **Martedì**
Mittwoch **Mercoledì**
Donnerstag **Giovedì**
Freitag **Venerdì**
Samstag **Sabato**
Sonntag **Domenica**

NACH DEM WEG FRAGEN

Ich habe mich verlaufen **Mi sono perso/a**
Wo ist ...? **Dove si trova ...?**
der Bahnhof **la stazione**
das Telefon **il telefono**
die Bank **la banca**
die Toilette **il gabinetto**
Biegen Sie nach links **Volti a sinistra**
Biegen Sie nach rechts **Volti a destra**
Gehen Sie geradeaus **Vada dritto**
An der Ecke **all'angolo**
Die Straße **la strada**
Das Gebäude **il palazzo**
Die Ampel **il semaforo**
Die Kreuzung **l'incrocio**
Wegweiser nach ... **le indicazione per ...**

IM NOTFALL

Hilfe! **Aiuto!**
Können Sie mir bitte helfen? **Mi potrebbe aiutare?**
Sprechen Sie Deutsch? **Parla tedesco?**
Ich verstehe nicht **Non capisco**
Könnten Sie bitte schnell einen Arzt rufen? **Mi chiami presto un medico, per favore**

IM RESTAURANT

Ich möchte einen Tisch reservieren **Vorrei prenotare un tavolo**
Einen Tisch für zwei Personen, bitte **Un tavolo per due, per favore**
Könnten wir die Speisekarte haben? **Ci porta la lista, per favore?**
Was ist das? **Cosa è questo?**
Eine Flasche/ein Glas ... **Un bottiglia di/un bicchiere di ...**
Die Rechnung, bitte **Ci porta il conto**

ÜBERNACHTEN

Haben Sie ein Einzel-/Doppelzimmer? **Ha una camera singola/doppia?**
mit/ohne Bad/Toilette/Dusche **Con/senza vasca/gabinetto/doccia**
Ist das Frühstück inbegriffen? **E'inclusa la prima colazione?**
Ist das Abendessen inbegriffen? **E'inclusa la cena?**
Haben Sie Zimmerservice? **C'è il servizio in camera?**
Kann ich das Zimmer sehen? **E' possibile vedere la camera?**
Ich nehme dieses Zimmer **Prendo questa**
Vielen Dank für Ihre Gastfreundschaft **Grazie per l'ospitalità**

SPEISEKARTE A–Z

Sardische Spezialitäten
bottarga **Meeräschen-Rogen**
bue rosso **edles sardisches Rind**
cavallo **Pferd**
cordula **Lamminnereien**
culurgiones **Ravioli mit Kartoffel-Minze-Füllung**
granelle **Kalbshoden**
malloreddus **Sardische Gnocchi**
porceddu **über Feuer gegrilltes Spanferkel**
sebada **mit gesüßtem Käse und Honig gefüllte Teigtaschen**
suspiros **Baiser aus Mandeln, Ei und Zitrone**
zimino russo **gegrillte Innereien**
zuppa Gallurese **Brotauflauf mit Käse und Speck**
zurrette **Blutwurst aus Schafsblut**

Essen & Trinken
acciuga **Anchovis**
acqua **Wasser**
affettati **geschnittenes Räucherfleisch**
affumicato **geräuchert**
aglio **Knoblauch**
agnello **Lamm**
anatra **Ente**
antipasti **Vorspeisen**
arista **Schweinebraten**
arrosto **gebraten**
asparagi **Spargel**
birra **Bier**
bistecca **Steak**
bollito **gekochtes Fleisch**
braciola **Minutensteak**
brasato **geschmort**
brodo **Brühe**
budino **Pudding**
burro **Butter**
cacciagione **Wild**
cacciatore, alla **herzhafte Tomatensauce mit Pilzen**
caffè corretto/macchiato **Kaffee mit Likör, Schnaps oder wenig Milch**
caffè freddo **Eiskaffee**
caffè latte **Milchkaffee**
caffè lungo **schwacher Kaffee**
caffè ristretto **starker Kaffee**
calamaro **Tintenfisch**
cappero **Kaper**
carciofo **Artischocke**
carne **Fleisch**
carota **Karotte**
carpa **Karpfen**
casalingo **hausgemacht**
cavolfiore **Blumenkohl**
cavolo **Kohl**
ceci **Kichererbsen**
cervello **Hirn**
cervo **Reh**
cetriolino **Gewürzgurke**
cetriolo **Gurke**
cicoria **Chicorée**
cinghiale **Wildschwein**
cioccolata **Schokolade**
cipolla **Zwiebel**
coda di bue **Ochsenschwanz**
coniglio **Hase**
contorni **Gemüse**
coperto **Gedeckgebühr**
coscia **Keule**
cotoletta **Schnitzel**
cozze **Muscheln**
crema **Eiercreme**
crudo **roh**
dolci **Kuchen oder Desserts**
erbe aromatiche **Kräuter**
facito **gefüllt mit**
fagioli **Bohnen**
fagiolini **grüne Bohnen**
faraona **Perlhuhn**
finocchio **Fenchel**
formaggio **Käse**
forno, al **aus dem Ofen**
frittata **Omelett**
fritto **gebraten, frittiert**
frizzante **mit Kohlensäure**
frullato **verquirlt**
frutta **Frucht**
frutti di mare **Meeresfrüchte**
funghi **Pilze**
gamberetto **Garnele**
gelato **Eiscreme**
ghiaccio **Eis**
gnocchi **Kartoffelnudeln**
granchio **Krebs**
gran(o)turco **Mais**
griglia, alla **gegrillt**
imbottito **gefüllt**
insalata **Salat**
IVA **Mehrwertsteuer**
latte **Milch**
lepre **Hase**
lumache **Schnecken**
manzo **Rind**
merluzzo **Kabeljau**
miele **Honig**
minestra **Suppe**
molluschi **Schalentiere**
olio **Öl**
oliva **Olive**
ostrica **Auster**
pancetta **Speck**
pane **Brot**
panino **Brötchen**
panna **Sahne**
pastasciutta **getrocknete Pasta mit Sauce**
pasta sfoglia **Blätterteig**
patate fritte **Pommes frites**
pecora **Hammelfleisch**
pecorino **Schafskäse**
peperoncino **Peperoni**
peperone **rote/grüne Paprika**
pesce **Fisch**
petto **Brust**
piccione **Taube**
piselli **Erbsen**
pollame **Geflügel**
pollo **Huhn**
polpetta **Fleischbällchen**
porto **Portwein**
prezzemolo **Petersilie**
primo piatto **erster Gang**
ragù **Fleischsauce**
ripieno **gefüllt**
riso **Reis**
salsiccia **Wurst**
saltimbocca **Kalb mit Schinken und Salbei**
secco **trocken**
secondo piatto **zweiter Gang**
senape **Senf**
servizio compreso **Service inklusive**
sogliola **Scholle**
succa di frutta **Fruchtsaft**
sugo **Sauce**
tonno **Thunfisch**
uovo affrogato/in carnica **pochiertes Ei**
uovo al tegamo/fritto **Spiegelei**
uovo alla coque/sodo **weich/hart gekochtes Ei**
uova strapazzate **Rühreier**
verdure **Gemüse**
vino bianco **Weißwein**
vino rosato **Roséwein**
vino rosso **Rotwein**
vitello **Kalb**
zucchero **Zucker**
zucchino **Zucchini**
zuppa **Suppe**

Reiseatlas

Kapiteleinteilung: siehe vordere Umschlaginnenseite

Legende

- A 18 — Autobahn mit Nummer
- Schnellstraße mit Nummer
- SS114 — Fernstraße mit Nummer
- Hauptstraße
- Nebenstraße
- Straße in Bau/Straße in Planung
- Eisenbahn
- Fähre, Schiffsverbindung
- Staatsgrenze
- Regionengrenze
- Nationalpark
- Sperrgebiet
- (Internationaler) Flughafen
- Kloster; Kirche; Kapelle
- Burg, Festung; Ruine
- Sehenswürdigkeit; Archäologische Stätte
- Turm; Leuchtturm
- Wasserfall; Höhle
- Nuraghe; Dolmen
- Sendeturm; Strandbad
- Heilbad; Jachthafen
- 1 — TOP 10
- 26 — Nicht verpassen!
- 22 — Nach Lust und Laune!

1 : 440 000

0 — 10 — 20 km

0 — 5 — 10 mi

A
B
C
5
4
3
2
1
Punta Caprara o dello Scorno
Torre Arena
Capo Molla
40 Ísola Asinara
Punta della Scomúnica 408 m
Punta della Scomunica
Punta Sabina
Cala d'Oliva
Porto Mannu della Reale
Parco Nazionale dell'Asinara
Campu Perdu
La Reale
Trabuccato
Punta Trabuccato
Punta Tumbarino
Rada della Reale
Cala Scombro di Fuori
Punta Maestra 265 m
Fornelli
Santa Maria
Punta Salippi
Ísola Piana
Punta Barbarossa
Capo del Falcone
Torre Falcone
39
Spiaggia della Pelosa
Punta Negra
Le Vele
Punta Scoglietti
Stintino 39
Cuile San Lorenzo
Tonnara Saline
Torre delle Saline
Stagno di Casaraccio
Stagno della Saline
Coda della Carasanta
Nodigheddu
Ísola dei Porri
SP34
Punta Rumasinu 122 m
Stagno di Pilo
Golfo dell'Asinara
Issi
Minciaredda
Porto Torres
San Gavino a Mare
Pozzo San Nicola
SP57
Platamona Lido
Marina di Sorso
Punta de lu Nibaru
Lampianu
Scala Erre
Margone
Rosario
SP81
M. Santa Giusta 251 m
Biancareddu
Necropoli di su Crucifissu Mannu
SP48
Capo Mannu
SP57
SP4
Monte d' Accoddi
San Michele
San Michele di Plaianu
Sorso
SP25
Canaglia
Monte Alvaro 342 m
SS131
Rio d'Ottava
Fiume Santo
La Pedraia
SP93
SP42
SS131
SP60
Campanedda
La Crucca
San Giovanni
Case San Giórgio
Palmadula
Trunco Reale
SP18
Argentiera
Casa Deroma
San Gavino
Viziliu
La Punti
SP200
Capo dell'Argentiera
Monteforte
La Corte
SP18
Bancali
Ioanne Abbas
SP18
Rio Mannu
Punta lu Caparoni 445 m
Monte Forte 464 m
Case Saccheddu
SS291
Li Luzzani
Caniga
Ponte Zuchinu
SP69
SP65
Gioscari
9
Riviera del Carallo
Lago Baratz
Porto Ferro
Tottubella
Casa Venturi
Su Pirastru
Cala di Porticciolo
SS291
Torre del Porticciolo
Santa Maria la Palma
SP19
Monte Palmas 134 m
Tissi
Cala del Turco
Villa Assunta
Usini
Cala Viola
SP55bis
Necropoli di Anghelo Ruju
SP55bis
Guárdia Grande
Olmedo
Ferru Ezzu
Necropoli de Noeddale
Puntetta della Ghiciera
Sella e Mosca
M. Miale Ispina 267 m
M. Doglia
Uri
SP15M
Monte Timidone 361 m
Mugoni
436 m
Aeroporto Alghero-Fertilia
SS291
SP19
SS127bis
Scala Cavalli
N. S. de Paulis
Cala della Barca
SP55
Palmavera
Tomba Santu Pedru
Ísola Piana
Torre Nuova
Porto Conte
SP44
Rúdas
Tramariglio
SP42
Surigheddu
Lago di Cuga
SS127bis
Fertilia
Maristella
Monte Udulu 312 m
Ittiri
Grotta di Nettuno
Ísola Foradada
3
Punta Giglio
Le Bombarde
SS127bis
Rio Iscala Mala
Capo Cáccia
Ricami
Spiaggia di Maria Pia
Casa Angelo Custode
SP12
Rada di Alghero
Alghero
8
Putifigari
Santuario di Valverde
Ponte Tuvu de Giorzi
Monte Unturzu 558 m
Lazzaretto
Area Marina Protetta Capo Caccia-Isola Piana
Parco Naturale Regionale di Porto Conte
Monte Pettenadu 349 m
Ponte Tataresu
Cappella la Speranza
Torre Poglina
Villanova Monteleone
Cala Speranza
SS292
SP49
Monte Fulcadu
Necropoli di Puttu Codinu
Romana
Pedra Ettóri 717 m
Lago del Temo
Sa Mesa de s' Attentu
Áppiu
Sono de sa Pazzosa
SP12
Palazzo Minerva
Monte Minerva 644 m
Parco Naturale Monte Minerva
Monte Rúiu 668 m
Santu Miali
Scuola Agraria
Porto Tangono
Casa Santa Maria
Cala Íttiri
Monte Mannu 802 m
Montresta

170

D
E
F
Spiagg
Punta di li Francesi
Portobello di Gallura
Vign Mar
Sarra Tamburu 217 m
5
Cala Sarraina
Vaccaggi
Costa Paradiso
Punta Cruzitta 267 m
Lu Culbu
S. Pancrazi
Costa Paradiso
Monte Putà 639 m
Punta li Canneddi
Monte Tinnari 216 m
Ísola Rossa
Isola Rossa
Monte Comunagliu 307 m
SP39
Paduletta
Trinita d'Agultu e Vignola
Monte Abbalata 636 m
Badesi Mare
La Scalitta
SP74
Monte Litteghedddu 693 m
San Pietro di Ruda
Izzana
Badesi
Muntiggioni
Azzaqulta
Iuncu
SP74
La Cased
4
Fiume Coghinas
SP90
SP74
SP58
Valle della Luna
53
Aggius
41 Castelsardo
Valledoria
La Muddizza
Viddalba
Lu Razzoni
Punta Salici 911 m
L' Avru
SP27
Elpighia
Lu Bagnu
SS200
Multeddu
Pedrumalu
Scogli Forani
SP90
Roccia dell'Elefante
Santa Maria Coghinas
Terme di Casteldoria
Figaruia
Bortigiadas
Punta Tramontana
Pédras de Fogu
Punta Cuntralta 393 m
San Giovanni
Tergu
Littigheddu
Lago di Casteldoria
SP35
Monte Ena 359 m
SS134
Punta Abaltana 719 m
SS127
Serra di Petra Ma
Pulpazo
SP17
Sedini
Bulzi
San Pietro di Simbranos
Scala Ruia
Eden Beach
Maritza
Monte Tudderi 435 m
Casa Bellimpiazza
San Nicola di Silanis
Pedrio Canapoli
Passo del Limbara
SP15
Piana Ederas 597 m
Su Coloru
SP29
Perfugas
SP2
Laerru
Lumbaldu
Monte Cau 233 m
Fiume Silis
Sorso
Modditonalza
Campudulimu
Monte Múros 787 m
Pirastreddu
A n g l o n a
SS672
SS392
Michele
Sennori
San Lorenzo
Nulvi
Rio Altana
Bullone
Erula
Coghinas
Turrina
Santa Vittoria
SP72
Tettile
SP2
3
Sa Patada
Martis
Monte su Casteddúzzu 700 m
San Leonar
SS200
i t a n o
Oloitti
SP75
M. Iscoba 629 m
SP15
SS132
Osilo
Castello de Malaspina
Lago del Coghinas
SÁSSARI
Santa Maria Maddalena
Chiaramonti
Casa Ruiu
Pedre
Museo Archeologico
SS127
Nostra Signora di Bonaria
SS127
Monte Sassu 640 m
Tula
Osch
Tenuta Madau
Lago Bunnari
Monte Pilosu 677 m
Monte Pedrosu 665 m
Monte Aldu 465 m
SP103
SP2
Nostra Signora di Castro
Bagni di San Martino
San Simeone
SS132
Casa Ena Longa
Tissi
S. S. Trinità di Saccargia
SS672
Casa Sa Cucurra
Bulvarís
Ossi
Muros
Martine
Pianu Ladu
Monti Uri
Cargeghe
Ploaghe
cropoli de Noeddale
SP3
S. Antonio
San Michele di Salvenero
Monte Pittu 488 m
Sant' Antioco di Bisarcio
Rio Mannu
SS199
Rio Badu Rúju
Florinas
Codrongianos
SS132
SS131
Monte Pubulena 459 m
SS597
Stazione di Fráigas
Sa Piras
Punta Corona Maiore 437 m
Casa Lipperi
M. Pedralur 729 m
Ardara
Santa Maria del Regno
SP1
Case Paule
SP63
L o g u d o r o
2
SP41
Santa Maria de Sea
Figu Rúia
42
San Nicola
Ittiri
N. S. di Coros
Mesumundu
Chilivani
SP1
Casa Pischina Terme
Monte Santo 733 m
Ozieri
SS131bis
Pianu
Banari
Siligo
San Michele
Bantine
Pischennero
SS128bis
M. Gherra 658 m
SP41
Oppia Nuova
Udulla
Su Nu
Unturzu
Lago Bidighinzu
Mores
Monte Ruju 425 m
Nughedu di San Nicolò
SP23
Bessude
M o n
SP28
Bonnanaro
Ittireddu
Monte Zuighe 503 m
Sa Coveccada
Monte Maiore
Thiesi
Torralba
Madonna di Fatima
Monte Frusciu 583 m
42 San Pietro di Sórres
SP6
Casa Sattoa
Monte Calvia 750 m
Mont 1002
Cheremule
SS131bis
Tres Nuraghes
Rio Mannu o d' Ozieri
Torrente Buttule
Rio Oletto
Nostra Signore de Cabu Abbas
Parco Naturale
Monte Traessu 719 m
Monte Cuiaru 496 m
Casa Scotto
Punta Masiennera 1157 m
onteleone Rocca Doria
Santu Antine
SP21
Oes
43
SP6
Pianu Mannu
Bultei
Bonu Ighinu
S. Maria Iscalas
Valle dei Nuraghi
Casa Scurigogu
Minerva
Mudégiu
Giave
SS128bis
Anela
Cossoine
SS292dir
SP43
Necropoli di S. Andrea Priu
SP43
Santa Lucia
Belvedere
Passo b' Uccaido 1042 m
SS292
SS131
Catena del Goceano
SP86
Mara
Rebeccu
Foresta di Burgos
Bonorva
M. Rasu 1259 m
167
Cadréas
Pozzomaggiore
Semestene
171
Casa Mariana
Padria
SP8
Tilipera
773 m
Tavu de Mari
San Nicolò di Trullas
Casa Basile
Frida
Burgos
Bottidda
SP31

A
B
C
5
4
3
2
Bonifacio
Corse
Capo Pertusato
Île Cavallo
Îles Lavezzi
Bouches de Bonifacio
Bocche di Bonifacio
Ecueir de Lavezzi
Ísola la Presa
Ísola Razzoli
Ísola
Ísola Budelli
Punta Abbatoggia
Ísola Spargi
Guárdia Preposti 156 m
Villagio Maddal
La Villa
La Maddalena
Punta Sardegna
Porto Liscia
Porto Puddu
Porto Rafael
Barrabisa
Fortezza di Monte Altura
Palau
Capo d'Orso
Santa Teresa di Gallura
50
Capo Testa
Capo Testa
Punta Acuta
Punta Falcone
Terra Vecchia
Ísola La Marmorata
La Marmorata
La Ficaccia
Marazzino
Ruoni
Valle della Luna
Rena di Ponente
Santa Reparata
Chiesa del Buon Cammino
Valle Erica
Spiaggia la Licciola
Conca Verde
Monte Colba 138 m
Contra la Liccia 216 m
Porto Pozzo
Ciuchesu
Cala Vall' Alta
Spiaggia di Rena Maiore
Rena Maiore
San Pasquale
Capannaccia
SP71
SS133bis
SS133
SP90
Punta di li Francesi
Vignola Mare
Portobello di Gallura
Littichedda
Campoveglio
M. Canu 396 m
Punta Bandiera 296 m
Camporotondo
Capriolu
Bassacutena
Cuncosu
Sarra Tamburu 217 m
SP5
Punta Cappeddu 314 m
Colti
Braniatógghiu
M. Rúiu 260 m
Cala Sarraina
Vaccaggi
Malti
Rio Bassacutena
Rio di Baddu
SP115
Fiume Liscia
Biliànu Saldu
Aglientu
Tomba di li Lolghi
Arzachena
51
Costa Paradiso
Punta Cruzitta 267 m
S. Pancrazio
Li Férroli
Crisciuleddu
Luogosanto
Ciabattu
Necropoli di li Muri
Fermata Caldosa
Lu Culbu
Costa Paradiso
Monte Putáccia 639 m
Castello di Balaiana
SP14
Fermata Oddastru
Monte Tinnari 216 m
Monte Comunagliu 307 m
Rio Vignola
La Traessa
Monte Padru 587 m
Capriuleddu
Tomba di Coddu Vecchiu
Tomba di Capichera
SS133
Pirazzolu
Saraghinu
SP39
Monte Abbalata 636 m
Serra di lu Tassu 785 m
La Casedda
Lago della Liscia
Trinità d'Agultu e Vignola
SP5
Monte San Pietro 502 m
Punta Littu Petrosu 642 m
La Scalitta
SP74
San Pietro di Ruda
Izzana
Santa Maria delle Grazie
Sant' Antonio di Gallura
Monte Litteggheddu 693 m
Badesi
Muntiggioni
Iuncu
SP74
La Casedda
Rio Carana
La Maciona
Azzagulta
SP74
Valle della Luna
Padulo
SP10
SP136
Catala
SP38
Monte Pinu 743 m
SP58
53
Luras
Priatu
Monti Ultana
Lu Razzoni
Punta Salici 911 m
Aggius
SS133
SP27
Maiori
Nuchis
Calangianus
Santa Maria
L' Avru
Monte Tundu 831 m
Piravaglia 364 m
52
Terme di Casteldoria
Figaruia
Bortigiadas
Tempio Pausánia
Putzolu
SP35
Lago di Casteldoria
Punta Abaltana 719 m
Serra di Petra Marina
SS392
SS127
SS127
Telti
SS127
Monte la Eltica 598 m
Scala Ruia
Curadureddu
Aratena
Parco Naturale del Limbara
Vallicciola
Punta sa Berritta 1362 m
Monte Limbara
Pedrio Canapoli
SP147
Passo del Limbara 676 m
Sa Soliana 615 m
Perfugas
SP2
Gaddau
Lumbaldu
Campudulimu
Monte Múros 787 m
SS392
Monti
Punta Giagu Cuppone 567 m
San Paolo
Erula
Turrina
Coghinas
Berchidda
Tucconi
Peddiu
Tettile
SP2
Monte su Castedduzzu 700 m
San Leonardo
Monte Acuto 493 m
SS199
SS389
SP75
Rio Badu Abzolas
Sos Rueddos
Lago del Coghinas
Pedredu
Monte Olia 811 m
Zuighe
Monte Sassu 640 m
Tula
SS597
Concarabella
Monte Figos 641 m
Rio de s' Elema
Oschiri
Monti di Alà
Monte Orriola 346 m
SP103
SP2
Nostra Signora di Castro
Altopiano di Ala
Corrugunele
Casa Ena Longa
Bulvaris
Rio d' Oschiri
Presinsainu
Punta di Senalonga 1076 m
Pianu Ladu
Monti Uri
Monte su Linnamine 837 m
SP24
Presinsainu
Sant' Antioco di Bisarcio
SS199
Badu Andria
SS132
Nodu sa Tiriedda 844 m
Punta sa Mesa 925 m
Ala dei Sardi
SP95
Stazione di Fráigas
Casa Lipperi
Sa Piras
SP37
M. Pedralunga 729 m
Altopiano di Buddusò
SP63
168
San Nicola
Monte Lerno 1094 m
172
Santa Reparata
SS389
SP10M
Chilivani
SP1
Ruju
Lago Lerno
Rio Altana
San Michele
Ozieri
Bantine
Pattada
Punta Olólvica 892 m
Punta sa Donna 1019 m

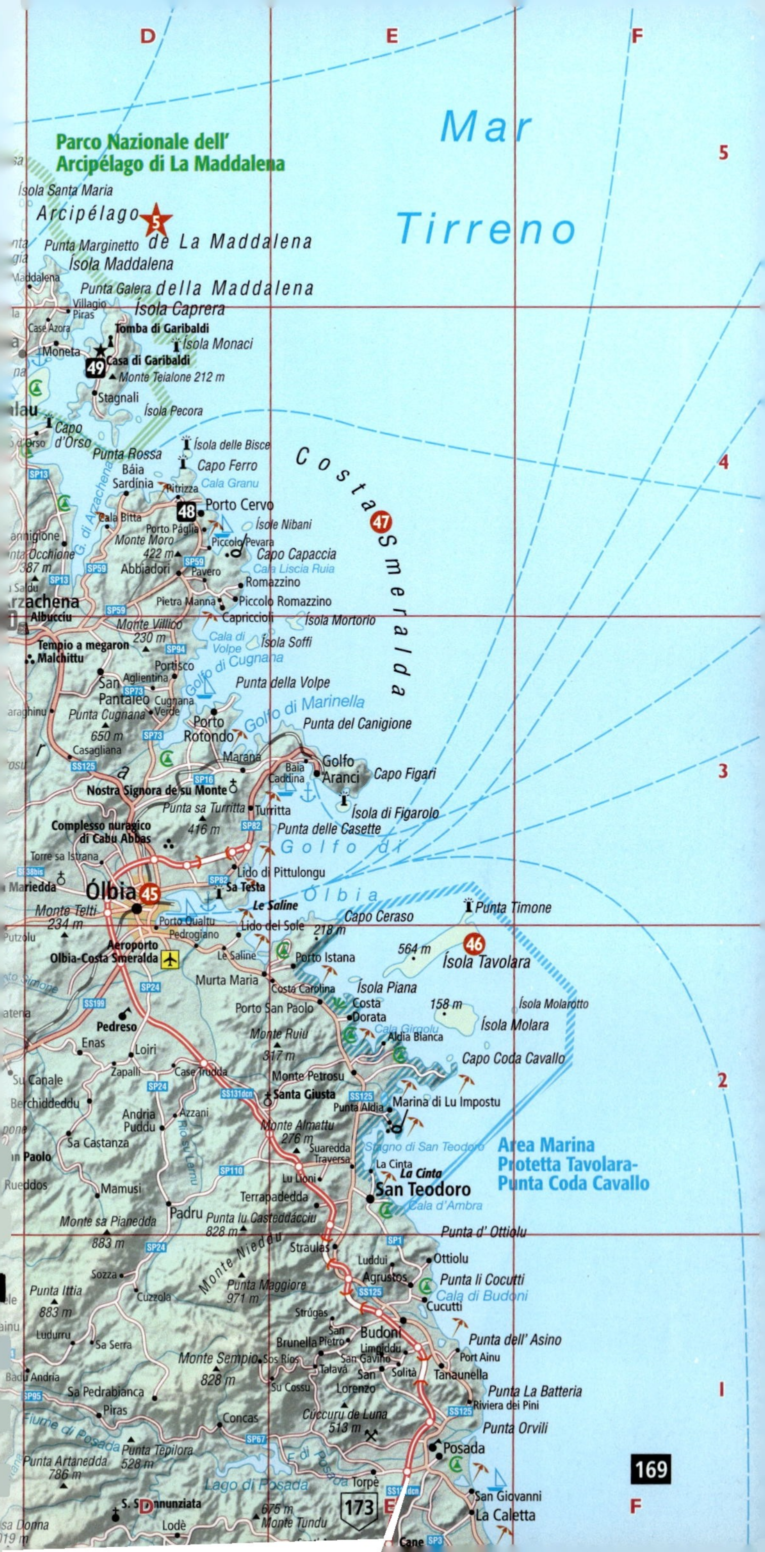
D
E
F
5
4
3
2
1
Mar
Tirreno
Parco Nazionale dell' Arcipélago di La Maddalena
Ísola Santa Maria
Arcipélago de La Maddalena
5
Punta Marginetto
Ísola Maddalena
Maddalena
Punta Galera
della Maddalena
Villagio Piras
Ísola Caprera
Case Azora
Tomba di Garibaldi
Ísola Monaci
Moneta
49
Casa di Garibaldi
Monte Teialone 212 m
Stagnali
Ísola Pecora
Capo d'Orso
Ísola delle Bisce
Punta Rossa
Capo Ferro
Báia Sardínia
Pitrizza
Cala Granu
G. di Arzachena
Costa Smeralda
47
Porto Cervo
48
Cala Bitta
Porto Páglia
Ísole Nibani
Monte Moro 422 m
Piccolo Pevara
Capo Capaccia
Cala Liscia Ruia
Abbiadori
Pavero
SP13
SP59
Romazzino
Arzachena
Pietra Manna
Piccolo Romazzino
Albucciu
Capriccioli
Ísola Mortorio
Monte Villico 230 m
Cala di Volpe
Ísola Soffi
Tempio a megaron Malchittu
SP94
Golfo di Cugnana
Portisco
Aglientina
Punta della Volpe
San Pantaleo
SP73
Cugnana Verde
Golfo di Marinella
Punta Cugnana
650 m
Porto Rotondo
Punta del Canigione
Casagliana
Marana
SS125
Golfo Aranci
Baia Caddina
Capo Figari
Nostra Signora de su Monte
SP16
Punta sa Turritta
Turritta
Ísola di Figarolo
416 m
SP82
Punta delle Casette
Complesso nuragico di Cabu Abbas
Golfo di Olbia
Torre sa Istrana
Lido di Pittulongu
SS38bis
Mariedda
Ólbia
45
Sa Testa
Le Saline
Monte Telti 234 m
Porto Qualtu
Capo Ceraso
Punta Timone
Lido del Sole
218 m
Pedrogiano
Aeroporto Olbia-Costa Smeralda
46
Le Saline
Porto Istana
564 m
Ísola Tavolara
SP24
Murta Maria
Costa Carolina
Ísola Piana
SS199
Porto San Paolo
Costa Dorata
158 m
Ísola Molarotto
Pedreso
Monte Ruiu
Cala Girgolu
Ísola Molara
Enas
Loiri
Aldia Bianca
317 m
Capo Coda Cavallo
Su Canale
Zapalli
Case Trudda
Monte Petrosu
SS131dcn
Santa Giusta
SS125
Marina di Lu Impostu
Berchiddeddu
Punta Aldia
Andria Puddu
Azzani
Monte Almattu 276 m
Rio su Lernu
Stagno di San Teodoro
Area Marina Protetta Tavolara-Punta Coda Cavallo
Sa Castanza
Suaredda
Traversa
La Cinta
SP110
Lu Lioni
San Teodoro
Rueddos
Mamusi
Terrapadedda
Cala d'Ambra
Padru
Monte sa Pianedda
Punta lu Casteddácciu 828 m
Punta d' Ottiolu
883 m
SP24
SP1
Monte Nieddu
Straulas
Ottiolu
Sozza
Luddui
Punta Maggiore 971 m
Agrustos
Punta li Cocutti
Punta Ittia 883 m
Cuzzola
SS125
Cala di Budoni
Cucutti
Strúgas
Budoni
San Pietro
Punta dell' Asino
Ludurru
Sa Serra
Brunella
Limpiddu
Port Ainu
Monte Sempio 828 m
Sos Rios
San Gavino
Talavá
Solità
Tanaunella
Badu Andria
San Lorenzo
Sa Pedrabianca
Su Cossu
Punta La Batteria
SP95
Riviera dei Pini
Piras
Cúccuru de Luna 513 m
SS125
Fiume di Posada
Concas
Punta Orvili
Punta Tepilora 528 m
SP67
Posada
Punta Artanedda 786 m
F. di Posada
Lago di Posada
Torpè
SS131dcn
San Giovanni
S. Sannunziata
675 m
173
La Caletta
Monte Tundu
Lodè
Cane
SP3

A
B
166
Cala Íttiri
Ísola sa Pagliosa
Porto Baosu
Capo Marárgiu
5
Mar
di Sardegna
Spiaggia la Marinedda
Torre Columbargia
Scoglio Corona Niedda
San Marco
Sennariolo
I Cuglieri
28
Castello di Montiferru
Torre Foghe
Punta di Foghe
4
Tega
Oratiddo
SS292
Rio Mannu
Rio Santa Caterina
Fattoria Pilli
Santa Caterina di Pittinuri
S' Archittu
Cornus
Monte Mesu
584
Cala su Pallosu
Is Arenas
del
Su Pallosu
Capo Mannu
Porto Mandriola
Putzu Idu
Cala Saline
Stagno di de is Benas
Tradori
SP10
Serra Araus 23 m
S' Urachi
3
Ísola di Mal di Ventre
Stagno Sale Porcus
Riola Sardo
Barátili San Pietro
SP12
Capo sa Sturággia
Sinis Montiferru
Nurachi
Area Marina Protetta
Mari Ermi
Stagno di Cabras
SP58
Punta is Arutas
Penisola del Sinis
Sinis
7
SP7
Donigala Fenughedu
SP60
Spiaggia Is Arutas
San Salvatore
Cabras
Sólanes
Ísola di Mal di Ventre
26
Pesciera Pontis
Punta Maimoni
Stagno di Mistras
Torre Grande
Ísola il Catalano
Marina di Torre Grande
25
Oristano
23
Spaggia Funtana Meiga
San Giovanni di Sinis
Tharros
Foce del Tirso
Sant' Elia
Torre di San Giovanni di Sinis
Capo San Marco
Stagno di Santa Giusta
2
Golfo di Oristano
S' Ena Arrubia
S' Ungroni
Arborea Lido
Capo della Frasca
Punta Corru Mannu
Pompongias
Marceddi
Punta se s' Achivoni
San Antonio di Santadi
Stagno di Marceddi
Santa Maria di Neapoli
1
Torre dei Corsari
Case Puxeddu
Porto Palma
SP65
Monte Funesu 555 m
Pardu Atzei
A
B
174
Funtanazza
C
Cala Campu Sali
Marina di Arbus
Monte Arcuentu

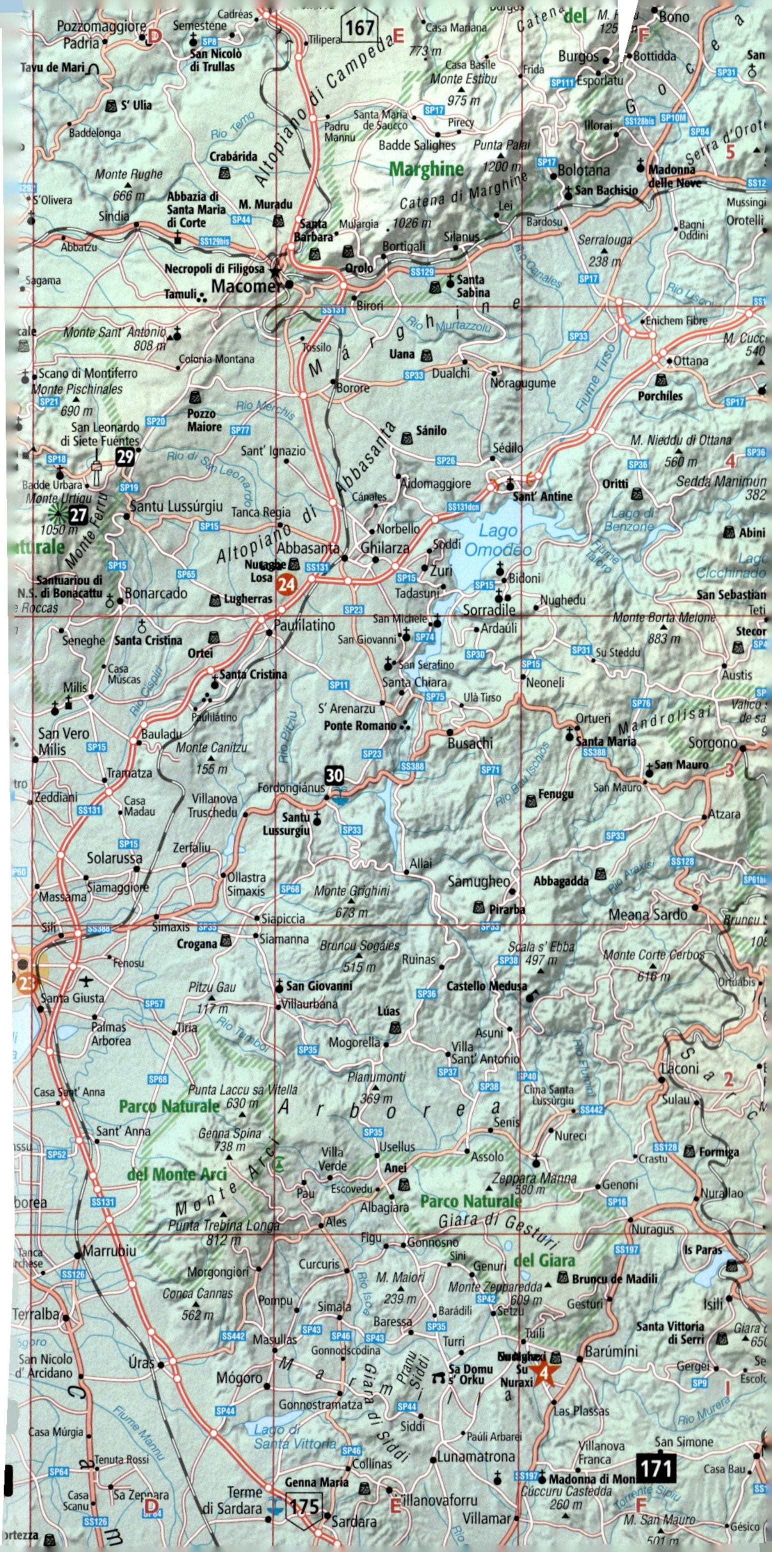

167
171
175
Pozzomaggiore
Padria
Semestene
Cadreas
San Nicolò di Trullas
Tilipera
Casa Mariana
773 m
Catena del
Burgos
Bono
Bottidda
Esporlatu
Frida
Casa Basile
Monte Estibu
975 m
Tavu de Mari
S' Ulia
Baddelonga
Altopiano di Campeda
Rio Terno
Padru Mannu
Santa Maria de Saucco
Pirecy
Badde Salighes
Punta Palai
1200 m
Illorai
Crabárida
Marghine
Monte Rughe
666 m
S'Olivera
Sindia
Abbazia di Santa Maria di Corte
M. Muradu
Santa Barbara
Mulargia
Catena di Marghine
1026 m
Bolotana
San Bachisio
Madonna delle Neve
Serra d'Orotelli
Lei
Bardosu
Silanus
Bortigali
Mussingi
Orotelli
Bagni Oddini
Serralouga
238 m
Abbatzu
Sagama
Necropoli di Filigosa
Macomer
Tamuli
Orolo
Santa Sabina
Birori
Rio Murtazzolu
Rio Canales
Rio Liscoi
Enichem Fibre
M. Cucco
540
Monte Sant' Antonio
808 m
Colonia Montana
Tossilo
Uana
Dualchi
Noragugume
Ottana
Porchiles
Fiume Tirso
Scano di Montiferro
Monte Pischinales
690 m
Borore
Rio Merchis
Pozzo Maiore
San Leonardo di Siete Fuentes
29
Sánilo
Sant' Ignazio
Rio di San Leonardo
Sédilo
M. Nieddu di Ottana
560 m
Badde Urbara
Monte Urtigu
27
1050 m
Monte Ferru
Santu Lussúrgiu
Tanca Regia
Altopiano di Abbasanta
Cánales
Aidomaggiore
Sant' Antine
Oritti
Sedda Manimundu
382
Lago di Benzone
Abini
Norbello
Abbasanta
Ghilarza
Lago Omodeo
Nuraghe Losa
24
Soddi
Zuri
Bidoni
Fiume Talaro
Lago Cicchinado
Santuariou di N.S. di Bonacattu
Bonarcado
Lugherras
Tadasuni
Sorradile
Nughedu
San Sebastiano
Teti
Paulilatino
San Michele
Ardaúli
Monte Borta Melone
883 m
Stecori
Seneghe
Santa Cristina
Ortei
San Giovanni
Su Steddu
Casa Muscas
Milis
San Serafino
Santa Chiara
Neoneli
Austis
Rio Cispiri
Paulilatino
S' Arenarzu
Ponte Romano
Ulà Tirso
Ortueri
Mandrolisai
Santa Maria
Sorgono
San Vero Milis
Bauladu
Monte Canitzu
155 m
Rio Pitziu
Busachi
San Mauro
Tramatza
Zeddiani
Casa Madau
Villanova Truschedu
Fordongiánus
30
Rio Bau Ischios
Fenugu
Atzara
Santu Lussurgiu
Solarussa
Zerfaliu
Allai
Massama
Siamaggiore
Ollastra Simaxis
Monte Grighini
673 m
Samugheo
Abbagadda
Rio Araxisi
Pirarba
Meana Sardo
Silì
Simaxis
Siapiccia
Crogana
Siamanna
Bruncu Sogáies
515 m
Ruinas
Scala s' Ebba
497 m
Monte Corte Cerbos
616 m
Fenosu
23
Santa Giusta
Pitzu Gau
117 m
San Giovanni
Villaurbana
Castello Medusa
Ortuabis
Palmas Arborea
Tiria
Rio Tumboi
Lúas
Mogorella
Asuni
Villa Sant' Antonio
Laconi
Sarcidano
Casa Sant' Anna
Punta Laccu sa Vitella
630 m
Planumonti
369 m
Arborea
Cima Santa Lussurgiu
Rio Flumini
Sulau
Parco Naturale del Monte Arci
Sant' Anna
Genna Spina
738 m
Senis
Nureci
Villa Verde
Usellus
Assolo
Crastu
Formiga
Monte Arci
Pau
Escovedu
Anei
Zeppara Manna
580 m
Genoni
Nurallao
Punta Trebina Longa
812 m
Ales
Albagiara
Parco Naturale
Giara di Gesturi
Nuragus
Marrubiu
Figu
Gonnosno
Sini
Genuri
del Giara
Is Paras
Morgongiori
Curcuris
M. Maiori
239 m
Monte Zepparedda
609 m
Bruncu de Madili
Gesturi
Isili
Conca Cannas
562 m
Pompu
Simala
Rio Isca
Barádili
Setzu
Terralba
Masullas
Baressa
Turri
Tuili
Santa Vittoria di Serri
Giara di Serri
650
Gonnoscodina
Giara di Siddi
Pranu Siddi
Su Nuraxi
4
Barúmini
San Nicolò d' Arcidano
Úras
Mógoro
Sa Domu s' Orku
Gergei
Escolca
Gonnostramatza
Las Plassas
Rio Murera
Casa Múrgia
Lago di Santa Vittoria
Siddi
Pàuli Arbarei
Villanova Franca
San Simone
Tenuta Rossi
Collinas
Lunamatrona
Casa Bau
Casa Scanu
Sa Zeppara
Terme di Sardara
Genna Maria
Villanovaforru
Madonna di Monte
Cúccuru Casteddu
260 m
Torrente Sipiu
Sardara
Villamar
M. San Mauro
501 m
Gésico

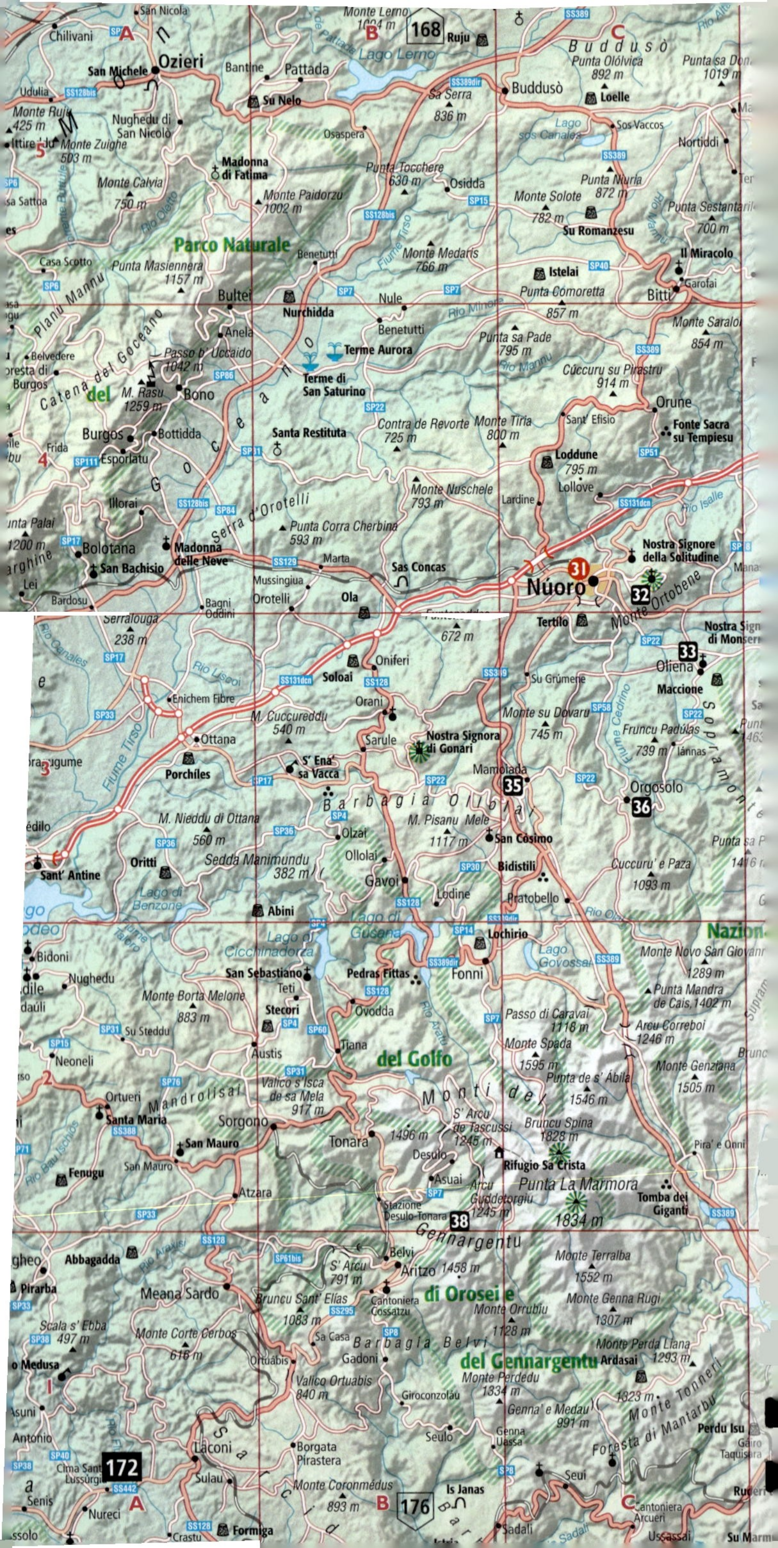

168
A
B
C
Chilivani
San Nicola
Ozieri
San Michele
Udulia
Monte Ruju 425 m
Ittiri
Monte Zuighe 503 m
Nughedu di San Nicolò
Bantine
Pattada
Su Nelo
Monte Lerno 1094 m
Lago Lerno
Ruju
Buddusò
Punta Ololvica 892 m
Loelle
Punta sa Donna 1019 m
Sa Serra 836 m
Osaspera
Lago sos Canales
Sos Vaccos
Nortiddi
Madonna di Fatima
Punta Tocchere 630 m
Osidda
Monte Solote 782 m
Punta Nurla 872 m
Monte Calvia 750 m
Monte Paidorzu 1002 m
Su Romanzesu
Punta Sestantarile 700 m
Parco Naturale
Benetutti
Fiume Tirso
Monte Medaris 766 m
Il Miracolo
Casa Scotto
Punta Masiennera 1157 m
Istelai
Garofai
Bitti
Planu Mannu
Bultei
Nurchidda
Nule
Punta Comoretta 857 m
Rio Minore
Benetutti
Monte Saralo 854 m
Anela
Terme Aurora
Punta sa Pade 795 m
Belvedere
Passo b' Uccaido 1042 m
Rio Mannu
Catena del Goceano
Terme di San Saturino
Cùccuru su Pirastru 914 m
Burgos
M. Rasu 1259 m
Bono
del
Orune
Contra de Revorte 725 m
Monte Tiria 800 m
Sant' Efisio
Fonte Sacra su Tempiesu
Frida
Burgos
Bottidda
Santa Restituta
Esporlatu
Goceano
Loddune 795 m
Lollove
Monte Nuschele 793 m
Lardine
Illorai
Serra d'Orotelli
Rio Isalle
Punta Palai 1200 m
Bolotana
Madonna delle Neve
Punta Corra Cherbina 593 m
Nostra Signore della Solitudine
San Bachisio
Marta
Sas Concas
Lei
Mussingiua
Núoro
31
Bardosu
Bagni Oddini
Orotelli
Ola
32
Monte Ortobene
Serralouga 238 m
672 m
Tertilo
Nostra Signora di Monserrato
Rio Canales
Rio Liscoi
Oniferi
33
Oliena
Soloai
Su Grùmene
Maccione
Enichem Fibre
Orani
Monte su Dovaru 745 m
M. Cuccureddu 540 m
Fruncu Padùlas 739 m
Iánnas
Ottana
Sarule
Nostra Signora di Gonari
Fiume Cedrino
Fiume Tirso
Porchiles
S' Enà sa Vacca
Mamoiada
35
Orgosolo
36
Barbagia Ollolai
Supramonte
M. Nieddu di Ottana 560 m
M. Pisanu Mele 1117 m
Olzai
San Cosimo
Ollolai
Punta sa P... 1416 m
Sant' Antine
Oritti
Sedda Manimundu 382 m
Bidistili
Cuccuru' e Paza 1093 m
Gavoi
Lago di Benzone
Lodine
Pratobello
Abini
Lago di Gusana
Lochirio
Nazionale
Lago di Cucchinadorza
Lago Govossai
Monte Novo San Giovanni 1289 m
Bidoni
San Sebastiano
Pedras Fittas
Fonni
Punta Mandra de Cais 1402 m
Nughedu
Teti
Monte Borta Melone 883 m
Stecori
Ovodda
Passo di Caravai 1118 m
Arcu Correboi 1246 m
Su Steddu
Monte Spada 1595 m
Tiana
Neoneli
Austis
del Golfo
Monte Genziana 1505 m
Punta de s' Àbila 1546 m
Valico s' Isca de sa Mela 917 m
Monti del
Ortueri
Mandrolisai
Santa Maria
S' Arcu de Tascussi 1245 m
Bruncu Spina 1828 m
Sorgono
Tonara
1496 m
Desulo
Rifugio Sa Crista
Pirà' e Onni
San Mauro
Punta La Marmora
Fenugu
San Mauro
Asuai
Arcu Guddetorgiu 1245 m
Tomba dei Giganti
Atzara
Stazione Desulo-Tonara
38
1834 m
Gennargentu
Abbagadda
Belvì
Monte Terralba 1552 m
S' Arcu 791 m
Aritzo
1458 m
Pirarba
Meana Sardo
Bruncu Sant' Elias 1083 m
Cantoniera Cossatzu
di Orosei e
Monte Orrubiu 1128 m
Monte Genna Rugi 1307 m
Scala s' Ebba 497 m
Monte Corte Cerbos 616 m
Sa Casa
Barbagia Belvì
Monte Perda Liana 1293 m
Medusa
Gadoni
del Gennargentu
Ardasai
Ortuabis
Valico Ortuabis 840 m
Monte Perdedu 1334 m
1823 m
Monte Tonneri
Asuni
Giroconzolàu
Genna' e Medau 991 m
Monti di Mantarbu
Antonio
Seulo
Genna Uassa
Perdu Isu
Laconi
Borgata Pirastera
Foresta di Mantarbu
Gairo Taquisara
Cima Sant Lussurgiu
172
Sulau
Seui
Ruderi
Senis
Monte Coronmédus 893 m
Is Janas
Nureci
176
Cantoniera Arcueri
Assolo
Crastu
Formiga
Sadali
Ussassai
Su Marmuri

786 m
Lago di Posada
S. S. Annunziata
Lodè
675 m
Monte Tundu
Torpè
169
San Giovanni
La Caletta
Donna
Mamone
Cogoli
Sas Argiolas
Sant' Anna
Cane Cortoe
Sa Petra Ruia
Santa Lucia
Avidi
San Giuseppe
Siniscola
Punta Cupetti
1029 m
Rio Mannu
Temi
Fruncu Serraoro
643 m
Guzzurra
Punta Unnichedda
433 m
S' Ena' e sa Chitta
Su Tilio
Ísola Rúia
Capo Comino
Ianna Portellitos
680 m
Rio de Siniscola
Monte Albo
Punta Ioanneddu
244 m
Spiaggia S' Aliterru
Ianna e Rughe
Monte Senes
863 m
Norghio
Berchidda
Punta su Anzu
448 m
Berchida
Onani
Punta Catirina
1127 m
Punta su Grabellu
826 m
Lula
Monte Creja
M. Turuddo
1127 m
Parco Naturale di Bidderosa
Biderrosa
Montiu Remu
San Francesco
Monte Oddie
267 m
Sos Alinos
Cala Ginepro
Cala Liberotto
Baronia
Punta su Nodale
216 m
Loculi
Irgoli
Onifai
Siriculi
Fuile Mare
Torrente Sologo
Galtellì
Orosei
Santa Maria di Mare
Monte Isalle
494 m
Sa Ena' e Tomes
M. Tuttavista
805 m
Madonna del Rimedio
Punta Nera
Marina di Orosei
Paludi
Fiume Cedrino
Serra Orrios
Manasúddas
34
Grotta di Ispinigoli
Cala Osalla
Lago del Cedrino
Motorra
Cala Cartoé
Biddiriscottai
Cala Gonone
Spiaggiadi Palmasera
Cala Fuili
Golfo di Orosei
Grotta Oddoana
Cala di Luna
Grotta del Bue Marino
Punta Onamarra
620 m
Cala Sisine
Serra
Grotta del Fico
Cala Mariolu
1024 m
Supramonte di Urzulei
Genna Cruxi
906 m
Genna Sarbene
764 m
Pta. s'Al
943 m
Santu
Urzulei
Monte Fennau
1013 m
Bruncu' e Pisucerbu
1348 m
Rio e Girve
Rio Molentina
Talana
Monte Mundúgia
767 m
Tzinneberu
Monte Olinie
1372 m
Monte Adalicu
393 m
Villagrande Strisáili
Villanova Strisáili
Lotzorai
Donigala
Ísola dell' Ogliastra
Castello di Medusa
Lago Alto del Flumendosa
Stagno di Tortolì
Santa Barbara
Monte Orzili
438 m
Tortolì
Arbatax
Capo Bellavista
Porto Frailis
Arzana
Marina S. Gemiliano
Elini
Baunuxi
Aeroporto Tortolì-Arbatax
Ilbono
Lido di Orri
Bivio Carmine
Nortu
Su Sterru
Lanusei
Sarcerei
Punta Tricoli
Gairo
1211 m
Cea
Punta su Mastixi
Gairo Sant'Elena
Loceri
Barisardo
Ruderi di Gairo
Osini Vecchio
Osini Nuovo
177
Torre di Barisardo/ Marina di Barisardo
D
E
F
5
4
3
2
1

A
B
C
170
5
4
3
2
1
Funtanazza
Cala Campu Sali
Marina di Arbus
Portu Maga
Piscinas
Costa Verde
19
Monte Arcuentu
785 m
Fortezza
Punte Nuracciolu
338 m
Villagio Righi
Montevecchio
Miniera Montevecchio
Ingurtosu-Gennamari
Ingurtosu
Arbus
Punta su Pinnoni
273 m
Naracauli
Bau
Casa Atzeni
Gennamari
Passo Bidderdi
492 m
Casa Marigosa
Punta Mumullonis
499 m
Capo Pecora
Rio Mannu
Punta Máiru
724 m
Portixeddu
Fluminimaggiore
Parco Natu
Linas
San Nicolao
Su Mannau
Tempio di Antas
Buggerru
Planu Sartu
Serra Trigus
651 m
Malfidano
Arenas
Cala Domestica
Grugua
Sant' Angelo
Sa Duchessa
Acquaresi
Malacalzetta
Arcu Genna Bogai 549 m
San Benedetto
Monte Guardianu
537 m
Montecani
Perdu Carta
Case Lenzu
Pan di Zucchero
Masua
Lago Monteponi
Porto Flavia
Punta San Michele
906 m
Nebida
Iglesias
Golfo di Gonnesa
Agruxiau
Bindua
Monte Scorra
Monteponi
Fontanamare
San Giovanni
Séddas Modizzis
Rio Cixerri
Tonnara
Gonnesa
455 m
Barega
Seruci
Bacu Abis
Capo Altano o Giordano
Ísola del Meli
Nuraxi Figus
Monte San Miai
614 m
Pioláne
Portopaleddu
Cortoghiana
Portoscuso
Portovesme
Medau Desogus
Terraseo
La Punta
Ísola Piana
Santa Maria di Flumentepido
Barbusi
Sirri
Punta delle Oche
Tonnare
Tacca Rossa
Parco Archeologico di Monte Sirai
Sirai
Guardia dei Mori
221 m
Paringianu
Carbonaxia
Carbonia
Cala Fico
Capo Sandalo
Carloforte
Punta s' Aliga
Brucuteula
Is Fonéssus
Perdaxius
Ísola del Corno
Becco Tomaso
162 m
Serbariu
Peschiera di Ba Cerbus
20 Ísola di San Pietro
La Caletta
La Bobba
Matzaccara
Is Urigus
Monte San Giovanni
332 m
Cala dello Spalmatore
Calasetta
Canale delle Colonne
San Giovanni Suergiu
Santa Maria
Lago di Monte P
Punta Trettu
Punta delle Colonne
Salina
Cussorgia
Tratalias
Punta Maggiore
Rio Tupei
Is Loddis
Palmas
Is Pistis
Tonnara
Stagno di Santa Caterina
Cortiois
Giba
Sant'Antíoco
Saline
Villarios
Ponti
Punta de s' Aliga
Masainas
Punta Caragoli
Porto Botte
Mercuri
Perdas de Fogu
271 m
Stagno di Porto Botte
Cala Lunga
Ciclopi
Spiaggia Canisoni
Is Solinas
Cala de Saboni
Tonnara
Golfo di Palmas
Cannai
Maladroxia
Barussa
21 Ísola di Sant'Antíoco
Stagno di Maestrale
Cala su Turcu
Monte Arbus
239 m
Torre Cannai
Is Pillon
Porto Sciusciau
Porto Pino
La Fazenda
Capo Sperone
Punta Menga
Ísola la Vacca
Porto Pino
Porto Zaffaraneddu
Don Antioco
Punta di Cala Piombo
Cala Piombo
Ísola il Toro
SP65
SS126
SP84
SS130
SP2
SP82
SS126dir
SS195

Tenuta Rossi
Collinas
Lunamatrona
Franca
Casa Bau
D
E
F
171
Genna Maria
Villanovaforru
Madonna di Monserrato
Cúccuru Castedda
260 m
Casa Scanu
Sa Zeppara
Terme di Sardara
Sardara
Villamar
M. San Mauro
501 m
Gésico
Monreale
Pabillonis
Convento dei Cappuccini
Sanluri
Pìscu
Seuni
Guamaggiore
Selegas
Casa Morgia
San Gavino Monreale
Furtei
Segariu
Guasila
Suelli
Guspini
Villasanta
Pau
Ortacésus
Casa Uras
Convento Santa Lucia
Senorbì
Strovina
321 m
Piano Lasina
Gonnosfanadiga
Casa Múrgia
Stagnetto
Serrenti
Pimentel
San Michele
Samassi
Samatzai
Barrali
Sa Perda 'e Pipera
Villacidro
Punta Perda de sa Mesa
1236 m
Pimpisu
Villagreca
Cúccuru Arbus
800 m
San Pietro
Pozzo Bangiuludo
Nuraminis
Santa Giuliana
Monte Magusu
1021 m
Lago di Montimannu
Casa Máxia
Serramanna
Monte su Z
261 m
S' Acquacotta
Masainas
Casa San Lorenzo
Casa Sarais
Villa Rossi
Ussana
Marganai
Punta Cuccurdoni Mannu
910 m
Villasor
Monastir
Vallermosa
Santa Maria
Sa Dosa
Monte Fiónica
580 m
Cappella di Sibiola
Serdiana
San Giovanni
San Sperate
Decimoputzu
San Gemiliano
Domusnovas
Casa Berlingheri
Monte s' Ega sa Fémmina
253 m
Villaspeciosa
Siliqua
Decimomannu
Musei
Assemini
Sestu
Santa Maria
Uta
Rio Cixerri
Villamassargia
Castello di Gioiosa Guardia
Monte Exi
369 m
Acquafredda
Elmas
Castello di San Michele
Zinnigas
Punta de su Ferru
223 m
Aeroporto Cágliari-Elmas
Monserrato
Orbai
Monte Orri
723 m
Pirri
Monte Rósas
609 m
Lago di Medau Zirimilis
Stagno di Cagliari
Colle della Campanasissa
290 m
Macchiareddu
Santa Lucia
Laveria
Punta Brabioru
407 m
Terùbbia
Monte Arcosu
948 m
Riserva Naturale Foresta di Monte Arcosu (Oasi Monte Arcosu)
CAGLIARI
Quartiere di Castello
Riomurtas
Lago Bau Pressiu
Saline di Santa Gilla
Sant' Elia
Narcao
Acquacadda
Monte Albus Longu
611 m
Capoterra
Su Cirifoddi
Golfo degli Angeli
Parco Naturale
Pesus
Necropoli Montessu
S' Méddas
Nuxis
Monte is Caravius
1116 m
Santa Barbara
Poggio dei Pini
Maddalena Spiaggia
Is Pitus
M. Santa Barbara
615 m
Orti su Loi
Is Paucèris
Perdosu
San Pantaleo
Monte is Paucerius Mannu
720 m
Villa d' Orri
Villaperuccio
Arcu su Schisorgiu
473 m
Fortezza di Piani Loriga
Santadi
M. Laccuneddas
601 m
Sa Grux' e Mármuri
Piscinas
Santadi Basso
Terresoli
Pantaleo
Porto Foxi
Barrua Susu
del Sulcis
Punta Maxia
1017 m
San Giorgio
Antica Locanda Rosella
Is Zuddas
Sarroch
Domu' e s' Orcu
Punta Sebera
979 m
Su Rai
Is Fiáscus
Is Scattas
Punta sa Cresia
864 m
Villa San Pietro
Punta Perd' e Sali
Porto Colombu
Perdaiola
Is Carillus
Mereu
Ísola San Macario
Sant' Anna Arresi
Monte Culurgioni
443 m
Pula
Péddis
Gùtturu Sporta
Monte Orbai
688 m
Sant' Efisio
Is Spigas
Sa Portedda
Sa Mitza de s' Orcu
Casa Palacèris
Nora
Capo di Pula
Casa de Foxi
Teulada
437 m
Monte Perdaia
Punta Eva
551 m
Foxi' e Sali
Sant'Isidoro
Santa Margherita
S' Acqua Salia
Nuraxi de Mesu
Domus de Maria
Santa Margherita di Pula
Stagno de s Brebeis
Porto di Teulada
Punta Planedda
349 m
S' Arcu de Generuxi
68 m
Guardia de is Morus
Monte Lapanu
317 m
Monte Filau
363 m
Pinus Village
Ísola Rossa
Costa del Sud
Chia
Pineta
Porto Scudo
Bithia
Porto Zafferano
Torre Piscinni
Perda Longa
Baia di Chia
Torre di Chia
Golfo di Teulada
Capo Spartivento
Capo Teulada

A
B
C
172
176
Cima Santa Lussùrgiu
Senis
Nureci
Sulau
Pirastera
Monte Coronmédus 893 m
Is Janas
Seui
Rude
Crastu
Formiga
Sadali
Cantoniera Arcueri
Ussassai
Su Mar
Zeppara Manna 580 m
Genoni
Istria
Monte Lusei 1113 m
Nurallao
Barbagia Seulo
Brunco Sa 821
Esterzili
Villanova Tulo
Villa Carlotta
Nuragus
di Gesturi
del Giara
Is Paras
Stazione di Villanova Tulo
Accodulazzo
Monte Santa Vittoria 1212 m
Genna
Brùncu de Madili
Zepparedda 609 m
Is Cangiàlis
Setzu
Gesturi
Isili
M. Guzzini 734 m
Brunco Niada 838 m
Lago del Flumendosa
Lago del Flumineddu
Tuili
Santa Vittoria di Serri
Giara di Serri 650 m
Barùmini
Su Nuraxi
Serri
Nurri
Gergei
Escolca
Monte sa Colla 724 m
Orroli
Las Plassas
Rio Mulargia
Àrras
Perda
Arrubiu
Villanova Franca
San Simone
Mandas
Solamòris
Fontana Peddi de Ca
Madonna di Monserrato
Casa Bau
Arcu San Stèfano 415 m
Cùccuru Castedda 260 m
Torrente Sìpiu
Corongedda 496 m
Casa Tela Niedda
Perda is Furoni 674 m
Lago di Mulargia
M. San Mauro 501 m
Gèsico
Planu Senis
Escalaplano
Donigala
Goni
Monte Pran' e Sartu 417 m
Siurgus
Piscu
Seuni
Montes' Ollasteddu 670 m
Guamaggiore
Sèlegas
Prano Muteddu
Monte Turri 585 m
Segariu
Guasila
Suelli
Sisini
Fluminimannu
Furtei
Funtana Coberta
Corti Ròsas
Trexenta
Pau
Ortacèsus
Santa Lucia
Ballao
Perda Lada 558 m
Senorbì
Arixi
San Basilio
Castello Sassai
321 m Piano Lasina
Silius
Armungia
Corrulia
Serrenti
Samatzai
Rio Cardaxius
Santa Lucia
Pimentel
Pranu Sànguni
San Nicolò Gerrei
Villasalto
605 m
Monte su Piroi
Rio Cirras
Barrali
Sant' Andrea Frius
San Cristolu
Motta Masonis 737 m
Villagreca
Monte su Piori 605 m
Gerrei
Parco Naturale
Nuraminis
Santa Giuliana
Donori
Rio Corrus
San Giorgio
Monte Casargius 735 m
ramanna
Monte su Zurru 261 m
Casa San Lorenzo
Bruncu Salamu 842 m
Monte Genis 979 m
dei
Rio Malu
Villa Rossi
Ussana
Rio Flumineddu
Monti Nou
San Pantaleo
Sàrrabus
Villasor
Monastir
Dolianova
Sette
Sicci San Biàgio
Punta Serpeddì 1087 m
Cappella di Sibiola
Serdiana
San Sperate
Soleminis
Rio Brabaisu
Gola di Rio Car
San Gemiliano
Burcei
Bruncu Mògumu 330 m
Monte Cuedra 409 m
Cànnas
Frate
Laghi di Corongiu
Arcu' e Tidu 426 m
Campu Omu
Centro visitare
Decimomannu
Settimo San Pietro
Sinnai
San Gregorio
Monte d Sette Fra 1023 m
Assemini
Sestu
Uta
Maracalagonis
Giardino Botanico Maridopis
San Basilio
Rio Longu
Caserma Vècchia
Elmas
Castello di San Michele
Selargius
Stagno Simbirizzi
Corongiu
Monte Nicola Bove 806 m
Monte Arbu 811 m
Aeroporto Cagliari-Elmas
Monserrato
Quartu Sant' Elena
Sant' Isidoro
Stagno di Cagliari
Pirri
Monte Genis
San Forzòrio
Macchiareddu
Stagno di Molentargius
Su Forti
Foxi
Flumini
Casa Genn' e Spin
CAGLIARI
Sant' Andrea
Punta Sant' Elena
Poetto
Capitana
700 m
Saline di Santa Gilla
Golfo di Quartu
Sant' Elia
Cala Mosca
Capo Sant' Elia
Oasi di San Vincenzo
Terra Mala
Marina delle Nereidi
Golfo degli Angeli
Torre Cala Regina
Marroccu
Geremeas
Poggio dei Pini
Maddalena Spiaggia
Torre delle Stelle
Orti su Loi
Golfo
Solanas
Villa d' Orri
Spiaggia del Riso
Golfo di Carbonara
Sa Grux' e Màrmuri
Foxi
San Giorgio
Sarroch
Dòmu' e s' Orcu
Villa
di Cagliari

173
E
F
5
4
3
2
1
Osini Vecchio
Osini Nuovo
Marmuri
Ulássai
Jerzu
Torre di Barisardo/ Marina di Barisardo
Cardedu
Museddu
Nostra Signora del Buon Cammino
Genna' e Cresia 267 m
Bonu
Le Grázie
Casa Meloni
Sa Perda Pera
Marina di Gairo
Monte Arbu 812 m
Monte Ferru 875 m
Capo Sferracavallo
Arcu de Sarrala de Susu 233 m
Sa Foxi Manna
Tertenia
Su Pred
M. is Crobus 589 m
San Giovanni di Sarrale
Melisenda
Barisoni
Cúccuru Tundu 215 m
Masonedili
Is Barésus
Porto Santoru
Punta s' Accettori 589 m
Crésia
Monte Cardiga 676 m
San Giórgio
Punta de sa Cala
Castello di Quirra
San Nicola
Ísola di Quirra
Monte Parredis 630 m
Santa Bárbara
Quirra
Cala de s' Ácqua durci o Cala di Múrtas
324 m
Monte Ordini
Punta sa Modditzi 250 m
Capo San Lorenzo
Is Crocca
Riu Gironi
Arcu' Genna Arrela 83 m
Porto Corallo
San Vito
Villaputzu
Castello Gibas
Muravera
Foce del Flumendosa
Genn' Argiolas 775 m
Baccu Arrodas
San Giovanni
Casa Picci
S' Oro
Casa Loi
Cannas
San Priamo
Torre Salinas
Villagio Colostrai
Stagno di Colostrai
Bruncu Cicillanu 376 m
Stagno Ferraxi
Annunziata
Camisa
Capoferrato
Capo Ferrato
Porto Pirastu
Olia Speciosa
Monte Nai 239 m
Monte Nai
Costa Rei
Masone Pardu
Castiadas
Punta di Santa Giusta
Casa Santu Perdu
Casa della Marina
Monte Minniminni 725 m
Cala di Sinzias
Cala Sinzias
Monte Maria 589 m
Cala Pira
Tanca su Cordilino
Villasimíus
Ísola Variglioni
Campulongo
Is Piezzus
Ísola Serpentara
Simius
Punta Molentis
Spiaggia di Simius
Spiaggia di Porto Giunco
Notteri
Stagno Notteri
Santo Stefano
Capo Carbonara
Ísola dei Cávoli
Area Marina Protetta Capo Carbonara
D
E
F

Cagliari
0
200 m
S. AVENDRACE
Necropoli Tuvixeddu
STAMPACE
CASTELLO
VILLA-NOVA
Museo Archeologico Nazionale
Anfiteatro
Orto Botanico
Torre di Pancrazio
Palazzo Viceregio
Duomo S. Maria di Castello
Torre dell' Elefante
Bastione San Remy
S. Michele
S. Efisio
San Domenico
San Saturno
Cimitero Monumentale di Bonaria
Palazzo di Giustizia
Stazione F.C.S. (Kleinbahn)
Stazione F.S.
Giardini Pubblici
Piazza Arsenale
Piazza Indipendenza
Piazza S. Domenico
Piazza Garibaldi
Piazza Repubblica
Piazza Costituzione
Piazza Yenne
Piazza del Carmine
Piazza Matteotti
Piazza Giovanni Amendola
Pza. Martiri
Pza. S. Giacomo
Largo Carlo Felice
Molo della Sanita
Viale Buoncammino
Via is Maglias
Via Bainsizza
Via Montixeddu
Via Vittorio
Via Gorizia
Viale Luigi Merello
Viale Trento
Via Pola
Viale Trieste
Via San Paolo
Via Fra' Nicola da Gesturi
Via Sant' Ignazio da Laconi
Via Tigellio
Corso Vittorio Emanuele II
Via Mameli
Via Carloforte
Via Ospedale
Via San Giorgio
Via Santa Restituta
Via S. Margherita
Via Camino Nuovo
Via S. Croce
Via dei Genovesi
Via Piazza Palazzo
Via Canelles
Lamarmora
Salita S. Chiara
Via Porto Scalas
Via Fiume
Via Porcell
Viale Regina Elena
Via Malta
Via Sassari
Via Crispi
Via G. M. Angioy
Via Roma
Via Napoli
Via Barcellona
Vicolo Collegio
Via Princ. Amedeo
Via S. Arquer
Via Cavour
Via Sardegna
Via Porcile
Viale Regina Margherita
Via G. Manno
Via Piccioni
Via Ciacomo
Via San Giovanni
Via Giuseppe Garibaldi
Via L. Einaudi
Via Oristano
Via Iglesias
Via Sidney Sonnino
Via XX Settembre
Via O. Bacaredda
Via Carducci
Via Balbo
Via Macomer
Via Bosa
Via XXIV Maggio
Via S. Satta
Via S. Farina
Via Alghero
Via Dante Alighieri
Via Dominico Cimarosa
Via Giovan Battista Tuveri
Via Carboni Boi
Giuseppe
Via Sanna Randaccio
Via Cugia
Palomba
Via Antonio Scano
Via Gemelli
Via Pessina
Via Grazia Deledda
Via S. Eusebio
Via Gianquinto Degioannis
Via Stanislao Caboni
San Lucifero
Via Logudoro
Via Goceano
Via Barone Rossi
Via Nuoro
Viale Cimitero
Viale Bonaria
Viale Armando Diaz
Viale Cristoforo Colombo
A
B
C
D
E
1
2
3

Register

Abbildungsverzeichnis

AA/Clive Sawyer: 91 (unten)

Bildagentur Huber: Olimpio Fantuz 4, M. Carassale 8, Ripani Massimo 10/11, M. Piacentino 21 (oben), A. Addis 26 (links)

corbis: Grand Tour/Riccardo Spila 50/51 und 61 (unten), Atlantide Phototravel 73

DuMont Bildarchiv: Christina Anzenberger-Fink/Toni Anzenberger 14/15, 48, 54, 59, 60, 70, 71, 86, 90, 98, 112, 113, 120, 129, 131, 134, 135, Tobias Hauser 76, 93, 96, 107, 144

getty images: Walter Zerla 7, Juliette Wade 26 (rechts), Dallas Stribley 33 (links)

laif: Gamma-Rapho/Hoa-Qui/Patrick Escudero 114

LOOK-foto: Thomas Stankiewicz 106 und 118, Konrad Wothe 126

mauritius images: Author's Image 7, Christian Bäck 30/31, ib/Jörg Reuther 17 (links), 119, ib/Markus Lange 61 (oben), imageBROKER/Peter Giovannini 55, JIRI 27, United Archives 32/33 (oben), 34 (oben), 115

mauritius images/CuboImages: 18/19, 19, 20, 21 (unten), 28 (oben und unten), 31 (links), 32 (links), 34 (unten), 133

alle weiteren Fotos: AA/Neil Setchfield

Titelbild: Getty Images/Katja Kreder (Cala Goloritze)

Impressum

3. Aufl. 2017

Text: Adele Evans, Peter Höh
Übersetzung: Doreen Reeck M.A., Köln
Aktualisierung: Peter Höh
Redaktion: Dina Stahn
Projektleitung: Dieter Luippold
Programmleitung: Birgit Borowski
Chefredaktion: Rainer Eisenschmid

Kartografie: ©MAIRDUMONT GmbH & Co. KG, Ostfildern
3D-Illustrationen: jangled nerves, Stuttgart

Anzeigenvermarktung:
MAIRDUMONT MEDIA
Tel. 0711/4502 0
media@mairdumont.com
media.mairdumont.com

Printed in China

Trotz aller Sorgfalt von Autoren und Redaktion sind Fehler und Änderungen nach Drucklegung leider nicht auszuschließen. Dafür kann der Verlag keine Haftung übernehmen. Berichtigungen, Kritik und Verbesserungsvorschläge sind uns jederzeit willkommen, bitte informieren Sie uns unter:

Verlag Karl Baedeker/Redaktion
Postfach 3162
D-73751 Ostfildern
Tel. 0711 4502 262
smart@baedeker.com
www.baedeker.com

FSC
www.fsc.org
MIX
Papier aus verantwortungsvollen Quellen
FSC® C124385

10 GRÜNDE WIEDERZUKOMMEN

1. Die **Vorfreude** bei der Einfahrt in den Hafen macht einfach süchtig!
2. Die Strände Sardiniens sind so vielfältig, dass man jedes Mal einen neuen **Traumstrand** findet.
3. Die unaufdringliche **Freundlichkeit** und Hilfsbereitschaft der Sarden zieht einen magisch an.
4. Für die zahlreichen **Köstlichkeiten und Spezialitäten** der Insel sollte man sich Zeit nehmen!
5. Der Ausflug zur fantastischen Steilküste des **Golfs von Orosei** ist immer wieder atemberaubend.
6. Die **unberührte, stille Bergwelt** Sardiniens entschleunigt auf zauberhafte Weise.
7. Die einsamen Küsten dieser Insel laden immer wieder aufs Neue zu **Strandwanderungen** ein.
8. In der **quirligen Hauptstadt** Cagliari bekommt man große Lust, sich einfach mal treiben zu lassen.
9. **Sonnenuntergänge** auf der Bastione von Alghero sind – jeder für sich – irgendwie einzigartig.
10. Der **Klang der Hirtenflöte** erfüllt – sobald man ihn einmal gehört hat – jedes Herz mit Sehnsucht.